陕西省社会科学基金项目
陕西省延安精神研究会专题研究项目

YAN'AN JINGSHEN DE
XINSHIDAI JIAZHI

延安精神的新时代价值

赵耀宏 ◎ 主编

陕西新华出版
陕西人民出版社

图书在版编目（CIP）数据

延安精神的新时代价值 / 赵耀宏主编. —西安：陕西人民出版社, 2023.12

ISBN 978-7-224-15147-3

Ⅰ.①延… Ⅱ.①赵… Ⅲ.①延安精神－研究 Ⅳ.①D648.4

中国国家版本馆CIP数据核字（2023）第212415号

出 品 人：赵小峰
策　　划：王亚嘉
责任编辑：王晓飞
责任校对：周惠侠
特约编辑：吴静静
封面设计：赵文君

延安精神的新时代价值

作　　者	赵耀宏
出版发行	陕西人民出版社 （西安市北大街147号　邮编：710003）
印　　刷	陕西龙山海天艺术印务有限公司
开　　本	889毫米×1194毫米　1/32
印　　张	9.625
字　　数	233千字
版　　次	2023年12月第1版
印　　次	2023年12月第1次印刷
书　　号	ISBN 978-7-224-15147-3
定　　价	89.00元

如有印装质量问题，请与本社联系调换。电话：029-87205094

《延安精神的新时代价值》编委会

主 任

梁凤民　梁宏贤

副主任

姚文琦　梁星亮

委 员

刘　斌　张文波　郭润芝
周德喜　康仲涛　宦　洁
赵志祥　王　东　史俊琴

主 编

赵耀宏

副主编

王东仓　郭　娜

目录

第一章 延安精神的历史地位

002　一、中国共产党人精神谱系中的延安精神

027　二、延安十三年艰苦卓绝斗争历程中的延安精神

033　三、优秀中华文化和伟大民族精神中的延安精神

036　四、马克思主义中国化时代化历史进程中的延安精神

第二章 坚持正确的政治方向是中国共产党人的立身之本

044　一、坚持正确的政治方向,必须坚定不移地用马克思主义理论武装头脑

050　二、坚持坚定正确的政治方向,就要始终把政治建设放在首要位置

060　三、坚持正确的政治方向,必须讲政治、懂规矩、守纪律

065　四、坚持正确的政治方向，必须补精神之"钙"、
　　　铸牢理想信念
075　五、坚持正确的政治方向，必须永葆艰苦奋斗的
　　　政治本色

第三章　解放思想、实事求是是中国共产党人干事创业的根本法宝

080　一、解放思想、实事求是思想路线形成于中国
　　　共产党运用马克思主义理论指导中国革命的
　　　艰辛探索中
090　二、解放思想、实事求是思想路线的确立为延安
　　　时期推进党的建设伟大工程提供了思想武器
107　三、确立毛泽东思想在全党的指导地位是坚持
　　　解放思想、实事求是思想路线的重大成果
113　四、新时代坚持解放思想、实事求是思想路线
　　　必须深刻把握新要求

第四章　始终牢记党的根本宗旨，把人民利益放在至高无上的地位

126　一、全心全意为人民服务是中国共产党人的根本
　　　价值追求

136	二、牢记全心全意为人民服务根本宗旨，重在牢固树立正确对待人民群众的观点与情感
144	三、牢记全心全意为人民服务根本宗旨，重在坚持党的群众路线，始终保持党同人民群众的血肉联系的好作风
161	四、牢记全心全意为人民服务根本宗旨，必须着力提高做好群众工作的能力与本领

第五章 弘扬自力更生、艰苦奋斗精神，永葆共产党人政治本色

174	一、艰苦奋斗精神是延安精神巨幅画卷中最亮丽的色彩
189	二、艰苦奋斗精神是中国共产党革命精神的集中体现
208	三、艰苦奋斗精神是中华民族复兴最强大的精神动力

第六章 始终坚持党的领导、人民当家作主和依法治国的有机统一

224　一、延安时期民主政治建设的路径探索

232　二、延安时期民主政治建设的鲜明特色

241　三、延安时期民主政治建设的当代启示

第七章 坚持批评和自我批评的优良作风，不断增强自我净化、自我完善、自我革新、自我提高的能力

254　一、开展积极的批评和自我批评是有效解决党内矛盾的锐利武器

266　二、领导干部带头是开展批评和自我批评的关键

279　三、注重探索方式方法是开展批评和自我批评的重要环节

286　四、建立健全体制机制是开展批评和自我批评的根本保障

297　后　记

第一章 延安精神的历史地位

在一百年的非凡奋斗历程中，一代又一代中国共产党人顽强拼搏、不懈奋斗，涌现出了一大批视死如归的革命烈士、一大批顽强奋斗的英雄人物、一大批忘我奉献的先进模范，形成了一系列伟大精神，构筑起了中国共产党人的精神谱系，为我们立党兴党强党提供了丰厚滋养。[1]延安精神是闪耀在中国共产党人精神谱系中的一颗璀璨的明珠。延安精神既是对建党以来一系列红色精神和红色基因的继承，又是在延安时期特定时代背景下对中国共产党人红色精神的创新发展。延安精神是党的性质和宗旨的集中体现，是党的优良传统和作风的集中体现，是共产党人崇高品德和伟大情怀的集中体现，是中国共产党革命文化的本质和党的精神品质的集中体现。历史选择了延安，延安铸就了辉煌。进入新时代，延安精神继续为党和人民事业的发展提供"凝聚党心、赢得民心"的不竭动力，是实现中华民族伟大复兴的强大精神伟力，是共产党人党性修养的永久教材，是全面从严治党的力量之源。

---

[1]《习近平在党史学习教育动员大会上强调 学党史悟思想办实事开新局 以优异成绩迎接建党一百周年》，《人民日报》2021年2月21日。

一、中国共产党人精神谱系中的延安精神

(一) 中国共产党人精神谱系的发展脉络

人无精神则不立,国无精神则不强。中国共产党在长期奋斗中构建起中国共产党人的精神谱系,锤炼出鲜明的政治品格。这些精神形成于党的百年伟大实践中,与党在各个时期肩负的历史任务相贯通,既是继承和发扬,又是创新和发展。

1. 中国共产党人的精神之源——伟大建党精神

1840 年鸦片战争以后,中国逐步成为半殖民地半封建社会,国家蒙辱、人民蒙难、文明蒙尘,中国大地满目疮痍,国家灾难深重,人民生活在水深火热之中,中华民族遭受到了前所未有的劫难。为了拯救民族危亡,中国人民奋起反抗,仁人志士奔走呐喊,但都以失败而告终。俄国十月革命后,在中国人民和中华民族的伟大觉醒中,在马克思列宁主义同中国工人运动的紧密结合中,中国共产党应运而生。中国共产党从成立之初,就义无反顾地肩负起了实现民族独立解放、解救中国人民于苦难之中的历史使命,确立了消灭剥削阶级、剥削制度的最高纲领,制定了反帝反封建的民主革命纲领。从此,为民族独立、人民解放而奋斗的信念一直贯穿于中国共产党人民主革命的整个历史进程中。

当先驱们开创建党伟业时,便铸就了卓尔不凡的伟大建党精神。2021 年 7 月 1 日,习近平总书记在庆祝中国共产党成立 100 周年大会上的讲话中,首次提出伟大建党精神。他指出,"中国共产党的先驱们创建了中国共产党,形成了坚持真理、坚守理想,践行初心、

担当使命,不怕牺牲、英勇斗争,对党忠诚、不负人民的伟大建党精神"[1]。伟大建党精神是中国共产党先驱在20世纪初探索救国救民道路中创造的宝贵精神财富,是马克思主义基本原理同中国具体实际相结合、同中华优秀传统文化相结合产生的宝贵精神财富,凝聚着中国共产党人的初心和使命,激励着中国共产党人不断开拓前行。

伟大建党精神既是中国共产党的精神之源,也是对中国共产党精神谱系的高度概括。伟大建党精神集中体现了中国共产党人的崇高理想、价值追求、政治品格、精神风范,是中国共产党人精神谱系的源和本、根和魂,深刻揭示了中国共产党的基本特质,是全面认识和准确把握中国共产党为什么能的"精神密码"。

一百年来,中国共产党建党求什么——坚持真理、坚守理想。马克思列宁主义是伟大建党精神形成的理论来源。"对马克思主义的信仰,对社会主义和共产主义的信念,是共产党人的政治灵魂,是共产党人经受任何考验的精神支柱。"[2]历史和实践反复证明,一个政党有了远大理想和崇高追求,就会坚强有力,无坚不摧,无往不胜,就能经受一次次挫折而又一次次奋起。

一百年来,中国共产党立党为什么——践行初心、担当使命。民族复兴历史任务是伟大建党精神形成的时代背景。为中国人民谋幸福,为中华民族谋复兴,

[1] 习近平:《在庆祝中国共产党成立100周年大会上的讲话》,《人民日报》2021年7月2日。

[2]《习近平谈治国理政》第1卷,外文出版社2018年版,第15页。

是中国共产党人的初心和使命,是激励一代代中国共产党人前赴后继、英勇奋斗的根本动力。党的初心和使命是党的性质宗旨、理想信念、奋斗目标的集中体现,激励着我们党永远坚守,砥砺着我们党坚毅前行。

一百年来,中国共产党兴党凭什么——不怕牺牲、英勇斗争。伟大建党活动是伟大建党精神形成的实践基础。为了救国救民,党不怕任何艰难险阻,不惜付出一切牺牲。在应对各种困难挑战中,我们党锤炼了不畏强敌、不惧风险、敢于斗争、勇于胜利的风骨和品质。这是我们党最鲜明的特质和特点。

一百年来,中国共产党强党靠什么——对党忠诚、不负人民。人民立场是伟大建党精神形成的核心要义。中国共产党始终代表最广大人民的根本利益,没有任何自己特殊的利益。我们党一路走来,经历了无数艰险和磨难,但任何困难都没有压垮我们,任何敌人都没能打倒我们,靠的就是千千万万党员的忠诚。江山就是人民、人民就是江山,打江山、守江山,守的是人民的心。[1]

一百年来,中国共产党弘扬伟大建党精神,坚持马克思主义的指导地位,坚持把马克思主义基本原理同中国具体实际相结合、同中华优秀传统文化相结合,不断开辟马克思主义中国化时代化新境界,赓续建党精神的红色血脉,在长期奋斗中构建起中国共产党人的精神谱系,锤炼出共产党人鲜明的政治品格。

一百年来,伟大建党精神已深深融入党和民族血

[1] 习近平:《在庆祝中国共产党成立100周年大会上的讲话》,《人民日报》2021年7月2日。

脉，成为中华民族精神的丰富滋养，是民族精神和时代精神的重要组成部分，是党和国家的宝贵精神财富。继承弘扬伟大建党精神，必将成为激励全党全国人民迈进新征程、奋进新时代，不断攻坚克难、从胜利走向胜利的强大精神动力。

2. 中国共产党人精神谱系的发展——井冈山精神、苏区精神

井冈山精神和苏区精神是以毛泽东同志为主要代表的中国共产党人把马克思主义基本原理同中国具体实际相结合，在探索创建农村革命根据地、开辟中国革命新道路的斗争实践中培育形成的革命精神。2015年3月6日，习近平总书记在全国两会期间参加江西代表团审议讲话时强调指出："井冈山精神和苏区精神是我们党的宝贵精神财富，要永远铭记、世代传承，教育引导广大党员、干部在思想上正本清源、固根守魂，始终保持共产党人政治本色。"

井冈山是中国革命的摇篮。大革命失败后，中国共产党人面对国民党的屠杀，面对白色政权的四面包围，继续高举革命旗帜，领导发动土地革命和武装斗争。中国共产党人依靠对革命光明前景的坚定信念，守正创新，坚持以农村为中心开展革命运动，燃起"工农武装割据"的燎原之火，战胜了物质匮乏的生存条件和敌人的一次次"围剿"，建立起全国第一个农村革命根据地，闯出了农村包围城市的井冈山道路，培育形成了井冈山精神。2001年6月，江泽民在江西视察工作时把井冈山精神概括为："坚定信念、艰苦奋斗，实事求是、敢闯新路，依靠群众、勇于胜利。"这一论述揭示了井冈山精神的灵魂是"坚定信念"，核心是"敢闯新路"，本质是"依靠群众"。在井冈山革命斗争中，毛泽东、朱德等党和红军领导人身先士卒、以身作则，带领井冈山军民克服种种困难，打破重重包围；党始终相信和依靠群众，关心和帮助群众，同广大人民

群众结下了鱼水深情。正是因为中国共产党始终代表最广大人民的根本利益，与最广大人民群众保持血肉联系，才赢得了人民的拥护和支持，使井冈山革命根据地得到巩固和发展。对农村包围城市、武装夺取政权革命道路的开辟，是在与党内盲动主义、冒险主义错误斗争，尤其是在反对教条主义斗争过程中形成的。井冈山精神最突出的特质体现在我们党实事求是开创中国革命新道路上，体现了大胆探索创建根据地的革命首创精神。习近平总书记指出："井冈山是中国革命的摇篮。井冈山时期留给我们最为宝贵的财富，就是跨越时空的井冈山精神。今天，我们要结合新的时代条件，坚持坚定执着追理想、实事求是闯新路、艰苦奋斗攻难关、依靠群众求胜利，让井冈山精神放射出新的时代光芒。"[1]

苏区精神是以毛泽东同志为主要代表的中国共产党人把马克思主义基本原理与中国具体实际相结合、在艰辛探索中国革命正确道路的伟大实践中培育形成的伟大革命精神，是伟大革命精神链条中不可或缺的重要组成部分，是对井冈山精神的继承和发展，是长征精神的直接源泉。1929 年 1 月，毛泽东、朱德等老一辈革命家，开辟了赣南和闽西根据地。在此基础上，于 1931 年形成了中央革命根据地，成立了中华苏维埃共和国临时中央政府。1933 年扩大到地跨江西、福建、广东三省的广大地区，成为当时最大最重要的一个革命根据地。

---

[1]《习近平春节前夕赴江西看望慰问广大干部群众》，《人民日报》2016 年 2 月 4 日。

2011年11月4日，习近平在纪念中央革命根据地创建暨中华苏维埃共和国成立80周年座谈会上的讲话中指出："在革命根据地的创建和发展中，在建立红色政权、探索革命道路的实践中，无数革命先辈用鲜血和生命铸就了以坚定信念、求真务实、一心为民、清正廉洁、艰苦奋斗、争创一流、无私奉献等为主要内涵的苏区精神。"中华苏维埃共和国是中国历史上第一个全国性的工农民主政权，是党局部执政的重要尝试。在极为艰难险恶的斗争形势中锤炼锻造的苏区精神，"既蕴涵了中国共产党人革命精神的共性，又显示了苏区时期的特色和个性，是中国共产党人政治本色和精神特质的集中体现，是中华民族精神新的升华，也是我们今天正在建设的社会主义核心价值体系的重要来源"[1]。在创建根据地和坚持斗争的过程中，针对"红旗到底能打多久"的迷茫，以毛泽东为主要代表的中国共产党人坚信"星星之火，可以燎原"，建立起一个又一个革命根据地，形成了地域广大的中央苏区。毛泽东坚决反对"左"倾教条主义，坚信"没有调查，就没有发言权"。深入调查研究，坚持求真务实，体现了中国共产党大力倡导和实行的实事求是的思想路线。1930年5月，毛泽东在《反对本本主义》一文中明确指出："马克思主义的'本本'是要学习的，但是必须同我国的实际情况相结合。我们需要'本本'，但是一定要纠正脱离实际情况的本本主义。"[2]在"没有调查，就没有发言权"的影响和指导下，苏

[1] 习近平：《在纪念中央革命根据地创建暨中华苏维埃共和国成立80周年座谈会上的讲话》，《人民日报》2011年11月5日。

[2]《毛泽东选集》第1卷，人民出版社1991年版，第111—112页。

区各级党政干部注重调查研究，不断改进工作方法，以求真务实的工作态度不断开创工作新局面。党在苏区之所以能够实施正确的路线、方针、政策，红军前四次反"围剿"中之所以能够坚持正确的战略方针和战术，等等，正是因为贯彻了调查研究的正确思想路线与工作方法，这都是在不断总结苏区干部群众创造的新鲜经验的基础上制定和概括出来的。

全心全意为人民群众谋利益，是中国共产党的根本宗旨和价值追求。中华苏维埃共和国作为新型国家政权，不仅是工农劳苦群众管理自己的议行合一的国家组织形式，而且代表工农劳苦大众根本利益，体现了一切依靠人民、一切为了人民的一心为民执政理念。中国共产党不仅从理论上认识到"真心实意地为群众谋利益"的重要性，而且在实践中非常关心群众生产和生活，受到苏区广大人民的真心拥戴和坚定支持。《十送红军》这首歌不仅唱出了百姓对红军撤离的不舍，更唱出了党群、军民的鱼水情深。正是凭借着忠实践行一心为民的宗旨意识，与广大人民群众建立了血肉联系，党才形成了什么力量也无法打破的铜墙铁壁。

反对腐败、建设廉洁政治，是党一贯坚持的鲜明政治立场。为巩固新生红色政权，保证苏区建设和革命战争，党和苏维埃政府严格要求苏区干部养成清廉作风，实行了一系列坚决有力、行之有效的反腐倡廉制度措施，创建了"空前的真正的廉洁政府"，赢得了人民群众的高度赞誉。兴国山歌唱道："苏区干部好作风，自带干粮去办公。日着草鞋干革命，夜打灯笼访贫农。"表达了苏区人民对干部好作风发自肺腑的赞颂之情。

井冈山精神和苏区精神上承伟大建党精神，下启长征精神和遵义会议精神，是中国共产党人政治本色和精神特质的集中体现，是中华民族精神新的升华。正是这些在血与火中凝聚而成的革命精神，为延安时期实现马克思主义与中国具体实际相结合的第一次飞跃，为延安时期党的思想路线的确立、党的群众路线和为人民服务根本宗旨的确立，奠定了理论与实践两个层面的坚实基础。

3. 理想信念的伟大远征——长征精神、遵义会议精神

长征精神是党和红军在举世闻名的战略远征中培育形成的伟大精神。二万五千里长征是中国共产党信仰、意志、团结的胜利。2013年12月31日，习近平总书记在全国政协新年茶话会上，首次提到了"在改革开放新的长征路上，共同谱写实现中华民族伟大复兴中国梦的新篇章"。2016年7月18日，习近平总书记到宁夏考察时，瞻仰红军长征会师纪念碑，参观红军长征会师纪念园、纪念馆，并指出："伟大的长征精神是中国共产党人革命风范的生动反映，我们要不断结合新的实际传承好、弘扬好。推进中国特色社会主义事业的新长征要持续接力、长期进行，我们每代人都要走好自己的长征路。"

1933年9月至1934年夏，中央红军第五次反"围剿"失利，国民党军重兵持续向中央苏区腹地推进。1934年10月，中央红军主力8.6万余人从瑞金等地出发，开始长征。从1934年10月到1935年10月，中央红军主力走过了赣、闽、粤、湘等11个省，行程达二万五千里，这没有坚定的信仰是坚持不下来的。中央红军长征路上一共368天，15天用于打大的决战，235天用于白天行军，18天用于夜晚行军，在停留的100天中只休息了44天；平均每天一个遭遇战，一路击溃国民党军队数百个团。出发时，中央红军8.6万人，平均每行进一公里就有3到4位战士壮烈牺牲，大约每12

人中只有 1 人到达陕北。长征途中，红军牺牲营以上干部多达 430 人，而他们的年龄平均不到 30 岁。因为有了信仰，他们才能过雪山、过草地、过腊子口，用脚板走完漫漫长征路。

面对漫漫征程中考验人类生存极限的险恶环境、极其惨烈的无数战斗，中国共产党率领红军战士以非凡智慧和英雄气概，战胜千难万险，付出巨大牺牲，胜利完成震撼世界、彪炳史册的长征。正是靠着压倒一切敌人而不被任何敌人所压倒、征服一切困难而不被任何困难所征服的英雄气概和革命精神，红军将士创造了这一人类历史上的伟大壮举。毛泽东在《忆秦娥·娄山关》中以大无畏的豪放气魄指出，红军英勇顽强不怕牺牲，"雄关漫道真如铁，而今迈步从头越"。团结就是力量，在生死相依、患难与共的长征路上，有了在追求真理、坚持真理的基础上全党的空前团结、红军的空前团结，红军将士才能凝聚成坚不可摧的战斗堡垒，写下人类历史上气壮山河的英雄史诗。

2016 年 10 月，习近平总书记在纪念红军长征胜利 80 周年大会上的讲话中指出："长征这一人类历史上的伟大壮举，留给我们最宝贵的财富就是中国共产党人和红军将士用生命和热血铸就的伟大长征精神。伟大长征精神，就是把全国人民和中华民族的根本利益看得高于一切，坚定革命的理想和信念，坚信正义事业必然胜利的精神；就是为了救国救民，不怕任何艰难险阻，不惜付出一切牺牲的精神；就是坚持独立自主、实事求是，一切从实际出发的精神；就是顾全大局、严守纪律、紧密团结的精神；就是紧紧依靠人民群众，同人民群众生死相依、患难与共、艰苦奋斗的精神。伟大长征精神，是中国共产党人及其领导的人民军队革命风范的生动反映，是中华民族自强不息的民族品格的集中展示，是以爱国主义为核心的民族精神的最高体现。"[1]

长征中，中国共产党人和红军将士用生命和热血铸就的伟大长征精神是革命精神在奋斗历程中的升华。第一，长征用巨大的牺牲和战胜中国历史上绝无仅有、世界战争史乃至人类文明史上极为罕见的艰难困苦书写了中国共产党人为广大人民和中华民族根本利益而奋斗的坚定信念，以苦难、曲折、死亡检验了中国共产党人的理想信念。经历了长征的中国共产党人，从此就有了任何时候压倒一切敌人而不被任何敌人所压倒、征服一切困难而不被任何困难所征服的英雄气概和革命精神。无论是抗日战争时期面对强大的日本帝国主义，还是解放战争时期面对优势力量的国民党军队，中国共产党人争取革命胜利的信念从未因力量弱小和困难而动摇过。第二，长征以血的教训和斗争考验，坚定了中国共产党人把马克思列宁主义基本原理同中国革命具体实际相结合，独立自主解决中国革命重大问题的道路自信。长征出发前，党内有"左"倾教条主义错误领导所导致的严重挫折。长征途中，依然面临着同党内错误思想的激烈斗争。以毛泽东同志为主要代表的中国共产党人在革命面临方向和道路抉择的生死攸关的时刻召开遵义会议，以无所畏惧的伟大实践精神、伟大创造精神，独立自主解决了中国革命的方向和道路问题，找到了指引这条道路的正确理论。长征精神所体现的独立自主、实事求是、一切从实际出发的精神，是对毛泽东在井冈山斗争中从实

---

[1] 习近平：《在纪念红军长征胜利80周年大会上的讲话》，《人民日报》2016年10月22日。

际出发开辟革命新道路的创新精神在实践中的又一次发展和升华。第三，长征胜利以铁一般的事实充分证明，广大人民群众是长征胜利的力量源泉。面对难以想象的艰难困苦，我们党紧紧联系群众、宣传群众、武装群众、团结群众、依靠群众，以自己的模范行动，赢得了人民群众的真心拥护和支持，巩固了党同人民群众的血肉联系，使党牢牢扎根在人民之中。长征精神中紧紧依靠人民群众，同人民群众生死相依、患难与共、艰苦奋斗的精神，是对依靠群众、敢于胜利的井冈山精神的继承和发扬，也是生死关头克服困难、赢得胜利的法宝。

长征精神以巨大的牺牲和战胜难以想象的艰难困苦，检验了共产党人的理想信念，表现了共产党人不怕牺牲的大无畏的英雄气概，弘扬了共产党人独立自主解决中国革命问题的勇气和依靠人民赢得胜利的力量之源。习近平总书记指出："伟大长征精神，作为中国共产党人红色基因和精神族谱的重要组成部分，已经深深融入中华民族的血脉和灵魂，成为社会主义核心价值观的丰富滋养，成为鼓舞和激励中国人民不断攻坚克难、从胜利走向胜利的强大精神动力。"[1]

遵义会议精神是中国共产党在探索中反思、在绝境中奋起、在挑战中开拓形成的坚定信念、坚持真理、独立自主、团结统一的伟大精神。1922年，党的二大作出决议，中国共产党加入共产国际，成为共产国际的一个下属支部，服从共产国际的统一领导。而遵义

---

[1] 习近平：《在纪念红军长征胜利80周年大会上的讲话》，《人民日报》2016年10月22日。

会议是党在与共产国际完全失去联系,客观上需要独立自主运用马列主义解决中国革命前途问题的一次重要会议,是我们党第一次没有受共产国际干预的重要会议。毛泽东曾说:"真正懂得独立自主是从遵义会议开始的。"[1]遵义会议集中全力解决当时最紧迫的军事问题和组织问题,揭露和批判了"左"倾错误及其严重危害,对第五次反"围剿"的失败进行了总结,肯定了毛泽东等关于红军作战的基本原则,否定了博古、李德等人在军事问题上的一系列错误主张,结束了"左"倾教条主义错误在党中央的统治,事实上确立了毛泽东同志在党中央和红军的领导地位,开始确立以毛泽东同志为主要代表的马克思主义正确路线在党中央的领导地位。正如会议决议所指出的那样:"党勇敢的揭发了这种错误,从错误中教育了自己,学习了如何更好的来领导革命战争到彻底的胜利。党揭发了这种错误之后,不是削弱了,而是加强了。"[2]总的来说,遵义会议体现了以毛泽东同志为主要代表的中国共产党人把马克思主义基本原理与中国具体实际相结合,科学应变、主动求变,为了党和人民利益坚持真理、修正错误的精神。遵义会议之后,中国共产党开始逐步独立自主地领导中国革命的新征程,逐步掌握了中国革命的主动权和领导权,坚持民主集中制原则作出了一系列重大决定,维护大局,将民族的命运握在自己手中。

长征路上,四渡赤水、虚指贵阳、威逼昆明、巧

[1]《毛泽东全集》第8卷,人民出版社1999年版,第339页。

[2] 中央档案馆编:《中共中央文件选集》第10册,中共中央党校出版社1991年版,第474页。

渡金沙江、强渡大渡河、飞夺泸定桥……在毛泽东实事求是、灵活机动的军事思想指引下，一连串堪称神来之笔的行动强有力地证明，只有依靠自己的力量，采取适合自己的作战方法，才能赢得战场的主动权。遵义会议作为党的历史上的伟大转折，用一个颠扑不破的道理警示共产党人：只有把马克思主义基本原理同中国具体实际结合起来，坚持真理，独立自主解决中国革命的重大问题，才能把革命事业引向胜利。

2015年6月16日，习近平总书记在参观遵义会议纪念馆时强调："遵义会议作为我们党历史上一次具有伟大转折意义的重要会议，在把马克思主义基本原理同中国具体实际相结合、坚持走独立自主道路、坚定正确的政治路线和政策策略、建设坚强成熟的中央领导集体等方面，留下宝贵经验和重要启示。我们要运用好遵义会议历史经验，让遵义会议精神永放光芒。"2021年2月5日，习近平在视察贵州时进一步强调："要结合即将开展的党史学习教育，从长征精神和遵义会议精神中深刻感悟共产党人的初心和使命，落实新时代党的建设总要求，实事求是、坚持真理，科学应变、主动求变，咬定目标、勇往直前，走好新时代的长征路。"

（二）中国共产党人精神谱系中的璀璨明珠——延安精神

延安精神作为中国共产党人精神谱系中的一颗璀璨明珠，为中国共产党在延安这片神奇的黄土地上扭转乾坤、书写辉煌，为我们党凝聚人心、战胜困难、开拓前进，提供了强大的精神力量。

延安精神在中国共产党人精神谱系中的独特地位和魅力主要有以下几个方面：

1.延安精神内涵极为丰富

延安精神表现在理想信念、思想品德、精神风貌、工作作风、生活方式等方面，集中反映了党的思想路线、政治路线、组织路线，是涉及政治、经济、军事、文化、社会，以及理论与实践、最高纲领与最低纲领、目标与政策、行动与作风等多方面统一为特征的博大的精神体系。延安精神丰富的内涵是对建党精神、井冈山精神、苏区精神、长征精神、遵义会议精神的弘扬和发展。2002年4月1日，江泽民在陕西考察期间将延安精神概括为"坚定正确的政治方向，解放思想、实事求是的思想路线，全心全意为人民服务的根本宗旨，自力更生、艰苦奋斗的创业精神"。习近平总书记高度重视延安精神，在视察陕西的多次讲话中反复强调，延安精神是老一辈无产阶级革命家和老一代共产党员在延安时期留下的优良传统和作风，是我们党宝贵的精神财富。伟大的延安精神是党的性质和宗旨的集中体现，是党的优良传统和作风的集中体现。

延安精神的形成，从根本上来说是由中国共产党的性质和特征决定的。为中国人民谋幸福、为中华民族谋复兴，是中国共产党的初心和使命，也是中国共产党人战胜各种困难和挫折，不被任何敌人所屈服、不被任何险阻所吓倒，艰苦探索、顽强奋斗的强大精神动力。人民性是马克思主义最鲜明的品格。始终站在人民大众立场上，一切为了人民、一切依靠人民，全心全意为人民谋利益，这是中国共产党人坚持马克思主义立场的根本要求。正是一切为了人民这一本质特征，决定了中国共产党在寻求中国革命正确道路过程中能够坚忍不拔，能够以自我革命精神，勇于纠正自身失误，在总结经验教训中认清国情并形成实事求是、一切从实际出发、理论联系实际的正确思想路线。正是一切为了人民这一本质特征，决定了党能够在极端困难条件下永不退缩，团结广大人民群众以自力更生、艰苦奋斗的精神战胜困难，奠定胜利基础。

2. 延安精神是革命精神在理论与实践上的升华,是我们党理论自觉、理论成熟的结晶

延安精神是在中国共产党走向成熟、毛泽东思想发展成熟、第一代领导集体形成等历史条件下培育形成的,因此,延安精神在内容上是对以往红色精神的创新发展,在政治、理论、文化层面达到了理论的自觉。中国共产党的建立,是马克思主义与中国工人运动相结合的结果。马克思主义作为指导思想被鲜明地写了中国共产党的旗帜上。马克思主义提供给中国共产党的是科学的立场、观点和方法。只有把马克思主义的立场、观点和方法,与中国具体实际相结合,才能真正解决中国问题。这种结合需要在实践中经过艰苦探索实现。纵观百年党史,党真正把马克思主义与中国具体实际有机结合起来,形成中国化时代化的马克思主义理论成果,是中共中央在延安时期实现的。

延安时期,实事求是思想路线经过整风运动最终形成,这是中国共产党在经历两次挫折的经验教训,克服党内"左"的、右的错误干扰,总结实践经验取得的重要理论成果,是对建党精神、井冈山精神、苏区精神、长征精神、遵义会议精神中所蕴涵的实事求是精神的理论升华和实践自觉,也是延安精神形成和确立的过程。思想路线的确立,为党的路线、方针、政策的制定和贯彻执行,为党的一切行为实践奠定了理论基石。

理论的生命力在于创新。正是在马克思主义中国化时代化进程中,以毛泽东同志为主要代表的中国共产党人把马克思主义当作显微镜和手术刀,用以深刻认识和解决中国问题,才逐步形成了党的群众路线和关于马克思主义群众观点、党的根本宗旨等更易为群众所理解、接受的生动表述——全心全意为人民服务。此后,为人民

服务的根本宗旨成为贯穿于党的全部工作,为全党所努力践行的精神核心,进而又形成了体现马克思主义辩证法思想和革命斗争精神的自力更生、艰苦奋斗的精神品格。实事求是的思想路线成为延安精神的精髓,实事求是的作风成为共产党人特有的优良品格;党的群众路线经过长期斗争实践在延安时期从理论上概括出来,成为党的生命线和根本工作方法,为全体共产党人自觉践行。全心全意为人民服务作为党的根本宗旨被写进党章,成为党的根本价值取向,共产党人永恒的价值观、道德观,成为延安精神的本质;全心全意为人民服务的根本宗旨是党的初心使命的集中体现,是对建党精神、井冈山精神、苏区精神、长征精神、遵义会议精神本质内涵的理论升华和实践自觉。延安时期艰苦奋斗精神有了更加丰富的新的内涵,毛泽东把它作为共产党的作风,每一个共产党员和革命家的作风。综上可见,延安精神是马克思主义中国化时代化理论成果在精神层面的生动体现,是毛泽东思想活的灵魂的集中体现。在实践中形成的延安精神,又进一步成为中国共产党人探索和完善革命理论、政策策略,更加广泛团结、动员和组织人民群众,战胜各种艰难险阻的精神力量。

3. 延安精神是党的先进性和纯洁性的集中体现

延安时期,中国共产党始终站在时代前列,把握历史主动、锚定奋斗目标,代表人民根本利益,面对复杂的斗争局面,科学作出各项重大决策,党的自身建设从理论到实践有了飞跃性发展,最终奠定了抗日战争、解放战争伟大胜利的基础,铸就了伟大的延安精神。延安精神正是在这一历史进程中,体现着中国共产党及其领导的事业在延安时期的整体发展状况和党的整体精神。

延安精神的科学内涵充分彰显了党的先进指导思想、崇高奋斗目标、坚定政治立场、根本价值取向。延安精神是我们党理论力量的充分体现，是马克思主义真理力量的充分体现，是共产党人独特的人格魅力和精神风范的充分体现。

推进自我革命，为党解决问题找到科学的方法和路径。延安时期党的自我革命，首先源于瞄准党内突出问题——主观主义、宗派主义、党八股、自由主义、山头主义。批评和自我批评这一"马列主义政党进行两条战线斗争的最适用的方法"，是"反对错误思想建立正确作风的最好的方法"，是党进行彻底自我革命最科学有效的方法。批评和自我批评之所以是最好的方法，源于坚持"惩前毖后，治病救人"的宗旨、坚持"打倒两个主义，把人留下来"、坚持将批评与学习结合起来。正因进行了系统性探索并广泛开展批评和自我批评，延安整风才取得历史性成效，产生永久性示范效应。毛泽东指出，"整风运动之所以发生了很大的效力，就是因为我们在这个运动中展开了正确的而不是歪曲的、认真的而不是敷衍的批评和自我批评"[1]。

跨越时空，历久弥新，延安精神在百年党史中熠熠生辉。延安精神是党和人民宝贵的政治和精神财富，是一种与时俱进的革命精神。2015年2月，习近平总书记视察陕西时指出：老一辈革命家和老一代共产党人在延安时期留下的优良传统和作风，培育形成的延安精神，是我们党的宝贵精神财富。今天，全面从严

---

[1]《毛泽东选集》第3卷，人民出版社1991年版，第1096页。

治党要继续从延安精神中汲取力量。[1]2020年4月，习近平总书记视察陕西时再次强调：要坚持不懈用延安精神教育广大党员、干部，用以滋养初心、淬炼灵魂，从中汲取信仰的力量、查找党性的差距、校准前进的方向。要把政治建设摆在首位，严肃党内政治生活，严格落实中央八项规定及其实施细则精神，坚决破除形式主义、官僚主义，构建一体推进不敢腐、不能腐、不想腐体制机制，为各项事业发展提供坚强保障。[2]习近平总书记强调，用延安精神滋养初心、淬炼灵魂，为延安精神赋予了新的时代内涵，为新时代加强党性修养和作风建设指明了方向，为夺取中国特色社会主义事业伟大胜利注入了强大精神动力。站在历史新方位，对标延安精神守初心担使命，必须深入学习贯彻习近平新时代中国特色社会主义思想，真正做到学深悟透、融会贯通、真信笃行，真正做到理论学习有收获、思想政治受洗礼、干事创业敢担当、为民服务解难题、清正廉洁作表率；必须坚定执行党的政治路线，保持清醒头脑和战略定力，坚决同一切违背、歪曲、否定党的政治路线的言行作斗争；必须牢牢把握社会主义先进文化前进方向，为构筑中国精神、中国价值、中国力量作贡献，巩固中华民族团结奋斗的共同思想基础。

（三）中国共产党人精神谱系的丰富——南泥湾精神、张思德精神等

延安精神是一种在全党层面形成的伟大精神，

[1]《习近平春节前夕赴陕西看望慰问广大干部群众》，《人民日报》2015年2月17日。

[2]《习近平：扎实做好"六稳"工作落实"六保"任务奋力谱写陕西新时代追赶超越新篇章》，《人民日报》2020年4月24日。

具有普遍性的鲜明特点。而南泥湾精神、太行精神（吕梁精神）、沂蒙精神、张思德精神等，丰富了中国共产党人精神谱系的形态。

南泥湾精神展现的是中国共产党人自力更生、艰苦奋斗的革命精神。置之死地而后生，置于绝境而后存。中国共产党无惧艰苦与牺牲，面对异常严峻的考验，党中央和毛泽东及时地提出了"发展经济、保障供给"的总方针和"自己动手、丰衣足食"的号召，开始了轰轰烈烈的大生产运动。开展大生产运动是为了解决生存问题，却在实践中铸造出崇高的南泥湾精神。"一把䦆头一支枪，生产自给保卫党中央"，这是王震在全旅指战员垦荒誓师大会上提出的响亮口号。部队刚刚进驻南泥湾之时，"南泥湾啊烂泥湾，方圆百里山连山。雉鸡成伙满山噪，狼豹成群林里窜。猛兽当家百年多，一片荒凉没人烟"。经过顽强奋斗，短短两三年，三五九旅在南泥湾种稻田 2000 亩，不仅解决了自己的供应保障，还节约了大量经费，上交公粮 500 万公斤；自己动手盖房 667 间，挖窑洞 1264 孔，建礼堂 3 座，购置、自造农具万余件；250 名职工使用自造的织布机，每月可出宽台布 1000 多匹、毛巾 500 打、毛毡百余条。三五九旅官兵把一个荆棘遍地、野兽出没的荒山野岭变成了"到处是庄稼，遍地是牛羊"的"陕北好江南"。

南泥湾精神是在南泥湾大生产运动中创造的，是中国共产党及其领导下的人民军队在困境中奋斗、在艰苦中壮大的强大精神力量，是中国共产党人精神谱系的重要组成部分。南泥湾精神极大地调动了抗日军民的生产热情，使陕甘宁边区渡过了难关，为推动中国革命胜利奠定了扎实的基础，激励着一代又一代中国人前仆后继，为实现中华民族伟大复兴而接续奋斗。一位到边区采访的外国记者特别注意到王震手上的老茧:"王旅长的双手像他的部下一样,由于劳动而生满了老茧。"今天看来,这老茧何尝不是一种精神的积淀!没有房子,三五九旅官兵就用树枝搭简陋窝棚;没有粮食,就挖野菜、啃树皮;没有耕牛,就靠镢头;没有工具,就自己制造,谱写了一曲艰苦奋斗的不朽壮歌。越艰难,他们越充满革命乐观主义情绪;越困苦,他们越紧密团结如一人。正是凭着这种任何物质力量都不能代替的强大精神力量,他们创造了中外军队历史上罕见的奇迹。靠着无穷的精神力量,八路军以小米加步枪打败了装备优良的日本侵略者。靠着无穷的精神力量,中国共产党人从一个边区小城走向了全中国。正是因为有了这种精神力量,毛泽东才充满信心地说:"我们中华民族有同自己的敌人血战到底的气概,有在自力更生的基础上光复旧物的决心,有自立于世界民族之林的能力。"[1]

张思德精神是为人民利益勇于牺牲的精神。张思德忠实践行"为了人民,为了革命,要敢于献出自己的一切"的承诺,用生命履行"不怕困难,不怕牺牲"的入党誓言。张思德精神是为人民利益任劳任怨的精神。张思德服从革命的需要,始终坚持个人利益服从于党和人民根本利益。张思德精神就是为人民利益艰苦奋斗的精神。他为民谋利,吃苦耐劳,任劳任怨,从不贪图享乐,从来没有一点私心。1944年9月8日,毛泽东在中共中央警备团追悼张思德的会议上发表《为人民服务》演讲,高度赞扬了张思德完全、彻底

[1]《毛泽东选集》第1卷,人民出版社1991年版,第161页。

为人民服务的思想境界和革命精神,并指出:"我们的共产党和共产党所领导的八路军、新四军,是革命的队伍。我们这个队伍完全是为着解放人民的,是彻底地为人民的利益而工作的。"[1] 在党的七大上,他在《论联合政府》中进一步强调:"紧紧地和中国人民站在一起,全心全意为中国人民服务,就是这个军队的唯一宗旨。"[2]

"为人民服务"概念的完整提出,是时代的呼唤,是党的纲领和宗旨的科学概括、高度升华,是党的革命道德建设成熟的显著标志之一。革命时期,中国共产党之所以能够在非常困难的情况下奋斗出来,能够战胜千难万险取得革命的胜利,能够保证革命事业的发展和壮大,就是因为有崇高的理想信念和革命道德。中国共产党的革命道德具有丰富而独特的内涵,既包括革命道德的原则、要求、态度、修养、风尚等方面,也包括革命理想、革命精神等方面,具有丰富的内容。为人民服务,是中国共产党革命道德的最高概括,是马克思主义与中国革命、建设、改革的伟大实践相结合的产物,是中华民族极其宝贵的精神财富。"我们共产党人区别于其他任何政党的又一个显著的标志,就是和最广大的人民群众取得最密切的联系。全心全意地为人民服务,一刻也不脱离群众;一切从人民的利益出发,而不是从个人或小集团的利益出发;向人民负责和向党的领导机关负责的一致性;这些就是我们的出

---

[1] 《毛泽东选集》第3卷,人民出版社1991年版,第1004页。

[2] 《毛泽东选集》第3卷,人民出版社1991年版,第1039页。

发点。"[1]1941年7月1日，中共中央政治局通过了《关于增强党性的决定》，要求全党加紧锻炼党性、提高党性、培养党性、增强党性。此后，党性在党的建设中成为一个基础性与统领性的要求，党性概念开始广泛进入党的建设领域。党性绝不是抽象的、虚幻的，它具体体现在贯彻落实中央的决策部署上，体现在为人民服务的实践中，党员干部不服从组织、不服从中央、不执行中央的决策、不遵守党规党纪、不贯彻为人民服务宗旨，就是不讲党性。

全心全意为人民服务，是中国共产党的根本宗旨。这是因为马克思主义是中国共产党的理论基础，全心全意为人民服务直接的思想基础就是唯物主义历史观。马克思主义认为，人民群众是历史的创造者和社会的主人，一个为大多数人服务的无产阶级政党，必然把全心全意为人民服务作为最高宗旨。中国共产党的初心使命，即体现着以人民为中心、全心全意为人民服务的宗旨意识。党的七大第一次把全心全意为人民服务作为党的宗旨列入党章。七大党章规定："中国共产党人必须具有全心全意为中国人民服务的精神，必须与工人群众、农民群众及其他革命人民建立广泛的联系，并经常注意巩固与扩大这种联系。每一个党员都必须理解党的利益与人民利益的一致性，对党负责与对人民负责的一致性。"[2]同时，七大党章又把全心全意为人民服务作为党员必须履行的义务之一确定下来。延安时期，中国共产党领导根据地军

[1] 《毛泽东选集》第3卷，人民出版社1991年版，第1094—1095页。

[2] 中共中央文献研究室、中央档案馆编：《建党以来重要文献选编(1921—1949)》第22册，中央文献出版社2011年版，第535页。

民进行政治、经济、社会等建设,始终代表着最广大人民的根本利益。抗日民主政府"只见公仆不见官",党的干部与群众之间只有分工不同,没有高低贵贱之别,吃的是一锅饭,点的是一灯油,情深意厚,亲如一家。毛泽东、朱德、周恩来、刘少奇、任弼时、林伯渠等老一辈无产阶级革命家,是全心全意为人民服务宗旨的倡导者,也是模范的实践者。1946年11月10日,美国纽约《先锋论坛报》记者斯蒂尔访问延安时感慨地指出:"我觉得在延安的访问中,我体味到共产党常常说的为人民服务,在延安所见到的各种具体事实,我认为是货真价实的。"[1]人民是历史的创造者。正是因为全心全意为人民服务、一切依靠群众、一切为了群众,"把屁股端端地坐在老百姓的这一方面","不当'官'和'老爷'","走出'衙门',深入乡村"[2],中国共产党才最终感动了人民,才能一路攻坚克难、书写辉煌。

(四)以爱国主义为核心的伟大民族精神——抗战精神

伟大抗战精神是中国人民在抗日战争的壮阔进程中孕育形成的,抗战精神向世界展示了天下兴亡、匹夫有责的爱国情怀,视死如归、宁死不屈的民族气节,不畏强暴、血战到底的英雄气概,百折不挠、坚忍不拔的必胜信念。抗战精神是中国人民弥足珍贵的精神财富,永远激励中国人民以压倒一切困难而不为困难所压倒的决心和勇气,敢于斗争,善于创造,克

---

[1] 张香山、孙铭:《外国记者看延安》,《解放日报》1946年11月10日。

[2]《习仲勋文选》,中央文献出版社1995年版,第9—10页。

服一切艰难险阻、锲而不舍为实现中华民族伟大复兴而奋斗。

以爱国主义为核心的伟大民族精神，是中国人民抗日战争胜利的决定因素。爱国主义是中华民族民族精神的核心，根植于中华民族心中，是中华民族的精神基因，维系着华夏大地上各个民族的团结统一，激励着一代又一代中华儿女为中华民族的繁荣发展不懈奋斗。在抗日战争血与火的洗礼中，中华民族"发扬抗战的民气"，"抗日则生，不抗日则死，抗日救国，已成为每个同胞的神圣天职"。抗日战争使中华民族的爱国主义传统得到了极大升华，激发起中华民族团结御侮的巨大能量，使中华民族的团结达到了前所未有的高度，史无前例地增强了中华民族万众一心、共赴国难的民族团结意识。

1938年3月，毛泽东在延安追悼抗敌阵亡将士大会上说：八个月来，"几百万军队与无数人民都加入了火线，其中几十万人就在执行他们的神圣任务中光荣地壮烈地牺牲了"。"中华民族决不是一群绵羊，而是富于民族自尊心与人类正义心的伟大的民族，为了民族自尊与人类正义，为了中国人一定要生活在自己的土地上"[1]，中华儿女前仆后继，抗争到底。面对民族生死存亡，全体同胞以"誓死不当亡国奴"的民族自尊，挺身而出，共赴国难，形成了人民战争的汪洋大海，谱写下惊天地、泣鬼神的爱国主义篇章，充分展现了天下兴亡、匹夫有责的爱国情怀；面对侵

---

[1] 《毛泽东文集》第2卷，人民出版社1993年版，第113页。

略者的屠刀，中国人民用血肉之躯筑起新的长城，成千上万的英雄们，在侵略者的炮火中奋勇前进，在侵略者的屠刀下英勇就义，彰显出中华民族威武不能屈的浩然正气，充分展现了视死如归、宁死不屈的民族气节；面对强敌的一次次入侵，中华民族没有屈服，而是不断集结起队伍，前仆后继，顽强抗争，誓与侵略者血战到底，奏响了无数气壮山河的英雄凯歌，充分展现了不畏强暴、血战到底的英雄气概；面对日本帝国主义侵略者的铁蹄，中国人民抱定了抗战到底的信念，坚持抗战，持久抗战，终于打败了凶恶的侵略者，赢得了战争的最后胜利，创造了人类战争史上的一个奇迹，充分展现了百折不挠、坚忍不拔的必胜信念。2020 年 9 月 3 日，习近平总书记在纪念中国人民抗日战争暨世界反法西斯战争胜利 75 周年座谈会上指出："中国人民抗日战争胜利是全体中华儿女勠力同心、以弱胜强的雄浑史诗，显示了中国人民和中华儿女坚不可摧的磅礴力量！"[1] 在庆祝中国共产党成立 100 周年大会上，习近平总书记进一步指出："中国人民是崇尚正义、不畏强暴的人民，中华民族是具有强烈民族自豪感和自信心的民族。""中国人民也绝不允许任何外来势力欺负、压迫、奴役我们，谁妄想这样干，必将在 14 亿多中国人民用血肉筑成的钢铁长城面前碰得头破血流！"[2]

---

[1] 习近平：《在纪念中国人民抗日战争暨世界反法西斯战争胜利 75 周年座谈会上的讲话》，《人民日报》，2020 年 9 月 4 日。

[2] 习近平：《在庆祝中国共产党成立 100 周年大会上的讲话》，《人民日报》2021 年 7 月 2 日。

二、延安十三年艰苦卓绝斗争历程中的延安精神

2022年10月27日,习近平总书记在瞻仰延安革命纪念地时的重要讲话中指出:"延安是中国革命的圣地、新中国的摇篮。从1935年到1948年,党中央和毛泽东等老一辈革命家在延安生活和战斗了13年,领导中国革命事业从低潮走向高潮、实现历史性转折,扭转了中国前途命运。"党史学界将中共中央和老一辈革命家在陕北生活战斗的十三年,称为延安时期。延安时期跨越了土地革命战争后期、抗日战争时期和解放战争前期三个历史阶段,在中国共产党新民主主义革命28年历史进程中占到将近一半时间。延安十三年是极为辉煌也是极为复杂激烈的十三年。在波澜壮阔的奋斗历程中,形成了丰富的理论成果、实践成果和精神成果。延安十三年奋斗史涵盖了政治、军事、经济、文化、社会各个方面,其理论和实践的原创性和启示性都很强,可以说是一部中国共产党人治党治国治军的"资治通鉴"。延安精神就是在延安时期的伟大实践中创造的精神产品,是历史给党和人民留下的宝贵精神财富。

延安时期的伟大斗争锤炼出共产党人鲜明的政治品格。认识把握任何一种精神的形成、内涵、地位、本质等,离不开当时特定的历史环境、社会条件、时代主题,离不开政党能否正确地把握时代的主题、政党自身理论与思想的成熟程度以及时代赋予政党的历史任务。

中共中央长征落脚陕北不久,因华北事变爆发,民族危机不断

加深，中华民族到了生死存亡的关头。中国共产党站在时代前列，把握时代主题，以坚定的信念、坚强的意志，勇敢担当团结全民族抗战救国的使命。1935年，日本帝国主义继1931年发动九一八事变侵占中国东北之后，又制造了蓄意灭亡中国的华北事变。一时之间，中华民族危机空前严重，中日民族矛盾上升为中国社会主要矛盾，全国抗日救亡运动不断高涨。平津危急！华北危急！中华民族危急！只有全民族实行抗战，才是出路。中国共产党向全国人民发出伟大号召："抗日则生，不抗日则死，抗日救国，已成为每个同胞的神圣天职！"1935年11月28日，初到陕北不久的中共中央发布《抗日救国宣言》，提出十大救国纲领。1935年12月的瓦窑堡会议，正确分析华北事变后国内主要矛盾的变化，积极调整党的路线、方针、政策，制定了抗日民族统一战线的策略路线，实现了全民族抗战爆发前夕党的政治路线的转变，在全国率先举起抗日救国旗帜，推动建立抗日民族统一战线。1936年春，中共中央派刘少奇任北方局书记，加强对抗日救亡运动的领导。北方局大力肃清党内"左"倾错误影响，正确地贯彻执行抗日民族统一战线政策，为联合华北一切可能抗日的党派、阶层，进行了大量的工作，进一步推动了国统区抗日救亡运动。同年5月，宋庆龄、沈钧儒等在上海发起成立全国各界救国联合会，主张"停止内战，一致抗日"，上海、南京、北平（今北京）等地许多抗日救亡团体，先后加入联合会。接着，又成立全国学生联合会，进一步推动了全国青年学生的爱国救亡运动。

中国共产党通过各种渠道尽可能地向国民党上层领导人和军队将领宣传抗日主张。例如，对张学良东北军、杨虎城第十七路军的积极争取与联合。为此，中共中央专门成立东北军工作委员会，周恩来任主任，通过释放被俘东北军团长高福源，促成李克农与东北军军长王以哲的谈判，达成了两军互不侵犯等口头协议。1936年4月9日，周恩来与张学良在延安进行高级秘密会谈，商定红军与东北军互不侵犯、互派代表、互相帮助等协议，基本停止了红军和东北军之间的战事。与此同时，中共中央加紧对西北军的统战工作，收到预期效果。同年六七月间，红军与东北军、第十七路军三位一体的统战关系初步建立，抗日民族统一战线政策首先在西北地区取得重大胜利。党对山西社会上层的统战工作也取得巨大成绩，接办原阎锡山建立的山西牺牲救国同盟会，与阎锡山建立了特殊形式的抗日民族统一战线关系。

和平解决西安事变，是中国共产党坚持以民族利益和抗日大局为重的典范，奠定了全国抗日民族统一战线形成的基础。为了争取早日停止内战、一致抗日，在共产国际的指导下，中共中央顾全大局，逐步将"反蒋抗日"政策转变为"逼蒋抗日""联蒋抗日"政策，并主张国共两党进行合作抗日谈判。1936年12月4日，蒋介石亲临西安，逼张学良、杨虎城继续"剿共"。在多次劝谏均遭蒋介石严词训斥的情况下，张、杨决定发动"兵谏"。12月12日凌晨，张、杨武装扣押在临潼、西安的蒋介石及其军政要员，发动了震惊中外的西安事变。事变发生后，中国共产党以民族利益为重，不计前嫌，独立自主确定了和平解决事变的方针，派周恩来、博古、叶剑英等赴西安参加谈判，积极斡旋，促成了西安事变的和平解决。西安事变的和平解决，成为时局转换的枢纽。自此，国共对峙的十年内战基本结束，开始了国内和平的新局面，为国共两党实现第二次合作共同抗日创造了政治条件。随后，中共中央致电国民党五届三中全会，提出了旨在停止内战、合作抗日的五项要求和四项保证，国民党五届三中全会通过了实际接受我党主张的决议案。至此,全国范围的抗日民族统一战线初步形成。西安事变期间,驻守延安的东北军根据协议主动撤离。1937年1月13日,毛泽东、朱德等率中央机关进驻延安。从此,延安成为中国革命的政治指导中心和大本营。

全民族抗战爆发后,中国共产党以民族利益为重,摒弃党派成见,实现了国共两党第二次合作。1937年8月,党中央在洛川会议上,制定了全面抗战路线、抗日救国十大纲领和独立自主的山地游击战等方针政策,为争取抗战胜利奠定了基础。抗战相持阶段,中国共产党正确处理统一战线面临的复杂矛盾和斗争,坚持巩固发展了抗日民族统一战线。在全民族抗战中,中国共产党领导的八路军、新四军和其他人民抗日武装对敌作战12.5万余次,钳制和歼灭日军大量兵力,歼灭大部分伪军,敌后战场逐渐成为中国人民抗日战争的主战场。到抗战结束时,人民军队发展到约132万人,民兵发展到260余万人;中国共产党领导的抗日民主根据地即解放区已有19块,面积达到近100万平方公里,人口近1亿。中国共产党在全国社会政治生活中所占的比重,和抗日战争前相比大大增加。这为在取得中国人民抗日战争伟大胜利基础上,最终取得新民主主义革命胜利,创造了前所未有的有利条件。[1]

抗战胜利前后,面对中国向何处去,在两个前途

---

[1] 本书编写组编著:《中国共产党简史》,人民出版社、中共党史出版社2021年版,第109—110页。

两种命运决战的历史时刻，中国共产党顺应历史潮流制定了建立新民主主义中国的政治路线，进一步发展民族民主统一战线，团结全国人民通过解放战争打出了一个新中国。

历史上，陕北自然环境异常恶劣，灾害频繁，赋税繁重，土匪横行，人民生活极其贫苦。历史资料记载，陕北手工业极其落后，连锅碗都生产不了，更不用说近代工业发展。粮食最高亩产量只有25公斤，普通老百姓所有家产一头小毛驴就能拉完，老百姓几代人住在一个土窑洞甚至睡在一个土炕上。就文化而言，一个县找不到几个认字的人，林伯渠感叹这里简直是一片文化的沙漠。经济文化的极端落后，导致陕北人口稀少，文盲遍地，迷信流行，尤其是老百姓国家民族意识淡漠，急需社会教育发展。中国共产党要在这样的地方站稳脚跟，求得生存发展，打开革命事业的新局面，面临着发展经济、文化、医疗卫生事业以及社会改造的艰巨任务。

1931年九一八事变爆发后，国民党实行攘外安内的政策，把全力"剿共"作为首要任务。陕北及周边既有地方军阀，又有国民党嫡系势力重兵压境，使长征落脚陕北的共产党面临严峻的挑战和困难。全面抗战开始后，尽管国共两党实现第二次合作，但国民党始终把共产党作为心腹大患，制造了一系列摩擦事件，掀起三次反共高潮，鼓吹要实行一个政党一个主义，企图溶共、灭共。尤其是抗战相持阶段到来后，国民党对陕甘宁边区实行军事包围、经济封锁，不让一粒米、一尺布流进边区，企图困死饿死共产党，使陕甘宁边区一段时间"几乎没有衣穿，没有油吃，没有纸，没有菜，战士没有鞋袜，工作人员在冬天没有被窝。人家用停发经费与封锁经济来对待我们，企图把我们困死，我们的困难真是大极了"[1]。面对抗日民族统一战线内部错综复杂的矛盾与斗争，面对党和军队生存的严重困难，中国共产党人以高超的政治智慧驾驭复杂矛盾，以大无畏的英雄气概克服了物质困难，锤炼出不畏艰险、不怕困难的意志品质。1943年10月下旬，毛泽东视察南泥湾时指出："困难并不是不可征服的怪物，大家动手征服它，它就低头了。"他还说："敌人封锁我们，我们的回答就是自己动手，用我们的双手做到生产自给，丰衣足食。"[2]

延安精神就是中国共产党在延安时期极其艰苦复杂的斗争实践中培育形成的伟大精神。美军驻延安军事观察组成员约翰·高林上尉在其回忆录《延安精神》中写道："面临保卫自身安全和战胜日本人和国民党进攻的任务，共产党人确信，在延安培育起来的这种同仇敌忾的精神，可以扩展到全中国，医治军阀对中国的统治长达整个世纪而造成的经济、政治和社会的创伤。"[3]1949年6月8日，蒋介石在日记中细数共产党七大优点：一、组织严密；二、纪律严厉；三、精神紧张；四、手段彻底；五、军政公开；六、办事方法：调查、立案、报告、审查、批准、执行、工作检讨；七、组织内容：干部领导，由下而上，纵横联系，互相节制，纠察彻底，审判迅速，执行纪律……1949年底，蒋介石在台北反思国民党军队失败的教训，认为国民党是自己打倒了自己。因为国民党的军队是无主义、无纪律、无组织、无训练、无灵魂、无根底

---

[1] 毛泽东：《经济问题与财政问题》，大众日报社1943年版，第2—3页。

[2] 中共中央文献研究室编：《毛泽东年谱（1893—1949）》中卷，中央文献出版社2002年版，第477—478页。

[3] [美]约翰·高林：《延安精神》，孙振皋译，华艺出版社1992年版，第133页。

的六无军队,国民党的军人是无信仰、无廉耻、无责任、无知识、无生命、无气节的六无军人。美国威斯康星大学历史系教授莫里斯·迈斯纳认为:"延安时代不仅对共产党在1949年的胜利具有决定性意义,而且它还给胜利者留下了一种革命斗争的英雄传统,这就是被奉为神圣的'延安精神'和'延安作风'。"[1]

延安精神是中国共产党人为民族谋复兴、为人民谋利益初心使命的生动写照,是对中国共产党人伟大建党精神的生动弘扬。延安精神所具有的彻底革命性、时代性、实践性特征,充分反映了党在政治上、理论上的成熟,延安精神在中国共产党人精神谱系中占有极其重要的地位。习近平指出:"伟大的延安精神教育滋养了几代中国共产党人,始终是凝聚人心、战胜困难、开拓前进的强大精神力量",要"保持延安时期那么一种忘我精神、那么一股昂扬斗志、那么一种科学精神,为建设和发展中国特色社会主义不懈奋斗"。[2]

三、优秀中华文化和伟大民族精神中的延安精神

民族精神是民族之魂、国民素质之根。马克思指出:"任何真正的哲学都是自己时代精神的精华","是文明的活的灵魂"。[3] 从历史发展的过程看,民族精神总以不同的具体形态表现出来,使得民族精神

[1] [美]莫里斯·迈斯纳:《毛泽东的中国及后毛泽东的中国》,杜蒲、李玉玲译,四川人民出版社1992年版,第64—65页。

[2] 李亚杰:《结合新的实际弘扬延安精神 坚持求真务实推进党的建设》,《人民日报》2009年11月16日。

[3] 《马克思恩格斯全集》第1卷,人民出版社1956年版,第121页。

通过时代精神进一步升华，成为一种更为先进的民族精神形态。中华民族优秀的文化传统和伟大的民族精神，为延安精神的培育形成提供了深厚的文化底蕴和精神源泉，也滋养了共产党人的革命品质。

在5000多年的历史中，中华民族形成了以爱国主义为核心的团结统一、爱好和平、勤劳勇敢、自强不息的伟大民族精神。中华民族伟大精神既使中华民族长期走在世界前列，也使中华民族历经磨难而不衰，体现了中华民族强大的凝聚力、向心力。中华民族精神有两大特色。一是以吃苦耐劳著称于世，二是酷爱自由、富于革命传统。吃苦耐劳、艰苦奋斗，是中华民族在生产斗争中所表现出来的民族精神和民族性格；不畏强暴、反抗压迫是中华民族在阶级斗争中所表现出来的民族骨气和革命精神。如果从中华民族精神的共时性结构来看，最主要的可以总结为：自力更生、自强不息的精神，天下兴亡、匹夫有责的精神，忧国忧民、救国救民的精神，抗击强暴、英勇不屈的精神，同甘共苦、团结互助的精神，勤俭朴素、艰苦奋斗的精神，清正廉明、实事求是的精神。中华民族精神是中国人民自强不息、独立自主、争取解放、追求自由的主体精神。延安精神是中华民族爱国主义精神在延安时期的升华与发展。2018年3月20日，习近平总书记在第十三届全国人民代表大会第一次会议上的讲话中指出：中国人民在长期奋斗中培育、继承、发展起来的伟大民族精神，为中国发展和人类文明进步提供了强大精神动力。中国人民是具有伟大创造精神、伟大奋斗精神、伟大团结精神、伟大梦想精神的人民。有这样伟大的人民，有这样伟大的民族，有这样伟大的民族精神，是我们的骄傲，是我们坚定中国特色社会主义道路自信、理论自信、制度自信、文化自信的底气，也是我们风雨无阻、高歌行进的根本力量！[1]2020年9月3日，习近平总书记在纪念中国人民抗日战争暨世界反法西斯战争胜利75周年座谈会上的讲话中强调："爱国主义是我们民族精神的核心，是中国人民和中华民族同心同德、自强不息的精神纽带。"[2]

延安时期，中国共产党人把中华传统文化中的集体主义意识、不惜牺牲个人生命与利益，共赴国难、实现理想的精神，与马克思主义先进理论相结合，与实现新民主主义革命目标相结合，赋予了民族文化新的时代内容。如把"天行健，君子以自强不息"的拼搏进取精神转化为独立自主、自力更生、艰苦奋斗的创业精神，把"地势坤，君子以厚德载物"的会通精神转化为调动一切积极因素的包容精神，把"民为贵，社稷次之，君为轻"的民本思想转化为全心全意为人民服务的公仆精神，把"穷则思变""经世致用"转化为实事求是、理论联系实际的科学精神。延安精神作为一种具有鲜明时代特征的科学精神形态，既汲取了传统民族文化精神的营养，又实现了对民族传统精神的批判和超越，并成为延安时期中国共产党人及其影响下的民众共同的理性选择，成为延安时期社会的主流价值观念。延安精神之所以具有强大的生命力，具有穿越时空的普遍价值，正是因为其来源于民族精神、民族文化。延安时期共产党人在斗争实践中所展现出来的坚定信念、实事求是、为民服务、艰苦奋斗等高尚品格正是民族精神、民族文化长期滋养的结果。

[1] 习近平：《在第十三届全国人民代表大会第一次会议上的讲话》，《求是》2020年第10期。

[2] 习近平：《在纪念中国人民抗日战争暨世界反法西斯战争胜利75周年座谈会上的讲话》，《人民日报》2020年9月4日。

四、马克思主义中国化时代化历史进程中的延安精神

"思想就是力量。一个民族要走在时代前列,就一刻不能没有理论思维,一刻不能没有思想指引。"[1] 中国共产党人找到了马克思列宁主义,并坚持把马克思列宁主义同中国实际相结合,形成马克思主义中国化时代化的理论成果,为党和人民事业发展提供了科学理论指导。

中国共产党成立后,由于理论上不成熟,还不善于把马克思主义与中国革命具体实际相结合,党内先后出现四次错误,导致在遵义会议之前经受了两次失败和挫折。其原因就是马克思主义产生的历史条件和中国国情的极大特殊性,使中国革命面临着需要依靠中国马克思主义者独立解决的各种复杂问题。同时,又由于中国是一个小生产者占多数的国度,与这种生产方式相联系的主观性、片面性和绝对化的思想方法,也不能不影响党的队伍。长期以来党内存在的教条主义的思想束缚,就是这种思想方法影响的突出表现,这不能不极大地增加了把马克思主义中国化时代化的难度。党在探索中国革命道路的过程中所经历的艰难曲折和为此付出的沉重代价,在很大程度上是同这种主观主义的思想根源相联系的。

---

[1] 习近平:《在党史学习教育动员大会上的讲话》,《求是》2021年第6期。

延安时期，党在领导中国革命实践中认识到马克思主义必须中国化。在经历了两次血与火的考验后，以毛泽东同志为主要代表的中国共产党人在延安发奋读书，总结中国革命的经验，坚持从中国实际出发，独立自主解决中国革命问题，同党内错误思想进行了坚决斗争，大力推进了马克思主义中国化时代化，使毛泽东思想全面发展并走向成熟。1941年7月13日，刘少奇在《答宋亮同志》中指出："所谓中国党的理论准备，包括对于马列主义的原理与方法及对于中国社会历史发展规律的统一把握。""因为马克思、恩格斯、列宁、斯大林诸领袖，都是欧洲人，而不是中国人。他们的著作都是用欧洲文字发表的。在他们的著作上说到中国的事情并不多。而中国社会历史发展的具体道路和欧洲各国社会历史发展的道路比，有其更大的特殊性。因此，要使马克思主义中国化，要用马列主义的原理来解释中国社会历史实践，并指导这种实践，就觉得特别困难些。""因此，影响到中国党员对马列主义理论的学习和修养。"[1]这就要求我们必须使马克思主义基本原理同中国具体实际紧密结合起来。

一方面，毛泽东思想为延安精神的培育形成提供了科学的理论指导。毛泽东在他一系列著作中，对党所领导的新民主主义奋斗目标和未来社会主义、共产主义的长远奋斗目标，对党的思想路线、根本宗旨、艰苦奋斗的工作作风等重大问题从理论上作了深刻的

[1]《刘少奇选集》上卷，人民出版社1981年版，第221—222页。

阐述，为延安精神的培育形成提供了科学的理论指导，延安精神正是伴随着毛泽东思想的成熟而逐渐形成和发展起来的。1943年7月，刘少奇发表《清算党内的孟什维主义思想》，指出：中国共产党22年的奋斗史，是马列主义在中国的发展史，也是真正马列主义者与机会主义者的斗争史。"这种历史，在客观上是以毛泽东同志为中心构成的。党内各派机会主义的历史，决不能成为党的历史。""一切干部，一切党员，应该用心研究二十二年来中国党的历史经验，应该用心研究与学习毛泽东同志关于中国革命的及其他方面的学说，应该用毛泽东同志的思想来武装自己，并以毛泽东同志的思想体系去清算党内的孟什维主义思想。"[1] 1945年5月14日，刘少奇在中共七大所作的《关于修改党章的报告》中，首次系统论述了毛泽东思想的科学内涵，把分散在毛泽东著作、党内文献里的毛泽东思想集中起来加以系统化，并对这个体系作出精准定位、科学界定和内容展开。

另一方面，延安精神是实践毛泽东思想的巨大精神力量，是毛泽东思想基本立场、观点、方法的具体运用和生动体现，是把革命理论变为具体实践时表现出的政治品格、道德情操和精神风貌。理论只有被群众所掌握，才能变成巨大的物质力量。延安时期中国革命事业之所以在毛泽东思想的指引下取得伟大的胜利，是因为革命队伍中有着那样积极、乐观、坚定、向上的精神风貌。刘少奇在《关于修改党章的报告》

---

[1] 刘少奇：《清算党内的孟什维主义思想》，《解放日报》1943年7月6日。

中指出:"当着革命是在毛泽东同志及其思想的指导之下,革命就胜利,就发展;而当着革命是脱离了毛泽东同志及其思想的指导时,革命就失败,就后退","学习毛泽东思想,宣传毛泽东思想,用毛泽东思想来武装我们的党员和革命的人民,使毛泽东思想变为实际的不可抗御的力量","遵循毛泽东思想的指示去进行工作,乃是每一个共产党员的职责"。[1]因此,延安精神是实践毛泽东思想的巨大精神力量。延安精神的产生标志着中国共产党人在政治文化层面上的成熟。

延安精神是伴随着毛泽东思想的发展成熟而培育形成的,延安精神的科学性、时代性特征与马克思主义中国化时代化的历史进程和毛泽东思想的发展成熟具有内在一致性。之所以革命精神中所蕴涵的追求理想、坚定信念、优良传统、理论品格、人民情怀、斗争精神等红色基因都在延安精神中得到集中呈现,之所以延安精神成为革命精神的标识,根本就在于延安精神是马克思主义中国化时代化的理论成果,是在毛泽东思想指引下形成的,同时也是毛泽东思想基本立场、观点、方法的具体运用和生动体现,是把革命理论变为具体实践时表现出的政治品格、道德情操和精神风貌。

"人无精神则不立,国无精神则不强。精神是一个民族赖以长久生存的灵魂,唯有精神上达到一定的高度,这个民族才能在历史的洪流中屹立不倒、奋勇

---

[1] 中共中央文献研究室、中央档案馆编:《建党以来重要文献选编(1921—1949)》第22册,中央文献出版社2011年版,第391、393页。

向前。"[1] 在艰苦的革命斗争中，延安精神是全党和全体革命者共同追求革命理想的强大精神动力，是凝聚全党和全国人民的巨大力量。在延安精神鼓舞下，全国各地不断掀起革命和斗争热潮，各族人民纷纷投入革命的洪流，为推翻压在中国人民头上的三座大山而前仆后继、奋斗不止、慨当以慷，夺取了新民主主义革命的全国性胜利，建立了人民当家作主的中华人民共和国，实现了民族独立、人民解放，彻底结束了旧中国半殖民地半封建社会的历史，彻底结束了旧中国一盘散沙的局面，彻底废除了列强强加给中国的不平等条约和帝国主义在中国的一切特权，为实现中华民族伟大复兴创造了根本社会条件。延安精神培育了一代代中国共产党人，是我们党的宝贵精神财富。全党要"大力发扬红色传统、传承红色基因，赓续共产党人精神血脉，始终保持革命者的大无畏奋斗精神，鼓起迈进新征程、奋进新时代的精气神"[2]。

总之，延安时期中国共产党善于创新、敢于创新，面对极其复杂的斗争环境和艰苦的物质条件，以实事求是的精神，坚持从群众中来、到群众中去的观点，推动理论、制度和实践创新，既形成了局部执政的制度体系，又锻造形成了特色鲜明的以延安精神为代表的精神体系。面对艰难困苦，毛泽东特别注重用精神激励教育全党，号召全党要用"延安作风"打败"西安作风"。毛泽东向全党大力倡导抗大精神、整风精神、南泥湾精神、白求恩精神、张思德精神、延安县同志

[1] 习近平：《在纪念红军长征胜利 80 周年大会上的讲话》，《人民日报》2016 年 10 月 22 日。

[2] 习近平：《在党史学习教育动员大会上的讲话》，《求是》2021 年第 6 期。

们的精神和劳模精神等一系列精神，对这些精神的倡导和践行，成为延安时期共产党人和全体军民坚定革命信念、战胜一切困难、争取革命胜利的巨大精神力量。

　　复杂的斗争和艰苦的条件使中国共产党人认识到加强理论学习、注重党性修养的极端重要性。在抗战最困难最艰苦的时期，1941年7月1日，中央政治局在通过的《中共中央关于增强党性的决定》中明确指出：目前巩固党的主要工作是要求全体党员，尤其是干部党员，更加增强自己党性的锻炼。《决定》强调：要用自我批评的武器和加强学习的方法，来改造自己以适合于党与革命的需要。要求每个党员特别是每个负责领导的干部，把党的利益看得高于一切。要提倡大公无私、忠实朴素、埋头苦干、眼睛向下、实事求是、力戒骄傲、力戒肤浅的作风，要改造理论与实践、学习与工作完全脱节的现象，这样来更加坚定自己的阶级立场、党的立场与党性。毛泽东在《中国共产党在民族战争中的地位》中提出，发挥共产党员的先锋作用和模范作用是十分重要的。刘少奇在《论共产党员的修养》中第一次系统地阐明共产党员的党性锻炼和修养的问题，指出：共产党员的党性锻炼和修养，是党员本质的改造。革命实践的锻炼和修养，无产阶级意识的锻炼和修养，对于每一个党员都是重要的，而在取得政权以后更为重要。周恩来1943年3月18日写下《我的修养要则》，从七个方面对自己提出严格要求：一、加紧学习，抓住中心，宁精勿杂，宁专勿多。二、努力工作，要有计划、有重点、有条理。三、习作合一，要注意时间、空间和条件，使之配合适当，要注意检讨和整理，要有发现和创造。四、要与自己的、他人的一切不正确的思想意识作原则上坚决的斗争。五、适当地发扬自己的长处，具体地纠正自己的短处。六、永远不与群众隔离，向群众学习，并帮助他们。过集体生活，注意调研，遵守纪律。七、健全自己的身体，保持合理的规律生活，这是自我修养的物质基础。

延安精神是以毛泽东同志为主要代表的中国共产党人培育和实践的结晶。党性修养与延安精神是内在统一的。坚强的党性是延安精神的内在根据，伟大的延安精神是党性的外在表现。2022年10月27日，习近平总书记带领新当选的中共中央政治局常委瞻仰延安革命纪念地时强调："在延安时期形成和发扬的光荣传统和优良作风，培育形成的以坚定正确的政治方向、解放思想实事求是的思想路线、全心全意为人民服务的根本宗旨、自力更生艰苦奋斗的创业精神为主要内容的延安精神，是党的宝贵精神财富，要代代传承下去。"[1]

---

[1] 习近平：《继承和发扬党的优良革命传统和作风 弘扬延安精神》，《求是》2022年第24期。

第二章 坚持正确的政治方向是中国共产党人的立身之本

2022年10月27日,习近平总书记在瞻仰延安革命纪念地时的重要讲话中指出:"坚定正确的政治方向是延安精神的精髓。1938年,毛泽东同志在延安抗日军政大学回答'在抗大应当学习什么'时指出,'首先是学一个政治方向'。全党同志要坚持正确政治方向,坚决贯彻党的基本理论、基本路线、基本方略,坚决落实党中央决策部署,把老一辈革命家开创的伟大事业继续推向前进。""把坚持坚定正确的政治方向放在第一位",是延安时期毛泽东对全体共产党员的严格要求。实践证明,只有坚持正确的政治方向,才能不断增强政治信念的坚定性,不断增强政治鉴别的敏锐性,不断增强对党忠诚的可靠性。只有坚持正确的政治方向,才能成为信念坚定、为民服务、勤政务实、敢于担当、清正廉洁的好干部。因此,坚持正确的政治方向,不仅是中国共产党人成就伟业的政治灵魂,而且还是中国共产党人的立身之本。

一、坚持正确的政治方向，必须坚定不移地用马克思主义理论武装头脑

是否坚持马克思主义的指导，对于无产阶级政党来说，是关系举什么旗、走什么路的根本政治方向问题。是否注重用马克思主义理论武装自己的头脑，对于共产党员来说，是关系政治灵魂和政治脊梁的立身之本问题。当今时代，经济全球化、政治多极化、文化多元化愈演愈烈。我国的改革也到了一个新的历史关头，反映到思想文化领域就是思想观念的深刻变化。其表现是："哲学领域，宣扬没有主体便没有客体的主体哲学；经济学领域，对马克思主义劳动价值论和剩余价值学说的否定；政治学领域，对共产党执政的合法性提出质疑；历史学领域，曲解一百多年来中国人民反帝、反封建的斗争史，特别是否定20世纪的中国革命史的历史虚无主义等。"[1]这些思想的侧重点虽然有所不同，但实质都是要使中国偏离社会主义的正确政治方向，否定中国共产党的领导。而且，这些思潮都带有很强的迷惑性。如果我们共产党人的马克思主义理论素养不高，就很容易受这些错误思潮的影响，就很有可能在正确的政治方向上动摇。因此，坚定不移地用马克思主义理论武装头脑，用理论上的成熟来推动党员干部政治上的成熟，坚定正确的政治

[1] 李春华：《理论自信渐成新的思想潮流》，《人民论坛》2013年第3期。

方向，意义特别重大。

延安时期，以毛泽东同志为核心的党中央领导集体一再向全党发出"重视学习""加强学习""加紧学习""善于学习"的号召。毛泽东的《改造我们的学习》、刘少奇的《论共产党员的修养》以及《中央关于干部学习的指示》等重要著作和文件，都从不同视角对共产党员，特别是领导干部要加强马克思主义理论学习作了深刻论述和全面部署。党中央始终把学习和研究马克思列宁主义的理论当作全党"亟待解决并须着重地致力才能解决的大问题"[1]。1938年11月6日，党的六届六中全会通过的《中共扩大的六中全会政治决议案》要求，"必须加紧认真地提高全党理论的水平，自上而下一致地努力学习马克思、恩格斯、列宁、斯大林的理论，学会灵活地把马克思列宁主义及国际经验应用到中国每一个实际斗争中来"[2]。1939年5月，毛泽东提出"要把全党变成一个大学校"，强调"全党同志以及非党的战士们，都须进这个学校"。[3] 1940年1月，中央规定："各级组织的领导干部尤其是主要领导干部，必须以身作则的领导与提倡其他干部的学习。"[4] 在整风运动中，毛泽东和党中央率领全党有组织、有计划、深入地学习马克思主义理论和方法。1945年，毛泽东在党的七大口头政治报告和结论中，又进一步强调了学习马克思主义理论的问题，而且还向七大代表提出至少要读五本马列主义的书的要求。[5] 正是因为全党深入开展马克思主义

[1] 《毛泽东选集》第2卷，人民出版社1991年版，第533页。

[2] 中央档案馆编：《中共中央文件选集》第11册，中共中央党校出版社1991年版，第756—757页。

[3] 《毛泽东文集》第2卷，人民出版社1993年版，第185页。

[4] 中央档案馆编：《中共中央文件选集》第12册，中共中央党校出版社1991年版，第228页。

[5] 《毛泽东文集》第3卷，人民出版社1996年版，第417页。

学习运动，才使得我们党彻底地清算了自身历史上存在的种种错误思想，成功地应对了党外多种非马克思主义思潮的干扰，为促进和实现党内外的大团结，最终取得新民主主义革命胜利奠定了坚实的思想基础。

党的十八大以来，习近平总书记多次强调："要练就'金刚不坏之身'，必须用科学理论武装头脑，不断培植我们的精神家园。领导干部特别是高级干部要把系统掌握马克思主义基本理论作为看家本领，老老实实、原原本本学习马克思列宁主义、毛泽东思想特别是邓小平理论、'三个代表'重要思想、科学发展观。"[1]并指出："学习马克思主义理论，要有'望尽天涯路'那样志存高远的追求，耐得住'昨夜西风凋碧树'的清冷和'独上高楼'的寂寞，静下心来通读苦读；要勤奋努力，刻苦钻研，舍得付出，百折不挠，即使'衣带渐宽'也'终不悔'，'人憔悴'也心甘情愿；要坚持独立思考，学用结合，学有所悟，用有所得，在学习和实践中'众里寻他千百度'，最终'蓦然回首'，在'灯火阑珊处'领悟真谛。"[2]

在新时代新征程上，我们每一名党员干部都应该更加自觉地继承和发扬延安时期我们党注重马克思主义理论学习的优良传统和作风，切实筑牢自身思想的防线，不断加强理论学习和理论武装，努力做一名理论上成熟、政治上坚定、作风上过硬的好党员、好干部。否则就容易在错综复杂的形势中无所适从，就容易被一些天花乱坠、脱离实际甚至荒唐可笑的错误思潮所

---

[1] 本报评论员：《凝聚在共同理想的旗帜下——三论学习贯彻习近平总书记8·19重要讲话精神》，《人民日报》2013年8月25日。

[2] 中共中央宣传部：《习近平总书记系列重要讲话读本》，学习出版社、人民出版社2014年版，第187—188页。

迷惑、所俘虏。

党的二十大报告指出："马克思主义是我们立党立国、兴党兴国的根本指导思想。实践告诉我们，中国共产党为什么能，中国特色社会主义为什么好，归根到底是马克思主义行，是中国化时代化的马克思主义行。拥有马克思主义科学理论指导是我们党坚定信仰信念、把握历史主动的根本所在。"崇高信仰、坚定信念不会自发产生，也不随职务的升迁而增强，必须下苦功夫刻苦学习。习近平总书记曾指出："马克思主义经典著作、中国特色社会主义理论体系、党的优良传统、各个时期的先进典型，是引领我们打开真理之门的钥匙。"对于领导干部来说，首先要学习马克思主义理论特别是马克思主义中国化时代化的最新成果，把它作为"看家本领"。

"非学无以广才，非志无以成学。"立身立德要以立学为先。事业发展没有止境，学习就没有止境。重视抓全党特别是领导干部的学习，这是推动党和人民事业发展的一条成功经验。在每一个重大转折时期，面对新形势和新任务，我们党总是号召全党加强学习；而每次学习热潮，都能推动党和人民事业实现大发展大进步。延安时期的理论大学习，造就了理论大繁荣，促进了党在理论上的成熟。这是一条宝贵经验。中国共产党人依靠学习走到今天，也必然依靠学习走向未来。习近平总书记指出："领导干部学习不学习不仅仅是自己的事情，本领大小也不仅仅是自己的事情，而是关乎党和国家事业发展的大事情。"[1]在学习上，

[1]《习近平谈治国理政》第1卷，外文出版社2018年版，第404页。

"要认认真真学、原原本本学、联系实际学、深入思考学","坚持学思用贯通、知信行统一,把新时代中国特色社会主义思想转化为坚定理想、锤炼党性和指导实践、推动工作的强大力量"。

毛泽东曾指出:"反映了全世界无产阶级实践斗争的马克思列宁主义的普遍真理,在它同中国无产阶级和广大人民群众的革命斗争的具体实践相结合的时候,就成为中国人民百战百胜的武器。"他进而强调:"掌握思想教育,是团结全党进行伟大政治斗争的中心环节。如果这个任务不解决,党的一切政治任务是不能完成的。"[1]用马克思主义特别是马克思主义中国化时代化最新成果武装头脑、指导实践、推动工作,是党的一贯主张,也是共产党人加强党性修养的基本遵循。共产党人历来强调律己要严,对党忠诚,而律己要严就要以党的理论规范自己的言行,对党忠诚就要时刻拿共产党员标准严格要求自己,把律己要严的原则落实到行动中。如果口口声声讲对党忠诚,而在实践中对党的理论却不能真学、真信、真用,何谈对党忠诚呢?因此,作为一个共产党人,必须解决好用马克思主义特别是马克思主义中国化时代化的最新成果武装自己的问题,并将其作为立身、修德、践德的终身课题。唯有如此,才能防止精神沦陷,才能在面对大千世界的诱惑时稳得住心神,才能在面对各种利益的纠缠时守得住操守。独善其身,反躬自省,戒尺常挥,不以善小而不为,不以恶小而为之,防微杜渐,

[1]《毛泽东选集》第3卷,人民出版社1991年版,第1094页。

警钟长鸣，才能确保手中权力的行使不偏向、不变质、不越轨、不出格，经得起金钱和美色的考验。不为私利所困，不为私情所惑，堂堂正正做人，干干净净用权，使权力真正成为为党分忧、为国干事、为民造福的工具。

理论上的成熟是政治上成熟的前提和基础，政治上的坚定归根到底来源于理论上的清醒。党的二十大报告指出："中国共产党人深刻认识到，只有把马克思主义基本原理同中国具体实际相结合、同中华优秀传统文化相结合，坚持运用辩证唯物主义和历史唯物主义，才能正确回答时代和实践提出的重大问题，才能始终保持马克思主义的蓬勃生机和旺盛活力。"习近平新时代中国特色社会主义思想是当代中国马克思主义、21世纪马克思主义，是中华文化和中国精神的时代精华，是党和人民实践经验和集体智慧的结晶，是新时代坚持和发展中国特色社会主义的行动指南。因此，必须把学习习近平新时代中国特色社会主义思想作为首要任务，把握好习近平新时代中国特色社会主义思想的世界观和方法论，坚持好、运用好贯穿其中的立场、观点和方法。要"把理想信念建立在对科学理论的认同上，建立在对历史规律的正确认识上，建立在对基本国情的把握上"。坚持人民至上、坚持自信自立、坚持守正创新、坚持问题导向、坚持系统观念、坚持胸怀天下，要通过学习提升政治眼力、理论功力和工作能力，补精神之钙、固思想之元、培为政之本。要通过理论学习，提高政治鉴别能力，自觉抵制新自由主义、民主社会主义、历史虚无主义等错误社会思潮，自觉增强道路自信、理论自信、制度自信和文化自信，既不走封闭僵化的老路，也不走改旗易帜的邪路，始终坚持和发展中国特色社会主义。

二、坚持坚定正确的政治方向，就要始终把政治建设放在首要位置

党的政治建设是党的根本性建设，决定党的建设方向和效果。把政治建设纳入党的建设总体布局，并作为新时代党的建设总要求的统领，摆在首要位置，体现了新时代党的建设的本质要求，表明我们党对党的建设规律的认识进一步深化，为把我们党建设成为始终走在时代前列、人民衷心拥护、勇于自我革命、经得起各种风浪考验、朝气蓬勃的马克思主义政党，提供了坚强的政治保障。

首先，政治建设是马克思主义政党的根本性建设。政党是政治组织，本质上是特定阶级利益的集中代表者，这就决定了政治属性是政党的第一属性。离开政治属性，政党就会失去其作为政党的质的规定性，而质的改变，对政党而言则是颠覆性的改变。因此，政党讲政治是政党之所以是政党的必然要求。对于马克思主义政党来说，旗帜鲜明地讲政治，更是保持其先进性、纯洁性，使其始终立于不败之地的根本保证。苏联解体、东欧剧变，原因是多方面的，但根本原因还是政治上出了问题。由此可见，政治上出问题是致命的，政治建设是马克思主义政党的根本性建设。

政治建设事关党举什么旗，走什么路，朝什么方向前进。旗帜引领方向，道路决定命运。马克思主义是我们党立党立国的根本指导思想。在长期领导中国革命、建设和改革的进程中，我们党始终把马克思主义作为自己的"精神旗帜"和"看家本领"。无论是处

于顺境还是逆境，我们党从未动摇过对马克思主义的信仰。同时，我们党总是随着时代和实践的发展，紧密结合新的实际，不断推进马克思主义中国化、时代化、大众化，走出独具特色的中国革命道路、中国社会主义改造道路、中国特色社会主义建设道路，既彰显了马克思主义的真理力量，又不断开辟了中国革命和建设的新境界、新局面。2016年7月1日，习近平总书记在庆祝中国共产党成立95周年大会上的讲话中指出："历史告诉我们，没有先进理论的指导，没有用先进理论武装起来的先进政党的领导，没有先进政党顺应历史潮流、勇担历史重任、敢于作出巨大牺牲，中国人民就无法打败压在自己头上的各种反动派，中华民族就无法改变被压迫、被奴役的命运，我们的国家就无法团结统一、在社会主义道路上走向繁荣富强。"始终坚持马克思主义根本立场不动摇，又与时俱进地不断丰富和发展马克思主义，善于推进实践创新基础上的理论创新，又以新的理论指导新的实践，走自己的路，正是我们党的成功之道、胜利之本。

政治建设事关党的性质能否保持。党的二十大报告指出："人民性是马克思主义的本质属性。"我们党作为马克思主义政党，是中国工人阶级的先锋队，同时是中国人民和中华民族的先锋队。共产党除了工人阶级和最广大人民群众的利益，没有自己的特殊利益。任何时候都把群众利益放在第一位，这是共产党人最大的政治，这是由党的性质决定的。为了谁，依靠谁，我是谁，始终是根本立场问题。对于一个马克思主义政党来说，这个问题是党是否先进、是否有坚实基础和充沛活力的根本判断标准。"人民是历史的创造者，是决定党和国家前途命运的根本力量"。而共产党"是人民群众的全心全意的服务者，它反映人民群众的利益和意志，并且努力帮助人民群众组织起来,为自己的利益和意志而斗争"[1]。一定要认识到"水可以没有鱼,但鱼绝对不能没有水",铭记"人民立场是中国共产党的根本政治立场"。只有赢得人民,才能赢得胜利,立于不败之地。正因为这个问题是事关生死存亡的大问题,习近平总书记才反复强调全面从严治党的"关键问题是保持党同人民群众的血肉联系"。他高屋建瓴地指出:"我们党来自人民、植根人民、服务人民,一旦脱离群众,就会失去生命力","必须始终把人民利益摆在至高无上的地位",要"确保党始终同人民想在一起、干在一起",只要如此,"就一定能够引领承载着中国人民伟大梦想的航船破浪前进,胜利驶向光辉的彼岸"[2]。

政治建设事关党的理想信念是否坚定。习近平总书记在纪念中国共产党成立95周年大会上的讲话中指出:"中国共产党之所以叫中国共产党,就是因为从成立之日起我们党就把共产主义确立为远大理想。我们党之所以能够经受一次次挫折而又一次次奋起,归根到底是因为我们党有远大理想和崇高追求。""一个政党的衰落,往往从理想信念的丧失或缺失开始。我们党是否坚强有力,既要看全党在理想信念上是否坚定不移,更要看每一位党员在理想信念上是否坚定不移。"因此,我们可以说,是否具有坚定的理想信念就成为评判一个共产党员是否政治合格的核心要素,也是一个共产党员是否是真正的共产党员的基本标识。我们党是以共同的理想和追求凝聚在一起的战

---

[1] 邓小平:《关于修改党的章程的报告》,中共中央文献研究室编:《建国以来重要文献选编》第9册,中央文献出版社2011年版,第106页。

[2] 习近平:《决胜全面建成小康社会 夺取新时代中国特色社会主义伟大胜利——在中国共产党第十九次全国代表大会上的报告》,《人民日报》2017年10月28日。

斗集体，党一成立就把为共产主义奋斗终生写在自己的旗帜上。正是依靠坚定的理想信念，一批又一批共产党人抛头颅、洒热血，矢志不渝，前赴后继，英勇奋斗，使我们党在理想信念的旗帜下，形成战无不胜、攻无不克的强大力量，经受无数惊涛骇浪和艰难险阻的考验，书写出由小到大、由弱变强、由一个胜利到又一个胜利的辉煌篇章。正因为理想信念问题至关重要，所以，党的十八大以来习近平总书记多次强调理想信念是共产党人的精神支柱、精神之"钙""总开关"。我们清楚地看到一些干部出问题，其背后都与理想信念的动摇和丧失有关。理想信念动摇就会得政治上的"软骨病"。因此，解决好理想信念问题，就是加强党的政治建设的题中应有之义和须臾不能放松的关键问题。

政治建设事关党能否保持生机活力。2016年10月27日，习近平总书记在党的十八届六中全会第二次全体会议上的讲话中强调："党内政治生活、政治生态、政治文化是相辅相成的，政治文化是政治生活的灵魂，对政治生态具有潜移默化的影响。要注重加强党内政治文化建设，倡导和弘扬忠诚老实、光明坦荡、公道正派、实事求是、艰苦奋斗、清正廉洁等价值观，旗帜鲜明抵制和反对关系学、厚黑学、官场术、'潜规则'等庸俗腐朽的政治文化，不断培厚良好政治生态的土壤。"[1] 2017年1月6日，他又在第十八届中央纪律检查委员会第七次全体会

---

[1] 习近平：《在党的十八届六中全会第二次全体会议上的讲话（节选）》，《求是》2017年第1期。

议上的讲话中指出:"我们的党内政治文化,是以马克思主义为指导、以中华优秀传统文化为基础、以革命文化为源头、以社会主义先进文化为主体、充分体现中国共产党党性的文化。"因此,加强党内政治文化建设,增强自我净化、自我完善、自我革新、自我提高能力,打造"讲政治、讲正气、讲担当"的党内政治生活,营造"知敬畏、存戒惧、守底线"的党内政治生态,就成为加强党的政治建设的必然选择。

总之,政治建设是党的建设的生命线。扭住政治建设不放松,就等于抓住了全面从严治党的"牛鼻子"。只有加强政治建设,党的自身建设新的伟大工程才能在"政治建设这块主心骨"的统领下浑然一体,才能不断增强党的政治领导力、思想引领力、群众组织力、社会号召力,确保我们党永葆旺盛生命力和强大战斗力。

其次,注重政治建设是中国共产党的优良传统。我们党一贯重视政治建设,这是我们党的优良传统和制胜法宝。党的伟大奋斗实践充分证明,在革命、建设、改革和实现中华民族伟大复兴的历程中,政治建设对加强党的团结统一、巩固党的领导和长期执政地位、保持党的先进性和纯洁性、完成党的各项工作任务起到了根本性的保障作用。

我们党在革命、建设和改革过程中始终高度重视自身政治建设。从我们党成立之日起,就对自身政治建设十分重视,并且根据不同时期的中心任务确定重点建设内容和具体工作任务。虽然当时没有正式提出党的政治建设这个概念,但在中共一大上,就通过党的纲领,明确了党的性质、确立了党的奋斗目标。中共二大更是明确提出了党的最高纲领和最低纲领。在正确的政治路线和纲领指引下,党不断自我革命,发展壮大,并且保持了自身的先进性。到1929年,毛泽东就明确指出:"提高党内的政治水平","加紧官兵的政治训练"。[1]延安时期,毛泽东在《〈共产党人〉发刊词》《中国革命和中国共产党》等文章中多次论及党的政治建设问题。在1937年中国共产党苏区代表会议上,毛泽东明确指出:"中国共产党有自己的政治经济纲领。其最高的纲领是社会主义和共产主义。"也正是在这次会议上,毛泽东首次提出了党的政治建设的内涵,即强调实现党的正确领导,必须通过制定正确的政治路线,制定和贯彻执行党的政治路线是党的建设的核心,而党的建设要联系党的政治路线来开展。1939年10月,毛泽东指出,党的建设过程"同党的政治路线密切地联系着"。同年12月,他又提出"党的政治、思想、组织建设相统一的思想"。刘少奇在党的七大所作的《关于修改党章的报告》中概括毛泽东的建党路线时说:"毛泽东同志的正确的建党路线……他首先着重在思想上、政治上进行建设,同时也在组织上进行建设。"[2]

新中国成立后,我们党一如既往地重视党的政治建设,虽然在指导思想上一度发生"左"的失误,但党始终坚持马克思主义的指导地位、坚持党的领导和社会主义制度不动摇。党的十一届三中全会后,邓小平指出,实现现代化的前提,首先是要有一条坚定不移的、贯彻始终的政治路线。党的十三届七中全会通过的《中共中央关于制定国民经济和社会发展十年规划和"八五"计划的建议》进一步强调要"加强党的

[1]《毛泽东选集》第1卷,人民出版社1991年版,第87页。

[2]《刘少奇选集》上卷,人民出版社1981年版,第329—330页。

政治、思想、理论和组织建设，使党始终成为社会主义事业的坚强领导核心"。1991年苏联解体、东欧剧变，世界共产主义运动面临前所未有的挑战，西方一些人叫嚣"共产主义将终结于20世纪"。而中国共产党以其坚强的政治定力，坚定不移地高举中国特色社会主义伟大旗帜，走中国特色社会主义道路，坚持中国特色社会主义制度，使中国特色社会主义事业呈现出勃勃生机，取得令世界瞩目的历史性成就，充分体现了我们党在政治上的清醒、坚定与成熟。

党的十八大以来，我们党大力加强自身政治建设，开创了党的政治建设的新局面。在推进全面从严治党的进程中，以习近平同志为核心的党中央，站在历史和时代高度，在继承党的优良传统的基础上，聆听时代声音，把握历史脉搏，坚持以问题为导向，不仅在理论上形成了加强党的政治建设的系统思想，而且在实践中把党的政治建设作为加强党的领导、推进党的建设的根本抓手，采取了一系列重大举措，取得了一系列重大成果。推进全党尊崇党章，严明政治纪律、政治规矩，层层落实管党治党政治责任，党的领导得到全面加强。"明确中国特色社会主义最本质的特征是中国共产党领导，中国特色社会主义制度的最大优势是中国共产党领导，中国共产党是最高政治领导力量，坚持党中央集中统一领导是最高政治原则，系统完善党的领导制度体系，全党增强'四个意识'，自觉在思想上政治上行动上同党中央保持高度一致，不断提高政治判断力、政治领悟力、政治执行力，确保党中央权威和集中统一领导，确保党发挥总揽全局、协调各方的领导核心作用，我们这个拥有九千六百多万名党员的马克思主义政党更加团结统一。"我们开展党的群众路线教育实践活动和"三严三实"专题教育，推进"两学一做"学习教育常态化制度化，开展党史学习教育，号召全党学习和践行伟大建党精神，使全党理想信念更加坚定，党性更加坚强。贯彻新时代党的组织路线和好干部标准，严格选拔任用干部，选人用人状况和风气明显好转。深入推进党的建设制度改革，党内法规制度体系不断完善，把权力关进制度的笼子。坚持把纪律挺在前面，着力解决人民群众反映最强烈、对党执政威胁最大的突出问题，党群干群关系得到极大改善。出台中央八项规定及其实施细则，严厉整治形式主义、官僚主义、享乐主义和奢靡之风，坚决反对特权思想和特权现象，坚决整治群众身边的不正之风和腐败问题，刹住了一些长期没有刹住的歪风，纠治了一些多年未除的顽瘴痼疾。开展政治巡视，彰显巡视利剑作用，实现中央和省级党委巡视全覆盖，开展地方巡察，党的监督体系更加健全。我们开展了史无前例的反腐败斗争，不敢腐、不能腐、不想腐一体推进，"打虎""拍蝇""猎狐"多管齐下，反腐败斗争取得压倒性胜利并全面巩固，消除了党、国家、军队内部存在的严重隐患，确保党和人民赋予的权力始终用来为人民谋幸福。经过不懈努力，党找到了自我革命这一跳出治乱兴衰历史周期率的第二个答案，自我净化、自我完善、自我革命、自我提高能力显著增强，管党治党宽松软状况得到根本扭转，风清气正的党内政治生态不断形成和发展，确保党永不变质、永不变色、永不变味。可以说，在加强党的政治建设上以习近平同志为核心的党中央凝聚了全党最大共识，使党的政治建设迈出坚实步伐。正是基于对党的十八大以来全面从严治党经验的深刻总结和对党的建设规律的深刻把握，党的十九大在党的历史上第一次把党的政治建设纳入党的建设的总体布局，并作为统领和首要任务，奏响了把党建设成为始终走在时代前列、人民衷心拥护、勇于自我革命、经得起各种风浪考验、朝气蓬勃的马克思主义执政党的最强音。

历史和现实都表明，没有党的政治建设，党就有失去领导核心和执政地位的危险，而如果党失去了执政地位，党的其他建设也就失去了依托。可以说，我们党无论在理论上还是在实践中，对自身政治建设极端重要性的认识都是清醒的、坚定的，始终把政治建设作为贯穿党的建设的各个方面和党的建设全过程的统领和核心。

最后，加强党的政治建设是全面从严治党的重要举措。办好中国的事情，关键在党。能否把政治建设放在首位和注重增强党的政治领导力，注重增强各级领导干部和广大党员的政治忠诚度、政治敏锐性、政治鉴别力，直接关系我们党的兴衰成败。把党的政治建设摆在首位，作为全面推进党的建设新的伟大工程的第一任务，是确保党长期执政，永葆先进性和纯洁性的战略安排。

2015年12月11日，习近平总书记在全国党校工作会议上的讲话中指出："我讲过，中国有了中国共产党执政，是中国、中国人民、中华民族的一大幸事。只要我们深入了解中国近代史、中国现代史、中国革命史，就不难发现，如果没有中国共产党领导，我们的国家、我们的民族不可能取得今天这样的成就，也不可能具有今天这样的国际地位。在坚持党的领导这个重大原则问题上，我们脑子要特别清醒、眼睛要特别明亮、立场要特别坚定，绝不能有任何含糊和动摇。"[1]对共产党人来说，坚持在党爱党、在党言党、在党忧

[1] 习近平：《在全国党校工作会议上的讲话》，《求是》2016年第9期。

党、在党为党,具有对待党的事业就像对待自己的生命一样、维护党的形象就像爱护自己的眼睛一样的政治责任感,是立身、立德、立言之本。要铭记"党政军民学,东西南北中,党是领导一切的"[1]。历史和现实都表明,中国共产党的领导是中国特色社会主义最本质的特征,是中国特色社会主义制度的最大优势。要深刻认识到进行伟大斗争,建设伟大工程,推进伟大事业,实现伟大梦想,四个伟大紧密联系、相互贯通、相互作用,其中起决定性作用的是党的建设新的伟大工程。要深刻领悟"两个确立"的决定性意义,增强"四个意识",坚定"四个自信",做到"两个维护"。马克思说过,每一个时代都需要有自己的大人物,如果没有这样的人物,这个时代就要把他们创造出来。习近平总书记在伟大斗争实践中所展现出的驾驭全局、敢于担当的雄才伟略,高瞻远瞩、运筹帷幄的领袖特质,心忧国家、情系人民的高尚情怀,虚怀若谷、以身作则的人格魅力,给了全党全军全国各族人民强大的信心和力量,是我们时代产生的大人物。党的十八大以来,党和国家波澜壮阔的发展历程充分证明,习近平总书记是全党拥护、人民爱戴、当之无愧的党的领袖。这是"我们党团结带领人民攻克了许多长期没有解决的难题,办成了许多事关长远的大事要事,推动党和国家事业取得举世瞩目的重大成就"的根本保证。

党员是党的细胞,党是由一个个党员组成的有机

---

[1] 习近平:《决胜全面建成小康社会 夺取新时代中国特色社会主义伟大胜利——在中国共产党第十九次全国代表大会上的报告》,《人民日报》2017年10月28日。

整体，党员与党保持一致性就是有党性，党员若与党不能保持一致性或不完全一致，就是没有党性或党性不纯。当年毛泽东在党的七大上就曾讲："一致的意见，一致的行动，集体主义，就是党性。"[1] 这是对党性实质的揭示。因此，加强党的政治建设，就要求共产党人必须自觉锤炼党性，在锤炼党性的过程中，不断提高政治素养、政治站位和政治本领。正确处理好党性与个性的关系，把党性放在第一位；正确处理好党的利益与个人利益的关系，把党的利益放在第一位；正确处理好个人与群众的关系，把群众利益放在第一位。

总之，党的政治建设直接关系全面从严治党能否真正落到实处，直接关系党的新气象新作为的展现。党的十八大以来，我们党解决了许多长期想解决而不能解决的问题，办成了许多过去想办而没有办成的大事，这得益于党的政治建设的不断加强和政治领导力的不断提高。党的政治建设作为新时代党建工作的鲜明特色和核心内容，是全面从严治党向纵深发展的根本保证。

三、坚持正确的政治方向，必须讲政治、懂规矩、守纪律

坚持全面从严治党，就要"严明政治纪律和政治规矩、加强纪律建设"；要"加强纪律建设"，

---

[1] 毛泽东：《在中国共产党第七次全国代表大会上的结论》（1945年5月31日），《毛泽东文集》第3卷，人民出版社1996年版，第417页。

就要"把守纪律、讲规矩摆在更加重要的位置"。[1] 这是习近平总书记针对新形势新任务新情况对党员干部提出的严格要求。要看到党员干部队伍中仍然存在一些不讲政治、不懂规矩、不守纪律的现象，给党和人民的事业造成了极大的损失。比如有的人纪律意识、规矩意识淡化；有的人视规矩为"橡皮泥""稻草人"，热衷于钻营"潜规则"，或是搞"上有政策、下有对策"，或是将"守规矩"与"不干事""磨洋工"画等号，把纪律和规矩当作"公堂木偶"；有的在党内搞团团伙伙、结党营私、拉帮结派，聚在一起搞同乡会、同学会、战友会；等等。实践证明，党员干部出问题，都是从突破纪律、破坏规矩开始的。"为官之义在于明法"，守规矩才能不出事。只有做到将党纪国法内化为心中的"戒尺"，在纪律、规矩面前"认真"而不"任性"，个人才能不触雷、不踩线，党组织才更有威信和尊严，更有凝聚力、战斗力。

一个时期以来，在一些地方和部门，党内政治生活随意化、形式化、平淡化、庸俗化的现象蔓延，个人主义、分散主义、自由主义、好人主义盛行，腐败不断出现。这些违纪违法问题，从根本上看，都违反了党的政治纪律，都是对党的政治纪律的亵渎和践踏。坚定执行党的政治路线，就要严格遵守政治纪律和政治规矩，在政治立场、政治方向、政治原则、政治道路上同党中央保持高度一致。要严格尊崇党章，严格

---

[1] 习近平：《深化改革巩固成果积极拓展 不断把反腐败斗争引向深入》，《人民日报》2015年1月13日。

执行党规党纪，自觉抵制商品交换原则对党内政治生活的侵蚀。要弘扬忠诚老实、公道正派、实事求是、清正廉洁等共产党人价值观，坚决防止和反对个人主义、分散主义、自由主义、本位主义、好人主义，坚决防止和反对宗派主义、圈子文化、码头文化，坚决反对搞两面派、做两面人。要重点强化政治纪律和组织纪律，带动其他纪律严起来。要加强政治纪律教育，提高政治觉悟和政治能力，切实把高的标准、严的要求、细的对策和实的措施融入政治纪律执行的每一个具体环节。

从党的历史上看，讲政治、懂规矩、守纪律，是我们党的优良传统，也是我们党的优良作风。延安时期，我们党就曾经针对王明等人不讲政治、不守纪律的行为专门"立规矩"，从而保证了我们党制定正确路线、方针和政策的政治方向。1937年11月29日，王明刚从苏联回国，就在中央政治局作报告，反对中央路线。他任中共中央长江局书记期间，反对毛泽东提出的独立自主的山地游击战，反对把党的工作重心放在战区和敌后；拒不执行中央指示，不经中央同意，擅自代表中央发表宣言、决议和违背中央方针的演说与文章。[1]

为了统一全党思想，1938年秋，中共中央在延安召开扩大的六届六中全会。会前，从苏联回国的王稼祥向中共中央政治局传达共产国际总书记季米特洛夫的意见："（共产）国际认为中共的政治路线是正确

---

[1] 薛庆超：《党中央延安时期"立规矩"》，《人民日报》2015年3月26日。

的，中共在复杂的环境及困难条件下真正运用了马列主义。"[1] 党的六届六中全会通过政治决议案。决议案强调："共产党的团结统一，首先是中央及各级领导机关，尤其是八路军、新四军中党的领导干部，和各中央局及省委的团结和统一，是保证抗日民族统一战线向前巩固和扩大的最基本前提。""每个共产党员应该爱护党和党的团结统一有如生命。"[2] 针对王明等人破坏党的团结和纪律的行为，重申了"少数服从多数、个人服从组织、下级服从上级、全党服从中央"的组织原则。此外，党的六届六中全会还制定了《关于中央委员会工作规则与纪律的决定》《关于各级党委暂行组织机构的决定》《关于各级党部工作规则与纪律的决定》等重要文件，强调党员必须遵守民主集中制原则，中央委员如果没有中央委员会、中央政治局及中央书记处的委托，不得以中央名义向党内党外发表言论与文件；中央委员不得在中央委员会以外对任何人发表与中央委员会决定相违反的意见，亦不得有任何相违反的行动；中央委员如有违犯纪律及有重大错误发生，中央委员会全体会议及政治局得依其程度之大小给以适当处分。其目的都在于使各级组织和党员干部讲政治、懂规矩、守纪律。

延安时期的历史经验启示我们，共产党员特别是领导干部，必须讲政治、懂规矩、守纪律。只有这样，才能保持党的团结和统一，才能夺取革命、建设和改革的胜利。讲政治、懂规矩、守纪律，最根本的是要

[1] 王稼祥：《王稼祥选集》，人民出版社1989年版，第138页。

[2] 薛庆超：《党中央延安时期"立规矩"》，《人民日报》2015年3月26日。

讲政治，最基本的是要懂规矩，最要紧的是要守纪律。具体而言，主要为：

要坚持正确的政治方向，必须讲政治。"没有正确的政治观点，就等于没有灵魂。"[1]讲政治是对领导干部的第一位的要求，政治上的明白是最大的明白，政治上的成熟是最根本的成熟。讲政治，就是要对党绝对忠诚，切实增强信赖党中央、忠于党中央、维护党中央、紧跟党中央的自觉性和坚定性，在思想上、政治上、行动上始终坚定地同以习近平同志为核心的党中央保持高度一致。讲政治，就是要坚持党的领导，这是我们党的一条根本的政治规矩。作为党员领导干部，必须自觉地加强党性锻炼，始终坚定理想信念，在政治上做一个明白人。要不断增强政治敏锐性和政治鉴别力，明辨是非，坚持原则，同各种错误思想和错误行为旗帜鲜明地作斗争，做党的理论的忠实实践者、方针路线的坚决执行者、政策原则的坚定维护者，确保始终沿着正确的方向前进。要善于从政治上观察、分析和处理问题，切实做到政治立场不移、政治方向不迷、政治道路不偏。

要坚持正确的政治方向，必须懂规矩。国有国法，党有党规。没有规矩，不成方圆。党章是全党必须遵循的总章程，也是总规矩。讲规矩是对党员、干部党性的重要考验，是对党员、干部对党忠诚度的重要检验。要懂规矩，就要认真学习党章，自觉遵守党章，切实贯彻党章，坚决维护党章，把党章各项规定落实

---

[1] 毛泽东：《关于正确处理人民内部矛盾的问题》(1957年2月27日)，《毛泽东选集》第5卷，人民出版社1977年版，第385页。

到行动上，落实到各项事业中。就要严格立规。按照党纪国法，加强制度建设，规范相关规章，厘清哪些该做哪些不该做，哪些该说哪些不该说，哪些该大力提倡哪些该坚决反对。就要严明守规。党章、党纪、国法，还有党的优良传统，都是全党必须遵守的规矩。懂规矩，就是要把守规矩当成自己立言、立行、立德的"生命线"，让规矩成为自己的行为准则。

要坚持正确的政治方向，必须守纪律。纪律是铁。党的纪律是刚性约束，政治纪律更是全党在政治方向、政治立场、政治言论、政治行动方面必须遵守的刚性约束。经验表明，党要管党，要靠纪律管；从严治党，要凭纪律治。纪律不严，从严治党就无从谈起。守纪律是党员干部的基本政治素质，更是领导干部的为官底线。党员干部尤其是领导干部应强化纪律姓"铁"的意识，严守政治纪律，坚持党的领导，自觉维护中央权威，保证政令畅通；严守组织纪律，认真贯彻民主集中原则，做到个人服从组织、少数服从多数、下级服从上级、全党服从中央；严守群众工作纪律，不与民争利，不搞特权，不对群众逞威风、耍权势，坚持以人为本、执政为民，始终保持党同人民群众的血肉联系；严守廉政纪律，既管好自己的手，也管住身边的人，抵得住诱惑、经得起考验、守得住底线，做清正廉洁的好干部。

四、坚持正确的政治方向，必须补精神之"钙"、铸牢理想信念

习近平总书记曾在谈到物质财富与精神财富二者关系时指出："一个国家，一个民族，要同心同德迈向前进，必须有共同的理想

信念作支撑。"[1] 理想信念是中国共产党人的精神之"钙",缺少精神之"钙",就会得精神上的软骨病,不仅会在与当代纷繁复杂的意识形态以及各种思潮进行理论辩论的过程中失去话语权,而且还会从根本上丧失对马克思主义的信仰,极易走上改旗易帜的邪路。因此,补精神之"钙",坚定理想信念,是坚定正确的政治方向的内在要求与必要条件。

在当今社会,由于文化的多元性,人们的世界观、价值观与人生观相应地就具有多元性,这对中国特色社会主义道路、理论、制度提出了挑战。在部分党员甚至领导干部当中,"不信马列信鬼神"、贪污腐败、脱离群众、形式主义、官僚主义、享乐主义、奢靡之风等坏风气表明部分共产党员政治信仰弱化,丧失了共产主义的伟大理想,忘记了全心全意为人民服务的根本宗旨。社会层面的信仰缺失与部分领导干部的政治信仰缺失有着必然的联系,这种消极的负面思想的相互影响、相互模仿与复制给整个社会造成了恶劣的影响,败坏了社会的道德风尚,弱化了理想信念,削弱了中华民族伟大复兴的精神与力量。在理想信念削弱这种内在因素的影响之下,各种外在因素就会被激发,各种社会思潮就会乘虚而入,共产主义就会在与新自由主义、普世价值论、历史虚无主义、宪政思潮等意识形态话语权的斗争中丧失阵地。

面对社会信仰缺失、部分共产党员理想信念削弱的情况,中国共产党如何解决好世界观、价值观与人

---

[1] 习近平:《人民有信仰民族有希望国家有力量》,《共产党员》2015年第7期。

生观这个"总开关"的问题就具有生死攸关的重要性。我们要用马克思主义洗礼思想，铸牢理想信念。理想信念是中国共产党的精神家园，是党永葆青春与活力的重要法宝。在革命战争年代，中国共产党处境艰难、条件艰苦，但是他们心中有一种精神、有一股力量支持着他们前进，最终领导人民缔造了新中国、创造了历史。这种精神、这股力量就是对马克思主义的信仰、对共产主义的理想以及对民族独立与人民解放的强烈愿望。[1]

抗日战争时期，全国各地的知识青年、海外的爱国华侨青年冲过敌人的封锁线，跋山涉水、历尽艰辛、不远万里，在战火与硝烟中奔赴延安，支持他们的就是一种精神、一种信念：延安是革命的圣地，这里有抗日救国的理想。"打断骨头连着筋，扒了皮肉还有心，只要还有一口气，爬也爬到延安城"，这段文字生动地表现了理想信念巨大的向心力与推动力。正如邓小平所讲："延安时候我们有什么？物质条件很差，就靠精神文明。靠有理想，靠坚强的信念，什么困难都能克服。在某种情况下，这种精神有决定意义。"[2]

新时代，改革开放取得巨大成果，物质财富极大增加，中华民族正在朝着实现中国梦的道路上高歌猛进，但是信仰缺失、"四风"蔓延，对共产党的理想信念形成了极大的挑战。习近平总书记高屋建瓴地指出："把我国56个民族、13亿多人紧紧凝聚在一起的，是我们共同经历的非凡奋斗，是我们共同创造的美好

---

[1] 有学者对习近平总书记的讲话中所涉及的信仰、理想、信念作了界定，信仰指马克思主义，理想指共产主义，信念指社会主义。参见李冉：《高举理想信念的旗帜 坚守共产党人的精神追求——学习习近平总书记系列重要讲话的体会》，《毛泽东邓小平理论研究》2014年第10期。

[2] 中共中央文献研究室编：《邓小平年谱(1975—1997)》下，中央文献出版社2004年版，第838页。

家园,是我们共同培育的民族精神,而贯穿其中的、最重要的是我们共同坚守的理想信念。"[1]他还认为,坚定理想信念,坚守共产党人的精神追求,始终是共产党人安身立命的根本。"人民有信仰,民族有希望,国家有力量。"[2]因此,习近平总书记明确要求:"我们要在全党全社会持续深入开展建设中国特色社会主义宣传教育,高扬主旋律,唱响正气歌,不断增强道路自信、理论自信、制度自信,让理想信念的明灯永远在全国各族人民心中闪亮。"[3]对此,作为共产党人来说,只有补足了精神上的"钙",在行动上才不会有"软骨病",才会成为"社会主义道德的示范者、诚信风尚的引领者、公平正义的维护者",从而"以实际行动彰显共产党人的人格力量"。

一是坚持坚定正确的政治方向,就要铭记"革命理想高于天"。理想指引人生方向,信念决定事业成败。有了坚定的理想信念,就能够坚持坚定正确的政治方向。一部中国共产党人的奋斗史,充分证明:正是中国共产党人把为实现共产主义而奋斗的远大理想与争取民族独立、人民解放的坚定信念相结合,抛头颅、洒热血,不怕流血牺牲,前赴后继,才使中国革命取得胜利,中华民族得以独立,中国人民得以解放,成为国家的主人。正是中国共产党人把坚定共产主义远大理想与践行中国特色社会主义共同理想统一起来,以"咬定青山不放松""任尔东西南北风"的气魄和胆识,才开创出中国特色社会主义事业新局面。坚定

---

[1] 习近平:《在第十二届全国人民代表大会第一次会议上的讲话》,《人民日报》2013年3月18日。

[2] 《习近平:人民有信仰民族有希望国家有力量》,《共产党员》2015年第7期。

[3] 《习近平:人民有信仰民族有希望国家有力量》,《共产党员》2015年第7期。

理想信念是共产党人的魂,动摇或缺失了理想信念,就失去了奋斗的动力,失去了前进的方向。因此,坚持坚定正确的政治方向,就必须不断增强政治信念的坚定性。

理想动摇是最危险的动摇,信念缺失是最致命的缺失。"理想信念是共产党人精神上的'钙',理想信念坚定,骨头就硬;没有理想信念,或理想信念不坚定,精神上就会'缺钙',就会得'软骨病'。"[1] 在改革开放和市场经济大潮中,一些党员、干部的理想信念动摇了,共产主义"空想论""渺茫论"还有市场,说什么"理想是远的,信念是空的,权力是硬的,票子是实的;抛开远的,不要空的,抓住硬的,大捞实的",信奉"理想理想,有利就想,无利不想",把理想信念金钱化、利益化。还有些党员、干部,不信马列信鬼神,算命看相,烧香拜佛,遇事"问计于神""求安于神"。为了"保官""升官",部分官员将注意力集中到自己的生辰八字上。他们有的"走出去",给祖坟迁一个"金地";有的则把"大师"请进来,在办公桌脚底贴上一道"符",挡一挡来自竞争对手的"煞气"。一些人信仰失落了,历史传统抛弃了,精神目标式微了,对未来的追求物化了。针对改革开放以来社会上一部分人和部分领导干部中出现信仰淡漠、人生追求物化,只看到金钱看不到精神的现象,习近平总书记反复强调:"对马克思主义的信仰,对社会主义和共产主义的信念,是共产党人的

[1]《习近平谈治国理政》第1卷,外文出版社2018年版,第414页。

政治灵魂,是共产党人经受住任何考验的精神支柱。"[1]

"精神为主人,形骸为屋舍。主人渐贫困,屋舍亦颓谢。"信仰缺失必然导致精神迷失。苏共灭亡的严重教训深刻警示我们:苏共的崩溃,首先是理想信念的崩溃。勃列日涅夫在任苏共总书记时对他的侄女说:共产主义是哄老百姓的。戈尔巴乔夫把科学社会主义篡改为"人道的民主的社会主义",并且私下说:"共产主义思想对我来说已经过时。"精神支柱的坍塌,直接导致了苏共的垮台。"人生如屋,信念如柱",如果信念的柱子出了问题,人生的房屋就会倒塌。习近平总书记反复强调:"只有理想信念坚定,用坚定理想信念炼就了'金刚不坏之身',干部才能在大是大非面前旗帜鲜明,在风浪考验面前无所畏惧,在各种诱惑面前立场坚定,在关键时刻靠得住、信得过、能放心。"[2]

只有信念坚定,始终坚持坚定正确的政治方向,才能保持政治上的清醒与坚定,具有政治鉴别力。如果一个党员、干部,特别是领导干部政治鉴别能力缺失,就会是非不明,好坏不分,就难以旗帜鲜明,站稳脚跟。因此,对于党员、干部特别是领导干部来说,必须具有政治敏锐性,有"任凭风浪起,稳坐钓鱼船"的政治定力。面对各种思潮的渗透和侵袭,要不被表面现象所迷惑,自觉同宣扬极端自由化、全盘私有化等主张的新自由主义,宣扬指导思想多元化、"三权分立"、多党制等西方民主思想的民主社会主义,宣

---

[1] 《习近平谈治国理政》第1卷,外文出版社2018年版,第15页。

[2] 《习近平谈治国理政》第1卷,外文出版社2018年版,第413页。

扬否定革命、否定党领导人民进行革命建设成就等观点的历史虚无主义，宣扬西方资产阶级民主、自由、人权具有普适性和永恒性的思潮作斗争，增强社会主义道路自信、理论自信、制度自信和文化自信。

二是坚持坚定正确的政治方向，就要把"坚定共产主义远大理想与践行中国特色社会主义共同理想统一起来"。共产主义并不是可望而不可即的，只要坚持正确的道路和路线，扎实推进，就可以到达理想的彼岸。必须牢记"坚持党的全面领导是坚持和发展中国特色社会主义的必由之路，中国特色社会主义是实现中华民族伟大复兴的必由之路，团结奋斗是中国人民创造历史伟业的必由之路，贯彻新发展理念是新时代我国发展壮大的必由之路，全面从严治党是党永葆生机活力、走好新的赶考之路的必由之路"。这是我们在长期实践中得出的至关紧要的规律性认识。只要我们坚持走历史发展必由之路，为中国特色社会主义而奋斗，就是在为实现共产主义的远大理想而奋斗。习近平总书记指出："没有远大理想，不是合格的共产党员；离开现实工作而空谈远大理想，也不是合格的共产党员。"[1]

一些人认为，理想信念涉及人的世界观、价值观，是内化在人的内心的主观性活动，难以有客观标准去评价。习近平指出：坚定理想信念"是有客观标准的，那就要看他能否坚持全心全意为人民服务的根本宗旨，能否吃苦在前、享受在后，能否勤奋工作、廉洁

[1] 中共中央文献研究室编：《十八大以来重要文献选编》上，中央文献出版社2014年版，第116页。

奉公，能否为理想而奋不顾身去拼搏、去奋斗、去献出自己全部精力乃至生命"。"一切迷茫迟疑的观点，一切及时行乐的思想，一切贪图私利的行为，一切无所作为的作风，都是与此格格不入的。"[1]"四个能否"和"四个一切"，鲜明地表明了中国共产党提倡什么、反对什么。做到"四个能"，祛除"四个一切"，就是为共产主义和中国特色社会主义而奋斗。

始终不渝地为共产主义和中国特色社会主义奋斗，需要解决的一个核心问题就是对党的忠诚。对党忠诚是一个共产党员之所以是共产党员的根本问题，是流淌在共产党人血液中不变的情愫。对党忠诚就要信而忠、忠而笃、笃而行，否则共产党员的称号就会变异，就会迷失方向、迷失自我，就是对自己加入共产党时庄严承诺的背叛，就不可能为共产主义和中国特色社会主义的伟大事业去拼搏、去奋斗。

毋庸讳言，在激烈的革命战争年代，加入中国共产党是要经受血与火的考验的。因为那时中国共产党是革命党，处于被奴役被"围剿"被屠杀的地位，中国共产党革命的对象是帝国主义、封建主义和官僚资本主义。中国共产党面临的对手异常强大，他们总是千方百计要维护他们的反动统治，利用一切手段镇压革命人民，所以那时投身革命、参加共产党就意味着付出、奉献和牺牲。一部中国革命史，就是一部中国共产党人为了民族独立、人民解放而英勇奋斗、流血

---

[1] 中共中央文献研究室编：《十八大以来重要文献选编》上，中央文献出版社2014年版，第116页。

牺牲的光荣史，无数革命先烈为了人民的解放事业献出了他们宝贵的生命就是例证。而当历史方位发生变化后，中国共产党由一个革命党成为执掌全国政权的执政党，而这时，就同过去有了很大的不同。一般来说由于党掌握着强大的权力，这个权力本来是为人民服务的资本，但不能排除一些人总是抱着加入中国共产党就有可能享受到权力的好处的目的而加入中国共产党，同时，由于处在和平环境中，加入中国共产党一般来说不会像战争年代那样有生命危险，因此，就有可能存在一些人本身并不爱共产党却加入共产党内来的问题。在现实中，一些人身为共产党员，却干着玷污党的形象的勾当，把手中的权力当作谋取个人私利的工具，视党纪国法为儿戏；一些人把加入中国共产党当作捞取个人好处的政治资本，对党两面三刀、三心二意；等等。这些现象的存在，是一个不争的事实。因此，对于中国共产党而言，全面从严治党，清除自身毒瘤和不合格分子，永葆先进性、纯洁性，就是一个永恒课题。否则，确保执政地位不动摇就会成为一句空话。对于一名真正的共产党员而言，就要解决好在党爱党、在党言党、在党忧党和在党为党的问题。而解决好在党爱党、在党言党、在党忧党、在党为党问题的核心在于牢固确立对党的信仰。只有牢固确立对党的信仰，才会牢记党的使命、践行党的宗旨、严守党的纪律，使爱党忠党成为自觉的行动。

三是坚持坚定正确的政治方向，要始终不渝地"解决好世界观、人生观、价值观这个'总开关'问题"。习近平总书记指出：党员、干部中存在的诸多问题，"从主观上说，主要原因是一些同志的世界观、人生观、价值观问题没有解决好"。他还说："我们每一个人，包括我在内，都有一个不断解决好世界观、人生观、价值观的问题。活到老学到老，世界观改造永远没有完成时。"[1]

牢固树立正确的世界观、人生观、价值观，就要在各方面守住底线。习近平总书记指出："只要能守住做人、处事、用权、交友的底线，就能守住党和人民交给自己的政治责任，守住自己的政治生命线，守住正确的人生价值观。"[2] 这是对全党同志特别是领导干部的谆谆告诫，是对全体党员筑起的行为和精神的"防火墙"。一些领导干部走上违纪违法道路，就是因为没有守住底线、把好第一关。"祸患常积于忽微，智勇多困于所溺。" 在世界观、人生观、价值观上来不得半点马虎，如果稍有差池，就有可能酿成人生悲剧。因此，就需要在人生的旅程中不断校正航向，明确什么能为什么不能为，匡清立身、为人、做事的边界，做人讲道德，做事讲原则，做官讲官德。

牢固树立正确的世界观、人生观、价值观，就是要把正确的世界观、人生观、价值观转化为立党为公的责任心。责任心是一个人成就一番事业的基础。有了责任心，就会心无旁骛、尽职尽责、一心一意干事情，就会为了自己肩负的责任不懈奋斗。缺了责任心，就可能事不关己高高挂起，在是非面前丧失原则性，就会在党和人民的事业面前得过且过，当一天和尚撞一天钟，甚至只当和尚连钟也懒得撞，等等。因此，作为一个共产党人，具有一份立党为公的责任心至关重要。要做到对待党的事业就像对待自己的生命一样，维护党的形象就像爱护自己的眼睛一样，把爱党忠党

---

[1] 《习近平关于党的群众路线教育活动论述摘编》，党建读物出版社、中央文献出版社2014年版，第35页。

[2] 中共中央文献研究室编：《十八大以来重要文献选编》上，中央文献出版社2014年版，第138页。

变成为党和人民履职尽责的具体行动，积极投身建设中国特色社会主义伟大事业，毫不动摇地用马克思主义中国化最新理论成果武装头脑，切实把远大理想落实到推动科学发展、促进社会和谐的实际行动上，坚持报效祖国、服务人民和实现自身价值的一致性，使自身价值体现在为实现国家繁荣富强、人民生活富裕而顽强拼搏的生动实践。要看到，如果不愿意、不自觉地投身建设中国特色社会主义伟大事业的实践，做共产主义远大理想和中国特色社会主义共同理想的坚定信仰者和忠实实践者，不努力为完成好当前的历史任务而奋斗，就不是一个政治上的合格者。

五、坚持正确的政治方向，必须永葆艰苦奋斗的政治本色

党员作风是政治方向的外在表现，政治方向是党员作风的内在规定。毛泽东曾指出："坚定正确的政治方向，是与艰苦奋斗的工作作风不能脱离的，没有坚定正确的政治方向，就不能激发艰苦奋斗的工作作风；没有艰苦奋斗的工作作风，也就不能执行坚定正确的政治方向。"[1] 毛泽东的这段话，深刻地揭示了坚持正确的政治方向和坚持艰苦奋斗之间的辩证关系。

艰苦奋斗是中华民族的优良传统，艰苦奋斗是中国共产党的传家之宝、兴盛之基。古人早就讲过，"艰

[1] 中共中央文献研究室编：《毛泽东著作专题摘编》下，中央文献出版社2003年版，第2133页。

难困苦,玉汝于成""居安思危,戒奢以俭""忧劳兴国,逸豫亡身""生于忧患,死于安乐"等等。习近平总书记强调:"自力更生、艰苦奋斗是我们共产党人的品质,是我们立党立国的根基,也是党员、干部立身立业的根基。"延安时期,毛泽东穿打满补丁的衣服、朱德用马尾毛做的牙刷、彭德怀穿降落伞布做的背心、林伯渠戴绳子缠着一条腿的眼镜等,这些"点滴小事",凝聚成一股巨大的"东方魔力",折射出中华民族的"兴国之光"。

"能不能坚守艰苦奋斗精神,是关系党和人民事业兴衰成败的大事。"[1]艰苦奋斗,核心在"奋斗"二字,这是一种生活态度、一种行为方式、一种精神品质、一种价值导向、一种作风形象,是中国共产党人宝贵的政治本色。"空谈误国,实干兴邦。"党员、干部践行艰苦奋斗精神,就是要锤炼出一种不怕艰难困苦、自强不息的英雄气概,就是要锤炼出一种锐意进取、开拓创新的与时俱进精神,就是要锤炼出一种真抓实干、戒奢以俭的优良作风。

艰苦奋斗是保持党同人民血肉联系的重要法宝。习近平总书记强调,"全党同志要不断学习领会'两个务必'的深邃思想,始终做到谦虚谨慎、艰苦奋斗、实事求是、一心为民"[2]。坚持艰苦奋斗,根本目的就是要为最广大人民的根本利益而不懈努力,不断把人民群众的利益维护好、实现好、发展好。如果丢了艰苦奋斗、勤俭节约的传家宝,民心会被极大销蚀,

[1]《习近平关于党风廉政建设和反腐败斗争论述摘编》,中央文献出版社、中国方正出版社2015年版,第70页。

[2]《习近平在调研指导河北省党的群众路线教育实践活动时强调 充分调动干部和群众积极性 保证教育实践活动善做善成》,《人民日报》2013年7月13日。

党的执政基础会受到严重损害。如今，我们的综合国力有了迅速增强，但"由俭入奢易、由奢入俭难"的道理未曾改变，共产党人吃苦在前、享受在后，始终跟老百姓同甘共苦的要求也从未改变。我们的党员，谁忘记了这个道理，谁违背了这个要求，谁就有脱离群众的危险，谁就失去了共产党人的光荣。

艰苦奋斗是实现国家发展和民族振兴的强大动力。"勤俭持家，国家才能兴旺。……这是国家兴旺之气。"[1] 纵览党的百年奋斗历程，我们党正是靠实事求是起家创业、发展壮大和创造辉煌的。邓小平曾讲："中国搞四个现代化，要老老实实地艰苦创业。我们穷，底子薄，教育、科学、文化都落后，这就决定了我们还要有一个艰苦奋斗的过程。"[2] 艰苦奋斗作为共产党人的传家之宝，是凝聚人民群众的精神力量、实现中国梦的重要保证。坚持和发扬艰苦奋斗精神，既要能吃苦，严于律己、勤俭修身，又要能奋斗，夙夜在公、勤勉工作。[3]

"艰难困苦，玉汝于成。"毛泽东指出："共产党也有他的作风，就是：艰苦奋斗！"[4] 越是接近实现中华民族伟大复兴的目标，我们面临的困难和挑战也越大、也越多。这就需要每一位党员立足本职、埋头苦干，从自身做起，从点滴做起，以奋发进取的精神面貌和敢为人先的创新精神，团结亿万同胞，凝聚起民族复兴梦想的历史伟力。正如党的二十大报告所讲："中国共产党已走过百年奋斗历程。我们党立志

---

[1] 中共中央文献研究室编：《厉行节约反对浪费——重要论述摘编》，中央文献出版社2013年版，第31页。

[2] 邓小平：《目前的形势和任务》（1980年1月16日），《邓小平文选》第2卷，人民出版社1994年版，第257页。

[3] 《赵乐际在中国浦东井冈山延安干部学院春季开学典礼上强调 艰苦奋斗精神永远不能丢》，《人民日报》2013年3月23日。

[4] 毛泽东：《在陕北公学第二期开学典礼上的讲话》，中共中央文献研究室编：《毛泽东著作专题摘编》下，中央文献出版社2003年版，第2132页。

于中华民族千秋伟业,致力于人类和平与发展崇高事业,责任无比重大,使命无上光荣。全党同志务必不忘初心、牢记使命,务必谦虚谨慎、艰苦奋斗,务必敢于斗争、善于斗争,坚定历史自信,增强历史主动,谱写新时代中国特色社会主义更加绚烂的华章。"

第三章　解放思想、实事求是是中国共产党人干事创业的根本法宝

党的二十大报告指出："我们必须坚持解放思想、实事求是、与时俱进、求真务实，一切从实际出发，着眼解决新时代改革开放和社会主义现代化建设的实际问题，不断回答中国之问、世界之问、人民之问、时代之问，作出符合中国实际和时代要求的正确回答，得出符合客观规律的科学认识，形成与时俱进的理论成果，更好指导中国实践。"这是对党的历史经验的深刻总结和把握。从诞生之日起，中国共产党就把马克思主义鲜明地写在自己的旗帜上。注重思想建党、理论强党，坚持用马克思主义及其中国化时代化创新理论武装全党是中国共产党的鲜明特色和光荣传统。延安时期，以毛泽东同志为主要代表的中国共产党人确立并坚持解放思想、实事求是思想路线，把马克思列宁主义基本原理同中国具体实际相结合，创立了马克思主义中国化时代化的第一个理论成果——毛泽东思想，并成功实现用毛泽东思想武装全党的思想建党目标，为夺取新民主主义革命胜利指明了正确方向。习近平总书记指出："我们党是靠实事求是起家和兴旺发展起来的。""实事求是作为党的思想路线，它始终是马克思主义中国化理论成果的精髓和灵魂，既是毛泽东思想的精髓和灵魂，也是包括邓小平理论、'三个代表'重要思想以及科学发展观在内的中国特色社会主义理论体系的精髓和灵魂；它始终是中国共产党人认识世界和改造世界的根本要求，是我们党的基本思想方法、工作方法和领导方法，是党带领人民推动中国革命、建设、改革事业不断取得胜利的重要法宝。"[1]解放思想、实事求是的思想路线，既是延安精神的法宝和基石，也是用习近平新时代中国特色社会主义思想武装全党的重要法宝。

---

[1] 习近平：《坚持实事求是的思想路线》，《学习时报》2012年5月28日。

一、解放思想、实事求是思想路线形成于中国共产党运用马克思主义理论指导中国革命的艰辛探索中

（一）解放思想、实事求是思想路线，产生于反对错误路线的过程中

马克思、恩格斯虽然没有明确提出"解放思想、实事求是"八个字，但"解放思想、实事求是"的思想却始终贯穿于马克思、恩格斯的学说当中。在实践层面，马克思认为："人应该在实践中证明自己思维的真理性，即自己思维的现实性和力量，亦即自己思维的此岸性。"[1] 恩格斯也认为："不要生硬地引用马克思和我的话，而要根据具体情况像马克思那样去思考问题，只有在这个意义上，'马克思主义者'这个名词才有存在的权利。"[2] 在思想层面，马克思、恩格斯都认为解放思想本身就是唯物辩证法的基本原则和内在规定，其中被马克思称为"思想的闪电""批判的武器"的"解放思想"，更被赋予辩证法的诠释——"是批判的和革命的"[3]。

马克思、恩格斯之所以如此重视"解放思想、实事求是"，不仅因为他们共同创立的科学世界观和学说与资产阶级的世界观和学说有着本质区别，更因为如果没有解放思想，马克思、恩格斯就不可能在资本

---

[1] 《马克思恩格斯选集》第1卷，人民出版社1995年版，第16页。

[2] 《马克思恩格斯选集》第1卷，人民出版社1995年版，第17页。

[3] 《马克思恩格斯选集》第2卷，人民出版社1995年版，第112页。

主义社会里创造出无产阶级的意识形态；就不会超越黑格尔、费尔巴哈的思想，创立马克思主义哲学；就不会冲破旧的封建主义和资本主义意识形态的藩篱，写出《德意志意识形态》《政治经济学批判》等一批鞭辟入里、目光如炬的经典作品。如果没有实事求是，马克思、恩格斯就不可能从资本主义社会的现实和规律中，认识无产阶级的地位和使命；就不会献出毕生的精力，在极度艰难困苦的逆境中用"规律"这把手术刀去解剖德国历史、欧洲大陆历史、东方社会历史和世界历史，去解剖封建社会、资本主义社会，从而写出《共产党宣言》《资本论》等一批深刻揭示人类社会发展规律的划时代作品。在马克思主义发展史上，列宁以科学的态度对待马克思主义学说，并进一步发展了革命导师的学说。他坚持实事求是的原则，创造性地对待马克思主义，明确指出："我们决不把马克思的理论看作某种一成不变的和神圣不可侵犯的东西。"[1] 在列宁看来，如果靠寻章摘句，思想僵化，就谈不上发展；如果以"活的灵魂"为原则，就必须坚持解放思想、实事求是。

列宁曾经说："只有以先进理论为指南的党，才能实现先进战士的作用。""没有革命的理论，就没有革命的运动。"[2] 中国共产党一经诞生，就将马克思列宁主义写在自己的旗帜上。毛泽东曾经在1941年就总结指出："中国共产党的二十年，就是马克思列宁主义的普遍真理和中国革命的具体实践日益结合

[1]《列宁选集》第1卷，人民出版社1995年版，第274页。

[2]《列宁专题文集——论无产阶级专政》，人民出版社2009年版，第71、72页。

的二十年。"[1] 然而，在半殖民地半封建的中国，在农民和其他小资产阶级占人口大多数的社会条件下，怎样建设一个真正的马克思主义政党，怎样用马克思主义理论指导中国革命，是没有任何经验可循的。中国共产党在对党的建设客观规律的长期探索中，既有成功的经验，也有惨痛的教训。正如刘少奇所指出的："中国党有一极大的弱点，这个弱点，就是党在思想上的准备、理论上的修养是不够的，是比较幼稚的。因此，中国党过去的屡次失败，都是指导上的失败。"[2] 毛泽东对于党在思想理论上的不成熟有着极为清醒的认识，他曾用"年幼无知，不知世事"来形容建党之初的中国共产党人，也曾引用《庄子》中的一句话"其作始也简，其将毕也必巨"来形容党的发展历程。在1941年《改造我们的学习》中，毛泽东明确指出："我党在幼年时期，我们对于马克思列宁主义的认识和对于中国革命的认识是何等肤浅，何等贫乏。"[3] 正是在全党理论水平不足的大背景下，中国共产党在指导中国革命实践的进程中，多次出现路线错误。1927年，国民党反动派叛变革命，残酷屠杀共产党人和革命人民，由于党内陈独秀为代表的右倾思想发展为右倾机会主义错误并在党的领导机关占了统治地位，党和人民不能有效抵抗，致使大革命在强大的敌人突然袭击下遭到惨重失败。毛泽东在1945年党的第七次全国代表大会预备会议上形象比喻说："被人家一巴掌打在地上，像一篮鸡蛋一样摔在地上，摔烂很多，但没

---

[1]《毛泽东选集》第3卷，人民出版社1991年版，第795页。

[2]《刘少奇选集》上卷，人民出版社1981年版，第220页。

[3]《毛泽东选集》第3卷，人民出版社1991年版，第795—796页。

有都打烂,又捡起来,孵小鸡,这是一大经验。"[1]土地革命战争时期,以毛泽东同志为主要代表的中国共产党人,总结经验教训,深刻分析我国的实际情况,在实践中进行了艰难探索。毛泽东领导军民在井冈山建立第一个农村革命根据地,开辟了一条农村包围城市、武装夺取政权的革命道路。党领导人民打土豪、分田地,创建了一系列根据地。然而,20世纪20年代后期和30年代前期,国际共产主义运动中和中国共产党内盛行把马克思主义教条化、把共产国际决议和苏联经验神圣化的错误倾向,这种错误倾向,导致土地革命时期党内连续出现三次"左"倾错误,严重阻碍着中国共产党对中国革命规律的认识。1934年,由于王明"左"倾教条主义在党内的错误领导,中央革命根据地第五次反"围剿"失败,红军不得不进行战略转移,经过艰苦卓绝的长征转战到陕北,"左"倾错误路线给革命根据地和白区革命力量造成极大损失。如何运用马克思列宁主义指导中国革命?中国共产党迫切需要在反对错误路线的同时树立正确的思想路线。

早在20世纪30年代,毛泽东就已经认识到正确思想路线的重要性并进行了初步的探索。1929年12月,毛泽东在主持起草的《古田会议决议》中强调:"主观主义,在某些党员中浓厚地存在,这对分析政治形势和指导工作,都非常不利。因为对于政治形势的主观主义的分析和对于工作的主观主义的指导,其必

[1] 《毛泽东文集》第3卷,人民出版社1996年版,第292页。

然的结果，不是机会主义，就是盲动主义。"他主张要"教育党员用马克思列宁主义的方法去作政治形势的分析和阶级势力的估量，以代替主观主义的分析和估量"，"使党员注意社会经济的调查和研究，由此来决定斗争的策略和工作的方法，使同志们知道离开了实际情况的调查，就要坠入空想和盲动的深坑"。[1]这里毛泽东虽然没有使用"思想路线"一词，但实际上是从思想路线的高度阐明问题的，可以看作是毛泽东对马克思主义基本原理同中国具体实际相结合的初步思考。1930年5月，毛泽东在《反对本本主义》一文中明确提出了"没有调查，就没有发言权"，批评党内存在的教条主义："马克思主义的'本本'是要学习的，但是必须同我国的实际情况相结合。我们需要'本本'，但是一定要纠正脱离实际情况的本本主义。"呼吁"中国革命斗争的胜利要靠中国同志了解中国情况"。[2]然而，由于当时王明"左"倾教条主义在党内的错误领导，毛泽东的正确主张并没有得到全党的响应。

1935年1月，中共中央政治局在遵义召开扩大会议（即遵义会议），纠正了博古、李德军事指挥上的错误，改组了中央领导机构，选举毛泽东为中央政治局常委，解决了党内所面临的最迫切的组织问题和军事问题，结束了"左"倾教条主义错误在中央的统治，事实上确立了毛泽东同志在党中央的领导地位，开始确立以毛泽东同志为主要代表的马克思主义正确路线

---

[1]《毛泽东选集》第1卷，人民出版社1991年版，第91—92页。

[2]《毛泽东选集》第1卷，人民出版社1991年版，第112、115页。

在党中央的领导地位,开始形成以毛泽东同志为核心的党的第一代中央领导集体,开启了党独立自主解决中国革命实际问题的新阶段,为实事求是思想路线的形成奠定了政治基础和组织基础。

中央红军到达陕北后,中共中央立即着手解决遵义会议尚未解决的政治路线问题,并开始从思想路线的角度来认识政治路线问题。1935年12月,中共中央在瓦窑堡召开政治局扩大会议,作出了《关于目前政治形势与党的任务决议》。《决议》批评了党在土地革命战争时期政治上的"关门主义",指出其原因之一就是"不会把马克思列宁斯达林主义活泼的运用到中国特殊的具体环境去,而把马克思列宁斯达林主义变成死的教条"[1]。指出:"中国共产党是中国无产阶级的先锋队。他应该大量吸收先进的工人雇农入党,造成党内的工人骨干。同时中国共产党又是全民族的先锋队,因此一切愿意为着共产党的主张而奋斗的人,不问他们的阶级出身如何,都可以加入共产党。"[2]这里,中国共产党第一次提出了"两个先锋队"的重要论述,即党是工人阶级的先锋队,同时又是中华民族的先锋队。这是以毛泽东同志为主要代表的中国共产党人在民族危机深重、阶级矛盾尖锐的复杂历史条件下,在深入考察研究中国社会历史和现实的基础上,对党的性质的深刻概括,为把党的工作重心迅速转向建立抗日民族统一战线的新方向、把党建设成为全国性的大党奠定了思想理论基础,体现了中国共产党人

[1] 中央档案馆编:《中共中央文件选集》第10册,中共中央党校出版社1991年版,第618—619页。

[2] 中央档案馆编:《中共中央文件选集》第10册,中共中央党校出版社1991年版,第620页。

在理论联系实际方面取得的进步。从1936年下半年到1937年上半年，以深刻反思遵义会议前中国革命经历的两次胜利两次失败经验教训为基础，毛泽东先后写出《论反对日本帝国主义的策略》《中国革命战争的战略问题》《实践论》《矛盾论》等重要著作，分析导致中国革命屡屡遭遇挫折的问题所在，批评党内主观主义尤其是以教条主义为主要特征的"左"倾错误，从政治路线、军事路线、思想路线上对土地革命战争时期的历史经验教训进行理论总结和哲学概括，论述党在新形势下新的政策方针，以及马克思主义同中国实际相结合的问题。特别是1937年，中共中央进驻延安城后，毛泽东发表的《实践论》《矛盾论》两篇著作，对辩证唯物主义的认识论和唯物辩证法的核心——对立统一规律，作了系统的精辟的发挥，科学地论述了无产阶级的世界观、认识论和方法论。这两篇著作既是对中国革命斗争实践的哲学概括，也是对中国共产党批判"左"右倾错误特别是"左"倾教条主义错误的哲学总结。它在中国共产党历史上，第一次深刻系统地论述了党内错误路线的思想认识根源。这两篇著作，对于提高党内领导干部的思想理论水平起到了十分重大的作用，为实事求是思想路线的形成奠定了哲学基础。

（二）解放思想、实事求是思想路线，形成于提出和推动马克思主义中国化时代化的过程中

全面抗战爆发后，中国共产党担负起领导民族革命战争的历史使命，在以毛泽东同志为核心的党中央领导下，倡导并推动形成抗日民族统一战线，确立了人民战争、独立自主、持久战等正确的战略策略，成为抗日战争的中流砥柱。但是，在民族矛盾和阶级矛盾交织的复杂局面下，党内在如何正确处理抗日民族统一战线中的统一与独立、团结与斗争的关系，如何正确处理民族斗争与阶级斗争

的关系，抗日战争中应采取怎样的战略战术等重大问题上认识不一致、思想不统一，出现了一些不良倾向。1937年11月，中共驻共产国际代表、共产国际执委会主席团委员和政治书记处候补书记王明回国之后，否定洛川会议以来中央的路线和政策，提出"一切经过统一战线""一切服从统一战线"，实行以运动战为主，配合以阵地战、辅之以游击战的战略方针等一系列主张，并得到了党内部分同志的赞同与支持，对党内抗战以来的正确路线形成严重冲击。这一局面的出现，说明党内特别是党的高级领导干部并没有从思想上真正摆脱教条主义的束缚，还没有学会把马克思主义立场、观点和方法运用于具体实际，对党在新的斗争形势下应该采取的正确路线无法深刻把握。因此，确立正确的思想路线，切实提高全党同志特别是党的高级领导干部运用马克思主义解决中国革命实际问题的能力，成为十分迫切的任务。以毛泽东同志为主要代表的中国共产党人把握党的建设的特点与规律，将推动全党马克思列宁主义理论水平的提高作为引导中国革命胜利的根本保证，自觉而又坚定地把思想建设放在党的建设的首位，为引导全党深刻认识"左"右倾错误的思想根源，推动形成解放思想、实事求是的思想路线进行了不懈努力。1938年9月29日至11月6日，中国共产党在延安举行扩大的六届六中全会，总结抗战以来党的各项工作的经验教训，为实现党对抗日战争的领导进行了全面的战略规划。在全会的政治报告《论新阶段》中，毛泽东指出："共产党员是国际主义的马克思主义者，但是马克思主义必须和我国的具体特点相结合并通过一定的民族形式才能实现。马克思列宁主义的伟大力量，就在于它是和各个国家具体的革命实践相联系的。对于中国共产党来说，就是要学会把马克思列宁主义的理论应用于中国的具体的环境。成为伟大中华民族的一部分而和这个民族血肉相连的共产党员,离开中国特点来谈马克思主义,只是抽象的空洞的马克思主义。因此,使马克思主义在中国具体化,使之在其每一表现中带着必须有的中国的特性,即是说,按照中国的特点去应用它,成为全党亟待了解并亟须解决的问题。洋八股必须废止,空洞抽象的调头必须少唱,教条主义必须休息,而代之以新鲜活泼的,为中国老百姓所喜闻乐见的中国作风与中国气派。"[1]这里,毛泽东明确提出了"马克思主义中国化"的重大命题。美国学者斯图尔特·R.施拉姆在其所著《毛泽东的思想》一书中曾经这样评价:"毛泽东在20世纪30年代末提出的种种概念中,最直率、最大胆地体现了他关于中国革命独特性以及中国人需要以他们自己的方式解决自己问题的信念的,莫过于'马克思主义中国化'了。"[2]马克思主义中国化的提出,标志着中国共产党人运用马克思主义理论解决中国实际问题的理论探索开始进入逐步成熟的新阶段,也对全体中国共产党人尤其是党的领导干部提出了解放思想、实事求是,从实际出发解决中国革命具体问题的更高要求。毛泽东在报告中要求,共产党员在民族战争中必须起到"先锋的模范的作用",要做到这一点,"共产党员应是实事求是的模范,又是具有远见卓识的模范。因为只有实事求是,才能完成确定的任务;只有远见卓识,才能不失前进的方向。因此,共产党员又应成为学习的模范,他们每天都是民众的教师,

---

[1]《毛泽东选集》第2卷,人民出版社1991年版,第534页。

[2]〔美〕斯图尔特·R.施拉姆:《毛泽东的思想》,田松年、杨德等译,中国人民大学出版社2005年版,第71页。

但又每天都是民众的学生"[1]。

究竟什么是实事求是？1941年5月，毛泽东发表《改造我们的学习》，对实事求是作了最为科学、完整的阐释："'实事'就是客观存在的一切事物，'是'就是客观事物的内部联系，即规律性，'求'就是我们去研究。我们要从国内外、省内外、县内外、区内外的实际情况出发，从其中引出其固有的而不是臆造的规律性，即找出周围事变的内在联系，作为我们行动的向导。而要这样做，就须不凭主观想象，不凭一时的热情，不凭死的书本，而凭客观存在的事实，详细地占有资料，在马克思列宁主义一般原理的指导下，从这些材料中引出正确的结论。这种结论，不是甲乙丙丁的现象罗列，也不是夸夸其谈的滥调文章，而是科学的结论。这种态度，有实事求是之意，无哗众取宠之心。这种态度，就是党性的表现，就是理论和实际统一的马克思列宁主义的作风。这是一个共产党员起码应该具备的态度。如果有了这种态度，那就既不是'头重脚轻根底浅'，也不是'嘴尖皮厚腹中空'了。"[2]毛泽东尖锐地指出："共产党人不靠吓人吃饭，而是靠马克思列宁主义的真理吃饭，靠实事求是吃饭，靠科学吃饭。"[3]"我们所要的是香的马克思主义，不是臭的马克思主义；是活的马克思主义，不是死的马克思主义。"[4]这里，毛泽东在批评教条主义的基础上，明确告诉全党同志，只有树立实事求是思想路线，中国共产党人才能够成为真正的马克思主义者；

[1]《毛泽东选集》第2卷，人民出版社1991年版，第522—523页。

[2]《毛泽东选集》第3卷，人民出版社1991年版，第801页。

[3]《毛泽东选集》第3卷，人民出版社1991年版，第835—836页。

[4]《毛泽东文集》第3卷，人民出版社1996年版，第332页。

马克思主义的中国化,只有坚持实事求是才能够实现。1942年底,在延安召开的西北局高干会上,毛泽东表扬延安县同志们的精神,说他们没有一件事不是实事求是的,他们对于他们领导的延安县人民的情绪、要求和各种具体情况是充分了解的,他们完全和群众打成一片,因此他们完全没有了主观主义、宗派主义和党八股,以树立榜样的方式再次倡导实事求是思想路线。至此,在中国共产党人提出并推动马克思主义中国化的过程中,实事求是思想路线得到了完整阐释并最终形成。

二、解放思想、实事求是思想路线的确立为延安时期推进党的建设伟大工程提供了思想武器

马克思主义中国化时代化的本质内涵,就是把马克思列宁主义的普遍真理与中国实际相结合,解决中国革命的具体问题。把中国共产党建设成伟大的马克思列宁主义政党,就必须推进马克思主义中国化时代化。推动马克思主义中国化时代化是一个系统工程,首先要提高全党尤其是中高级领导干部的马克思主义理论水平,真正掌握马克思主义立场、观点和方法的精髓,并将之应用到中国每一个实际斗争中去。延安整风,既是一次全党范围内的马克思主义思想教育运动,也是破除党内把马克思主义教条化、把共产国际决议和苏联经验神圣化错误倾向的思想解放运动,是党的思想建设的一项伟大工程,在全党确立了实事求是思想路线,对党的事业发展作出了极其重要的历史贡献。

(一)为实现党的建设目标,就必须开展全党普遍的马克思主义思想教育

指导伟大的革命,要有伟大的党,"如果领导者是一个狭隘的小团体是不行的,党内仅有一些委琐不识大体、没有远见、没有能力的领袖和干部也是不行的"[1]。伟大的政党需要有几十万、几百万的党员,更需要大批的干部做骨干。毛泽东说:"我们要建设的一个大党,不是一个'乌合之众'的党,而是一个独立的、有战斗力的党,这样就要有大批的有学问的干部做骨干。这个任务摆在我们面前,我们要时刻注意,我们要率领几万万人革命,现在的力量显然是不够的。"[2] 全面抗战爆发后,党所处的环境更加复杂,所负的任务更加艰巨,以毛泽东同志为主要代表的中国共产党人围绕建设一个什么样的党、怎样建设党的问题进行了深邃的思考。1937年10月,毛泽东在《目前抗战形势与党的任务报告提纲》中,提出要"建立全中国的强固的共产党"。1939年10月,毛泽东在《〈共产党人〉发刊词》中,明确提出要"建设一个全国范围内的、广大群众性的、思想上政治上组织上完全巩固的布尔什维克化的中国共产党"[3],为党的建设提出了明确而具体的目标指向。要实现这一目标,延安时期的中国共产党就必然面临从数量上扩大党的队伍、从思想上政治上巩固党的组织等艰巨任务,一场普遍的马克思主义教育运动成为必须。

首先,为把党建设成全国范围内的、广大群众性

---

[1]《毛泽东选集》第1卷,人民出版社1991年版,第277页。

[2]《毛泽东文集》第2卷,人民出版社1993年版,第179页。

[3]《毛泽东选集》第2卷,人民出版社1991年版,第613页。

的大党，党员队伍必须迅速扩大。抗战爆发之后，随着抗日民族统一战线的发展以及中国共产党政治影响力的不断提高，大批革命分子集结到共产党的旗帜之下，壮大了革命队伍。为了适应形势需要，迅速扩大党的组织，1935年12月召开的瓦窑堡会议提出："在新的大革命中，共产党需要数十万至数百万能战斗的党员，才能率领中国革命进入彻底的胜利。"[1]1938年3月15日，中共中央作出了《关于大量发展党员的决议》，强调"目前党的组织力量，还远落在党的政治影响之后，甚至许多重要的地区，尚无党的组织，或非常狭小。因此大量的十百倍的发展党员，成为党目前迫切与严重的任务"，"大胆向着积极的工人，雇农，城市中与乡村中革命的青年学生，知识分子，坚决勇敢的下级官兵开门，把发展党的注意力放在吸收抗战中新的积极分子与扩大党的无产阶级基础之上"。[2]此后，八路军、新四军积极贯彻《决议》精神，到1938年冬，军队的党员比例已经超过20%，连以上干部几乎都是党员。到1940年，八路军老部队中的党员人数占总人数的比率达到30%~40%，新部队也达到25%~30%。新四军刚集结组建时，党员数量占全军总人数的25%，截至1939年2月，党员占比上升到40%。同时，各地党组织也加大了发展党员的力度，比如，抗大第4期1938年4月开学，共招收学生5562人，其中知识青年党员只有530人，占知识青年总人数的11%，到12月结业时，知识青年党

---

[1] 中共中央文献研究室、中央档案馆编：《建党以来重要文献选编（1921—1949）》第12册，中央文献出版社2011年版，第548页。

[2] 中央档案馆编：《中共中央文件选集》第11册，中共中央党校出版社1991年版，第466—467页。

员已经发展到3304人，占知识青年总人数的70%。陕北公学的情况也是如此，1937年至1938年陕北公学招收学员6000多人，发展的新党员有3000多名。[1]这样，在短时间内，中国共产党的党员数量急剧增加，从1937年的4万余人猛增至1938年底的50余万人，1940年发展到80万人。党员队伍的大发展，使党的组织从狭小的圈子走了出来，成为具有广泛群众基础的大党。

其次，把党建设成"布尔什维克化"的大党，党内必须开展学习运动。刘少奇说："我们党还不是布尔什维克化的"，需要进一步推动马克思主义化和无产阶级化。随着党员数量的迅猛增长，推动全党"布尔什维克化"的任务更加迫切也更加艰巨。大量新党员虽然组织上入了党，但是思想上却存在许多模糊认识。1937年底加入中国共产党的宋平就曾经回忆："大批青年怀着抗日救亡的激情来到延安，他们向往共产党，但对党的性质、纲领并不甚了解。我当时已经入党，但怎样做一个共产党员，在一些问题上也若明若暗，还不能说思想上完全入党了。"[2]要解决大批新党员思想上入党的问题，就必须加强对党员的培训和教育，开展深入的思想教育和普遍的学习运动势在必行。毛泽东指出："指导伟大的革命，要有伟大的党，要有许多最好的干部。在一个四亿五千万人的中国里面，进行历史上空前的大革命，如果领导者是一个狭隘的小团体是不行的，党内仅有一些委琐不识大体、

[1] 中央档案馆编：《中共中央文件选集》第12册，中共中央党校出版社1991年版，第155页。

[2] 宋平：《缅怀陈云同志》，《人民日报》1995年5月23日。

没有远见、没有能力的领袖和干部也是不行的。中国共产党早就是一个大政党，经过反动时期的损失它依然是一个大政党，它有了许多好的领袖和干部，但是还不够。我们党的组织要向全国发展，要自觉地造就成万数的干部，要有几百个最好的群众领袖。"[1]中国共产党需要培养一大批懂得马克思列宁主义，有政治远见，有工作能力，富于牺牲精神，能独立解决问题，在困难中不动摇，忠心耿耿为民族、为阶级、为党而工作的干部作为骨干力量。所以，毛泽东号召全党同志："我们要建设大党，我们的干部非学习不可。学习是我们注重的工作，特别是干部同志，学习的需要更加迫切，如果不学习，就不能领导工作，不能改善工作与建设大党。这领导工作、改善工作和建设大党，便是我们学习运动的直接原因，我们六中全会关于学习运动的决议，是非常重要的。"[2]

最后，要把党建设成为思想上政治上组织上完全巩固的大党，需要提高全党马克思列宁主义水平。毛泽东在《矛盾论》里援引中国革命两次胜利两次失败的经历，说明党在思想上政治上组织上完全巩固的重要性："1927年中国大资产阶级战败了无产阶级，是通过中国无产阶级内部的（中国共产党内部的）机会主义而起作用的。当着我们清算了这种机会主义的时候，中国革命就重新发展了。后来，中国革命又受了敌人的严重的打击，是因为我们党内产生了冒险主义。当着我们清算了这种冒险主义的时候，我们的革命事

[1] 《毛泽东选集》第1卷，人民出版社1991年版，第277页。

[2] 《毛泽东文集》第2卷，人民出版社1993年版，第179页。

业又重新发展了。"结论就是,"一个政党要引领革命到胜利,必须依靠自己政治路线的正确和组织上的巩固"。[1] 在开展全党大学习的过程中,毛泽东分析了党的现状并提出了党的建设目标的原因:"党已在全国有了大数量的发展。现在的任务就是巩固它"[2],"我们现在有大批的新党员所形成的很多的新组织,这些新组织还不能说是广大群众性的,还不是思想上、政治上、组织上都巩固的,还不是布尔什维克化的。同时,对于老党员,也发生了提高水平的问题,对于老组织,也发生了思想上、政治上、组织上进一步巩固和进一步布尔什维克化的问题。党所处的环境,党所负的任务,现在和过去国内革命战争时期有很大的不同,现在的环境是复杂得多,现在的任务是艰巨得多了"。毛泽东进一步指出:"现在是民族统一战线的时期,我们同资产阶级建立了统一战线;现在是抗日战争的时期,我们党的武装在前线上配合友军同敌人进行残酷的战争;现在是我们党发展成为全国性大党的时期,党已经不是从前的样子了。如果把这些情况联系起来看,就懂得我们提出'建设一个全国范围内的、广大群众性的、思想上政治上组织上完全巩固的布尔什维克化的中国共产党',是怎样一个光荣而又严重的任务了。"[3] 为了切实达到党的这一建设目标,中共中央颁布《关于巩固党的决定》等文件,明确指出今后一定时期的中心任务是巩固党的组织。而巩固党的中心一环,是加强马克思列宁主义教育、阶级教

[1] 《毛泽东选集》第1卷,人民出版社1991年版,第303页。

[2] 《毛泽东文集》第2卷,人民出版社1993年版,第232页。

[3] 《毛泽东选集》第2卷,人民出版社1991年版,第603页。

育与党的教育。同时,必须建立新老干部之间相互学习、相互尊重的和谐关系,加强党的团结,并加强党的纪律。正如毛泽东指出的:"普遍地深入地研究马克思列宁主义的理论的任务,对于我们,是一个亟待解决并须着重地致力才能解决的大问题。"[1]党的六届六中全会之后开始的学习运动,包括其后开展的整风运动,在全党掀起了学习、研究马克思列宁主义的热潮。全党本着对人民事业高度负责的态度,深入学习和研究马克思列宁主义理论,运用马克思主义基本原理分析解决中国革命的实际问题,从中国革命的曲折历程中汲取经验、总结教训,树立了实事求是思想路线,推进了全党思想上、政治上、理论上的成熟,开启了中国共产党学习马克思主义并不断推进马克思主义中国化时代化的历史进程。

(二)用马克思主义理论武装全党,就必须掌握思想教育这一中心环节

党的第七次全国代表大会上,毛泽东在《论联合政府》中总结说:"掌握思想教育,是团结全党进行伟大政治斗争的中心环节。如果这个任务不解决,党的一切政治任务是不能完成的。"[2]延安时期,中国共产党能够通过全党普遍的马克思主义学习教育活动树立起实事求是思想路线,并实现马克思主义中国化时代化第一次理论飞跃,根本原因就在于着重从思想上建设党,牢牢掌握了思想教育这一中心环节。

首先,成功解决全体党员在学习教育中的动力问

---

[1] 《毛泽东选集》第2卷,人民出版社1991年版,第533页。

[2] 《毛泽东选集》第3卷,人民出版社1991年版,第1094页。

题。毛泽东指出:"学习运动的基础,是我们同志们自觉的热情。"[1] 总结延安学习运动的历史经验,就是成功解决学习的动力问题,调动起全体党员学习的积极性,使学习教育运动成为党员干部们工作生活不可或缺的一部分。全面抗战爆发之后,党员队伍经过迅猛发展,全面抗战初期4万余人,到党七大召开时达120余万。刘少奇在《论共产党员的修养》中指出,党员是"带着各种各色不同的目的和动机"入党,不可能在加入党之前就深刻理解共产主义和党纲、党章,对于他们的教育、他们自己的修养和锻炼,是一个极为重要的问题。以作家茅盾的女儿沈霞为例,她于1940年初到延安,进入延安大学学习俄文,1941年入党。初到延安,密集的学习教育令她非常不适应,于是她在日记里表达自己的困惑:"我现在必须俄文第一,政治理论等等是要的,但是不想弄到竟占了俄文应有的时间。说我政治落后,不关心政治,我完全不在乎。反正,我就是这样,自己知道就是了。况且到底是不是落后,而落后,不关心,是不是就从他看不看政治书,是不是满口政治上去观察?这些观点还是应该打问号的。"经过一段时间的学习培训,1942年底,沈霞在日记里用学到的政治理论进行自我剖析:"因为不是从集体出发,从革命的需要出发,而是从个人的情绪出发,就做出了错误的结论。"她开始自省:"强调个性爱好是我到延安后的一个中心缺点。"这时的沈霞,

[1]《毛泽东文集》第2卷,人民出版社1993年版,第182页。

不仅学会了用集体主义的价值观来反省自己,而且开始欢迎别人对自己的批评:"我很喜欢看见现在所有的同志都能毫不顾忌地对我说出他心中的话","现在我已经能心平气和地听别人的意见,而且尽自己所想到的提出材料,供大家思考"。1943年初,沈霞在日记中感叹:"失眠的夜晚,想到自己是在做一个有用的螺丝钉(哪怕是很小很小的),白天少见的笑不自觉地挂在嘴边了。"沈霞这样的心路历程,应该是抗战时期入党的大批知识分子们共同拥有的,从组织上入党到思想上入党,党组织为他们提供的学习教育层层递进、严格而有耐心,他们自身具备的对党的信任与自我改造的真诚态度则是不可或缺的内在动因。与新党员们对学习教育的低姿态不同,经历过革命斗争锻炼和生死考验的老党员,出于对自身经历的骄傲与政治信仰的自信,往往更容易将自己置身于学习培训旁观者的地位,能否将自己摆进去,就成为老党员们由被动学习到主动改造的重要转折点。曾任甘肃省委书记的杨植霖,是1930年入党的老革命,谈到自己最初参加学习的体会时这样说:"开始听到'改造'二字很感刺耳,我自己就觉得搞了许多年革命,坐过牢、打过游击,到头来怎么还得改造?别的同志也有此想法。"要让他们把自己摆进去,首先要引导他们认识到思想入党不是一劳永逸,而是终身所求,有针对性的干部教育培训此时起到了关键作用。1943年6月24日到7月4日,中央党校进行了学习文件的考试,题目是毛泽东亲自修改过的。试题之一是这样的:什么是学风中的教条主义?你所见到的最严重的表现是哪些?你自己在学习和工作中曾否犯过教条主义错误?如果犯过,表现在哪些方面?已经改正了多少?今后将如何改正或预防?这样的试题旨在引导学员将自己摆进学习内容中深入分析思考，切实加深对所学内容的领会和运用。学习中的杨植霖开始反思：拿无产阶级思想、党的要求照一照，又觉得很应该改造。用毛泽东整风报告和其他著作作为箭射自己这个靶子，收获很大。这时他对改造二字不但不反感，反而觉得实在是个救命之宝，并且认为每一个真想革命的同志都应该欢迎思想改造，特别欢迎别人帮助自己进行思想改造。这样将自己摆进去的学习、领会和运用，结果就如作家刘白羽所说的：我像越过了一道阴阳分界线，懂得了一个伟大的真理；过去自以为是在砸烂一个旧世界，实际上这个旧世界首先得从自己身上开始清除。当这些老党员们认识到自己需要进行思想教育，就开始自觉要求自我提升。秦基伟当年打报告要求去北方局党校学习，得到批准之后，欣喜异常，在日记里写道：万分的高兴和痛快！学习的动力一旦解决，学习的主动性便大幅提升。正是由于从思想上解决了学习的动力问题，延安时期党内的学习教育运动逐步转为常态，演变为广大党员工作生活的一部分，其学习所能达到的广度和深度，今天看来还是让我们为之惊叹。作家高鲁（又名王世学），1938年入党，在日记里非常完整地记录了自己的学习。仅1939年9月，高鲁与其他鲁艺学员们一起前往晋察冀，途中历经一个月，他学了些什么呢？途中他先后读了《中国启蒙运动史》《民族问题》《社会科学概论》《列宁主义概论》等理论著作，在野外听何干之（1906—1969，历史学家，入读早稻田大学和明治大学经济科，1934年入党，1937年入陕北公学任理论教员）、沙可夫（1903—1961，艺术家、教育家，1926年入党，1937年到达延安，后任新华通讯社主任、鲁艺副院长等职）讲课各两次，月初还参加了一次军政测验，题目包括民主集中制在军队中的作用等。有意思的是，高鲁日记中还有一段有趣的记述：因为背粮，今天没听《八路军的政治工作总结报告》，是最大的损失。只能看同志们的笔记，也记得很简略，比起听报告来，效果差多了。显然，未能参加此次学习令高鲁感到遗憾与沮丧。浓厚的学习氛围甚至导致资源短缺，朱德曾经在1940年的一次讲话中谈道：前方学习中的困难，首先是缺教授，缺到什么程度呢？邓小平同志带了两个马列学院毕业的同志到前方去，走到半途被人留下了，于是打了整整半年官司，结果还是从总司令部抽调了两个能教书的同志把他们"顶赎"回来。其次是缺书本子，最近延安给山东送去一二百本《联共党史》，他们只收到七本，半途上你一本我一本被抢光了。置身如此学习氛围当中的党员们感受如何呢？高鲁说："这确实是在战斗中学习，停下了就上课，这是中国共产党能成为民族解放战争中的主力的原因。"延安时期全党掀起的马克思主义学习热潮，开启了中国共产党建设学习型政党的历程，成为中国共产党用以保持先进性、纯洁性的强大武器。

其次，通过学习历史特别是建党以来的曲折发展史，达到分清是非、统一思想的目标。毛泽东说过："指导一个伟大的革命运动的政党，如果没有革命理论，没有历史知识，没有对于实际运动的深刻的了解，要取得胜利是不可能的。""学习我们的历史遗产，用马克思主义的方法给以批判的总结，是我们学习的另一任务。我们这个民族有数千年的历史，有它的特点，有它的许多珍贵品。对于这些，我们还是小学生。今天的中国是历史的中国的一个发展；我们是马克思主义的历史主义者，我们不应当割断历史。从孔夫子到孙中山，我们应当给以总结，承继这一份珍贵的遗产。"[1] 为了让党内领导干部特别是高级领导干部弄清楚党内路线是非，切实树立实事求是思想路线，1940年下半年开始，毛泽东亲自主持收集和编辑了《六大以来——党内秘密文件》这本书。它汇集了从1928年6月党的六大到1941年11月期间党的历史文献519篇，包括党的会议纪要、决议、通告、声明、电报、指示以及党报社论、主要领导人的文章与信件等等，共约280万字，于1941年八九月份编印成册，毛泽东将其称之为"党书"，作为当时党的高级领导干部学习与研究党史的主要材料，组织全党尤其是高级干部深入分析问题产生的历史根源，深刻把握抗战的基本实际。通过系统学习党的文件特别是研究党在不同阶段的政策，提高干部的政策水平。延安整风时要求广大党员干部认真阅读抗战以前党发布的各种文件，重点讨论抗战以来的党内文件、制度和措施。在此基础上，中央号召全党深入学习马克思主义必读经典特别是毛泽东同志的政策论述。党员干部带着问题学、联系实际学，着眼于科学分析时局，正确判断形势，为实事求是决策、正确执行政策，提供了坚实基础。为了使党史学习达到解决思想问题的根本目的，毛泽东要求："处理历史问题，不应着重于一些个别同志的责任方面，而应着重于当时环境的分析，当时错误的内容，当时错误的社会根源、历史根源和思想根源，实行惩前毖后、治病救人的方针，借以达到既要弄清思想又要团结同志这样两个目的。"[2] 研究党史使高

[1] 《毛泽东选集》第2卷，人民出版社1991年版，第533—534页。

[2] 《毛泽东选集》第3卷，人民出版社1991年版，第938页。

级领导干部对主观主义及其危害有了更加清楚和深刻的认识,从思想根源上认识到实事求是思想路线的重要性。全程参加延安学习运动和整风运动的杨尚昆回忆说:我们系统读了"党书",有了一个鲜明的比较,才开始认识到什么是正确路线,什么是错误路线;什么是创造性的马克思主义,什么是教条主义。"党书"在延安整风中确实发挥了巨大作用,是犀利的思想武器。"延安整风学习马列,研究历史,分清路线,整顿'三风',特别是毛泽东提倡'实事求是',从思想方法的高度总结历史经验教训,这是很伟大的,不然,全党的思想统一不了,七大可能开不成功,以后中国革命的发展也不会那么快取得胜利。"[1] 延安整风中,党的高级领导干部围绕党的历史问题进行了深入而又激烈的讨论,就其中的路线错误开展了严肃的党内思想斗争,并得出了统一的结论。1944年5月至1945年4月,中国共产党第六届中央委员会扩大的第七次会议在延安召开,全面总结党的历史经验,研究形成并讨论通过了《关于若干历史问题的决议》。《决议》对建党24年的历史经验进行了总结:"在1921年至现在的24年奋斗中,经历了北伐战争、土地革命与抗日战争三个时期。在这三个时期中,全党同志和广大中国人民在一起向着中国人民的敌人——帝国主义与封建主义进行了英勇的革命斗争,取得了伟大的成绩与丰富的经验。同时,在这三个时期中,全党同志与党内一切机会主义思想与行为不断地做了

---

[1] 《杨尚昆回忆录》,中央文献出版社2001年版,第215页。

马克思主义的斗争。使党在思想上、政治上、组织上一天天更加巩固起来。到了今天,有了120万党员,我党领导了近一万万人民,90万军队的中国解放区,形成了一条同国内一切错误路线相对立的正确路线。由于执行了这一正确路线,并批判了一切错误路线,党才在三个时期取得了伟大成绩,做成了今天这样在思想上、政治上、组织上巩固的党,形成了中国人民解放事业的伟大的领导者。"[1]《决议》从思想上解决了问题,在思想一致的基础上"团结全党同志如同一个和睦的家庭一样,如同一块坚固的钢铁一样,为着获得抗日战争的彻底胜利和中国人民的完全解放而奋斗"[2]。《关于若干历史问题的决议》是中国共产党历史上第一个历史决议,使全党对中国革命基本问题的认识达到一致,具有极为重要的历史意义。从此,高度重视总结历史经验、善于从历史中寻找前进的动力,成为中国共产党的优良传统。

最后,坚持真理,修正错误,用好批评与自我批评的强大武器。勇于自我革命,是中国共产党最鲜明的品格和最大的优势。毛泽东在七大政治报告中说:"有无认真的自我批评,也是我们和其他政党互相区别的显著的标志之一。我们曾经说过,房子是应该经常打扫的,不打扫就会积满了灰尘;脸是应该经常洗的,不洗也就会灰尘满面。""对于我们,经常地检讨工作,在检讨中推广民主作风,不惧怕批评和自我批评,……正是抵抗各种政治灰尘和政治微生物

---

[1] 中共中央文献研究室编:《毛泽东传(1893—1949)》下卷,中央文献出版社1996年版,第670页。

[2] 《毛泽东选集》第3卷,人民出版社1991年版,第997页。

侵蚀我们同志的思想和我们党的肌体的唯一有效的方法。"[1]《为人民服务》一文中也明确提出："因为我们是为人民服务的，所以，我们如果有缺点，就不怕别人批评指出。不管是什么人，谁向我们指出都行。只要你说得对，我们就改正。你说的办法对人民有好处，我们就照你的办。"[2]这是从践行党的根本宗旨的高度确定了随时修正错误的重要性，指出中国共产党既然是为人民服务的政党，就必须为人民利益坚持正确的，改正错误的。延安时期，所有党员包括党的领导干部，都能够通过严肃的党内政治生活开展深刻的批评与自我批评，是整风运动取得实效的重要条件。1941年7月1日，中央政治局通过了《中共中央关于增强党性的决定》，规定，从中央委员以至每个党部的负责领导者，都必须参加支部组织，过一定的党组织生活，虚心听取党员群众对自己的批评，增强自己的党性锻炼。延安整风是从党的高级领导干部开始的，他们秉持"惩前毖后，治病救人"的原则开诚布公提出批评，坚持"有则改之，无则加勉"的谦虚态度对待批评，以上率下，营造了又有集中又有民主、又有纪律又有自由、又有统一意志又有个人心情舒畅的生动活泼的政治局面。在延安整风过程中，毛泽东、周恩来、张闻天、博古等党的高级领导人，都开展了极为深刻的批评和自我批评。其中党员个体所经历的痛苦，或者可以帮助我们理解他们对于确立实事求是思想路线的执着与坚定。张闻天在七大作了党性分析，

---

[1]《毛泽东选集》第3卷，人民出版社1991年版，第1096页。

[2]《毛泽东选集》第3卷，人民出版社1991年版，第1004页。

对自己的错误进行了深刻的自我批评和根源剖析后,有一段内心思想的阐述:"'良药苦口利于病'的这句中国俗语,实在是很有道理的。而且现在我觉得,药性愈猛,作用也愈大,虽有点'副作用',也不要紧。"在党的代表大会上,他坦陈了自己在进行自我改造过程中所经历的内心痛苦和挣扎:"为了真理,我曾经必须从我自己的身上撕去一切用虚假的'面子'与'威信'所织成的外衣,以赤裸裸的暴露我自己的一切丑相;我曾经必须打倒把我高悬在半空中的用空洞的'地位'与'头衔'的支柱所搭成的空架子,使我自己从天上直摔到地下。"[1]"面子""威信""地位""头衔",哪一个是容易放得下的呢?结合相关影像资料,我们把这样一段话与张闻天对党无限忠诚的一生相联系,就能够理解经历这样痛苦过程形成的思想认知有多么坚不可摧。在七大政治报告中,毛泽东对坚持真理、修正错误作了极为深刻的阐述:"以中国最广大人民的最大利益为出发点的中国共产党人,相信自己的事业是完全合乎正义的,不惜牺牲自己个人的一切,随时准备拿出自己的生命去殉我们的事业,难道还有什么不适合人民需要的思想、观点、意见、方法舍不得丢掉的吗?难道我们还欢迎任何政治的灰尘、政治的微生物来玷污我们的清洁的面貌和侵蚀我们的健全的肌体吗?无数革命先烈为了人民的利益牺牲了他们的生命,使我们每个活着的人想起他们就心里难过,难道我们还有什么个人利益不能牺牲,还有什么错误

[1] 李忠杰、李明华主编:《中国共产党第七次全国代表大会档案文献选编》,中共党史出版社2015年版,第352页。

不能抛弃吗？"[1]这一段饱含感情的话语，是在回顾中国共产党奋斗历程的基础上，对所有共产党人提出的明确要求。中国共产党人尤其是党的高级领导们，正是靠着勇于直面错误、坚决改正错误的宽广胸怀和自我革命的勇气，推动形成了全党开展批评与自我批评的良好政治氛围，使党辨明了是非，统一了思想，达到了坚持真理、修正错误的目的。陈云对这一过程曾有过回忆："延安整风时期，毛泽东同志首先集中了几十个高级干部开了几个月的整风会议，大家面对面地指名道姓，进行批评和自我批评，认真总结建党以来的经验教训，以后就在所有干部中进行整风运动，在这个基础上写出《关于若干历史问题的决议》，在党的六届扩大的七中全会上通过了这个决议。以后就开党的七大，全党同志团结一致，取得了抗日战争和解放战争的胜利。"[2]

延安时期全党上下形成了坚持真理、修正错误的一派活泼气氛，为中国共产党思想上、政治上、理论上的成熟提供了强大的内生动力，推动实现了中国共产党在思想上、政治上、组织上的空前团结和统一。对这一时期党内良好风气及其重要意义，邓小平曾经给予极高的评价："我们回想一下，正是根据毛泽东同志的建党学说，才建立了这样一个好的党。从延安整风以后，无论前方后方的人，真是生气勃勃，生动活泼，心情舒畅，团结一致。毛泽东同志建立的这个党，既能够充分发扬民主，充分发挥下面遵守

---

[1]《毛泽东选集》第3卷，人民出版社1991年版，第1096—1097页。

[2]《陈云文选》第3卷，人民出版社1986年版，第239—240页。

纪律的自觉性，又能够在这样的基础上建立高度的集中。……没有这样的党的风气，我们能够战胜比我们强得多的敌人吗？我们能够在建国以后，取得一个又一个的胜利吗？"[1] 延安整风，通过一场全党普遍的马克思主义教育运动，从思想根源上反对了错误路线，树立了正确路线，在全党确立了实事求是的思想路线。实事求是思想路线在全党的确立，为形成马克思主义中国化时代化第一个理论成果——毛泽东思想奠定了基础，同时也是毛泽东思想活的灵魂与精髓。

三、确立毛泽东思想在全党的指导地位是坚持解放思想、实事求是思想路线的重大成果

从1938年六届六中全会上毛泽东提出"马克思主义中国化"的历史命题，到1945年党的第七次全国代表大会召开，以毛泽东同志为主要代表的中国共产党人以高度的理论自觉，解放思想、实事求是，切实推动马克思主义中国化，不断总结中国共产党运用马克思主义解决中国革命问题的经验并进行理论总结，产生和形成了中国革命的理论成果与理论体系。延安整风，推动全党特别是党的领导干部在分清路线是非的基础上，深刻认识到毛泽东始终是党内正确路线的代表，实现了在以毛泽东同志为核心的党中央领导下全党的新的团结和统一，确立了马列主义普遍原

---

[1]《邓小平文选》第2卷，人民出版社1994年版，第45页。

理同中国革命具体实践相结合的思想原则。党的七大，在正确认识毛泽东思想历史地位的基础上，确立了毛泽东思想在全党的指导地位，并将之写入党章。中国共产党在实事求是思想路线的指引下，开启了与时俱进推进理论创新并坚持用马克思主义及其中国化时代化创新理论武装全党的伟大征程。

（一）解放思想、实事求是极大地推动了马克思主义中国化时代化的第一次历史性飞跃

研究以毛泽东同志为主要代表的中国共产党人运用马克思主义基本原理指导中国革命的理论成果，研究毛泽东在这一理论体系创立当中的重大贡献和历史地位，既是解放思想、实事求是思想路线在全党确立的具体体现，也是推动马克思主义中国化时代化的重要成果。1941年3月开始，党内理论工作者张如心在自己发表的一系列文章中开始提出并使用"毛泽东同志的思想""毛泽东同志的理论和策略底体系"等等概念，认为毛泽东同志的著作、演讲最好地体现了"马克思主义中国化"，是"中国化的马克思列宁主义"。整风过程中，随着领导干部对党内历史问题研究的深入，越来越多的领导人开始认同并研究毛泽东的著作与理论。1941年底开始，张闻天大量阅读党的历史文件和毛泽东的著作，得出结论："毛泽东同志，不但是我党政治家、军事家，而且是理论家。"[1] 张闻天将自己对这一问题的认识进行了理论概括，在参与起草《党的若干历史问题决议》过程中，他加上了这样

[1]《张闻天年谱》下卷，中共党史出版社2000年版，第706页。

的内容："尤其值得我们骄傲的，是十年内战更使我党马列主义理论与中国的实际结合起来了。以毛泽东同志为代表的马列主义理论与中国实际统一的思想，在内战中有了极大的发展，给中国共产党指出了正确的方向。"[1]在全党整风阶段，刘少奇积极倡导党员干部学习毛泽东的著作与学说，认为是用以反对错误路线最好的思想武器。他指出："一切干部，一切党员，应该用心研究二十二年来中国党的历史经验，应该用心研究与学习毛泽东同志关于中国革命的及其他方面的学说，应该用毛泽东同志的思想来武装自己，并以毛泽东同志的思想体系去清算党内的孟什维主义思想。"[2]这里，刘少奇要求全体党员"用毛泽东同志的思想来武装自己"。1943年7月，王稼祥不仅在文章中第一次明确使用了"毛泽东思想"这一概念，并对它进行了最早的理论概括，认为毛泽东思想就是：马克思列宁主义与中国革命运动实际经验相结合的结果，是创造的马克思主义，是马克思列宁主义在中国的发展，是引导中国民族解放和中国共产主义到胜利前途的保证。至此，毛泽东思想在党内已经开始达成共识并得到了高度认同。1945年召开的党的六届七中全会决定将这一共识体现在正在修订的党章中。刘少奇在关于修改党章的说明中明确指出："党章以毛泽东思想来贯串，这是一个前所未有的历史特点。"[3]《关于若干历史问题的决议》也高度评价毛泽东运用马克思列宁主义基本原理解决中国革命问题的杰出贡献，

[1]《张闻天年谱》下卷，中共党史出版社2000年版，第708页。

[2]《刘少奇选集》上卷，人民出版社1981年版，第300页。

[3]《刘少奇年谱》上卷，中央文献出版社1996年版，第463页。

肯定了确立毛泽东在全党领导地位的重大意义,为确立毛泽东思想在全党的指导地位奠定了基础。

(二)确立毛泽东思想为党的指导思想极大地促进了全党思想和行动的统一

1945年4月23日,党的第七次全国代表大会在延安杨家岭隆重开幕,755名与会党员代表着全国121万党员。刘少奇在5月14日、15日向大会作《关于修改党的章程的报告》,集中论述了中国共产党的特点、性质、指导思想、中国革命的特点、党的群众路线、党的民主集中制等一系列重大的理论问题,明确指出:"以马克思列宁主义的理论与中国革命的实践之统一的思想——毛泽东思想,作为我们党一切工作的指针。"在这篇报告中,刘少奇以党内理论工作者研究毛泽东思想形成的理论成果为基础,明确了毛泽东思想就是中国化的马克思主义:"毛泽东思想,就是马克思列宁主义的理论与中国革命的实践之统一的思想,就是中国的共产主义,中国的马克思主义。""毛泽东思想,就是马克思主义在目前时代的殖民地、半殖民地、半封建国家民族民主革命中的继续发展,就是马克思主义民族化的优秀典型。"[1]报告对毛泽东思想的主要内容进行了系统概括,即:"毛泽东同志关于现代世界情况及中国国情的分析,关于新民主主义的理论与政策,关于解放农民的理论与政策,关于革命统一战线的理论与政策,关于革命战争的理论与政策,关于革命根据地的理论与政策,关于

[1] 《刘少奇年谱》上卷,中央文献出版社1996年版,第463页。

建设新民主主义共和国的理论与政策，关于建设党的理论与政策，关于文化的理论与政策等。"[1] 这是中国共产党历史上首次对毛泽东思想进行的系统全面的总结。以上对于毛泽东思想的理论概括，得到了全党一致认可。党的七大通过的党章规定，"中国共产党，是以马克思列宁主义的理论与中国革命的实践之统一的思想——毛泽东思想，作为自己一切工作的指针"[2]。在党的历史上第一次以写入党章总纲的形式明确规定以毛泽东思想为全党的指导思想，这成为党的七大最为重大的历史贡献和突出特点，标志着中国共产党终于从思想上消除了教条主义等错误路线的阻碍，在实事求是思想路线正确指引下，确立了把马列主义普遍原理同中国革命具体实践相结合的思想原则。也标志着中国共产党人经过24年艰辛探索，经历了无数的艰难险阻，终于找到了把马克思主义与中国实际相结合的正确路径，实现了马克思主义中国化时代化的第一次历史性飞跃。

为什么要在党章中写入这一点？胡乔木曾经这样说："为什么要提毛泽东思想？有这个需要。如果中国共产党不提毛泽东思想，很难在全党形成思想上的统一。提毛泽东思想就是对着苏共的。共产国际尽管解散了，但是共产国际的影子、它对中国党的影响始终没有断。""毛泽东思想是中国人民自己的、中国共产党自己的革命道路的象征。通过这个，实现党的统一和团结。党内各方面的关系，党同群众之间的关

---

[1] 《刘少奇选集》上卷，人民出版社1981年版，第335页。

[2] 中央档案馆编：《中共中央文件选编》第15册，中共中央党校出版社1991年版，第115页。

系,都在毛泽东思想基础上确定下来。为什么40年代中国党能够在那么困难的条件下取得那么大的胜利?根本原因是党正确解决了这个问题。"[1]

2013年12月26日,习近平总书记在纪念毛泽东同志诞辰120周年座谈会上发表重要讲话,对毛泽东在中国革命中的巨大贡献进行了高度评价:"毛泽东同志创造性地解决了马克思列宁主义基本原理同中国实际相结合的一系列重大问题,深刻分析中国社会形态和阶级状况,经过不懈探索,弄清了中国革命的性质、对象、任务、动力,提出通过新民主主义革命走向社会主义的两步走战略,制定了新民主主义革命总路线,开辟了以农村包围城市、最后夺取全国胜利的革命道路。毛泽东同志创造性地解决了在中国这种特殊的社会历史条件下建设马克思主义政党的一系列重大问题,把党建设成为用科学理论和革命精神武装起来的、同人民群众有着血肉联系的、思想上政治上组织上完全巩固的马克思主义政党。毛泽东同志创造性地解决了缔造一个在党的绝对领导下的人民武装力量的一系列重大问题,建成一支具有一往无前精神、能压倒一切敌人而决不被敌人所屈服的新型人民军队。毛泽东同志创造性地解决了团结全民族最大多数人共同奋斗的革命统一战线的一系列重大问题,为党和人民事业凝聚了一支最广大的同盟军。毛泽东同志带领我们党创造性地提出和实施了一系列正确的战略策略,及时解决了中国革命进程中一道道极为复杂的难

---

[1] 胡乔木:《胡乔木回忆毛泽东》,人民出版社1994年版,第10、11页。

题，引导中国革命航船不断乘风破浪前进。"[1] 在这一重要讲话中，习近平总书记对毛泽东思想也进行了十分精彩的历史总结："以毛泽东同志为主要代表的中国共产党人，根据马克思列宁主义基本原理，形成了适合中国情况的科学指导思想，这就是毛泽东思想。毛泽东思想以独创性理论丰富和发展了马克思列宁主义。""毛泽东思想活的灵魂是贯穿其中的立场、观点、方法，它们有三个基本方面，这就是实事求是、群众路线、独立自主。新形势下，我们要坚持和运用好毛泽东思想活的灵魂，把我们的党建设好，把中国特色社会主义伟大事业继续推向前进。"[2] 他在2021年11月11日中国共产党第十九届中央委员会第六次全体会议通过的《中共中央关于党的百年奋斗重大成就和历史经验的决议》中指出："在革命斗争中，以毛泽东同志为主要代表的中国共产党人，把马克思列宁主义基本原理同中国具体实际相结合，对经过艰苦探索、付出巨大牺牲积累的一系列独创性经验作了理论概括，开辟了农村包围城市、武装夺取政权的正确革命道路，创立了毛泽东思想，为夺取新民主主义革命胜利指明了正确方向。"

四、新时代坚持解放思想、实事求是思想路线必须深刻把握新要求

历史的车轮滚滚向前，党的十八大以来，中国特

[1] 《习近平关于"不忘初心、牢记使命"重要论述选编》，中央文献出版社、党建读物出版社2019年版，第110—111页。

[2] 《习近平关于"不忘初心、牢记使命"重要论述选编》，中央文献出版社、党建读物出版社2019年版，第113、117页。

色社会主义进入新时代。坚持实事求是思想路线，用习近平新时代中国特色社会主义思想武装全党，既是中国共产党百年历程的经验总结，更是实现中华民族伟大复兴的根本要求。在新时代如何才能坚持解放思想、实事求是思想路线呢？

（一）坚持解放思想、实事求是思想路线面临的困难

毋庸讳言，我们党依靠解放思想、实事求是取得巨大成就的同时，也历经了解放思想、实事求是的艰辛。党的百年发展史表明，解放思想、实事求是是一个认识问题，也是一个实际问题；是一个作风问题，也是一个体制问题；是一个能力问题，也是一个品格修养问题。坚持解放思想、实事求是思想路线并不容易。

首先，坚持实事求是思想路线存在许多难点。一是改变习惯思维和惰性思维难。人的自然属性与社会属性长期存在，决定着人们的习惯惰性不同程度存在；工作生活条件的好坏，也影响着求真务实的深入程度。革命年代生活艰苦，党员干部充满昂扬锐气和蓬勃朝气，不辞辛苦地深入调研、经常调研和全面调研，以确保党的决策总体符合实际。但是和平建设年代随着工作、生活条件的改善，有的干部拈轻怕重，意志消退，不愿开展艰苦细致的调研工作和群众工作，导致一些决策偏离实际。有些干部的习惯惰性和享乐主义根深蒂固，有些已经成为思维方式，有些甚至成为一种生活方式。有的干部违背实事求是，既不是无知无力，也不是无德无能，而是习惯思维和惰性偷懒。二是防止骄傲自满、自以为是难。历史和实践都表明，才华是显性的，容易看见；德行是隐性的，不易察觉。一些党员干部才华突出、知识渊博，但是如果缺乏组织提醒或他人批评，不自觉"三省吾身"，不适当"自以为非"，就容易自以为是。尤其是急功近利、急于求成时，更容易偏离实事求是。取得成绩、

获得成功，可以增强自信，但过于自信，总以"权威"自居，就会被胜利冲昏头脑，被感性和感情冲昏头脑，听不进善意的意见和正确的建议，进而影响实事求是的坚持。三是处理经验与实践的关系难。经验是过去的实践，对当前的决策有启发推动作用。恰当运用自己的经验或者借鉴别人的经验，对工作有帮助，但过分依赖经验、过度扩展经验的适用范围，就容易犯经验主义错误。从本质规律层面讲，照搬照抄别人的经验和过去的经验，其实是对当前问题的实质把握不够。很多传统是前人的知识总结和经验总结，用好这些经验需要结合当代实践进行创造性转换，否则只靠经验不可能做到实事求是。四是把握全局与局部的关系难。了解事实是实事求是的基础，但把握局部的事实容易，把握整体的事实较难。同一个问题从不同角度看，有时感受差异较大。处于局部和下级的干部把握全国的事实和整体的事实，需要下一定的功夫。在处理全局与局部、上级与下级、个人与组织的关系中，身在局部的领导干部容易为局部所困。特别是在市场经济和利益多元化的格局中，领导干部依据本地区、本部门的实际情况进行决策，有时不自觉偏向自身利益，乃至出现本位主义，导致偏离实事求是。五是处理民主与集中的关系难。坚持实事求是，需要广泛征求意见，把握全面真实的信息，在集中指导下正确发扬民主；同时，面对各方面的实事、意见和建议，在民主基础上正确开展集中。但在现实中，有些干部作风专断，发扬民主不够。另一方面，也有的领导干部重视党内民主，但不善于正确地集中，而是过分强调民主，议而不决，陷入尾巴主义和大民主泥潭当中，导致正确集中不够，这也不是实事求是。六是把握集体领导与分工负责的关系难。集体领导是坚持实事求是的重要制度保障，也是党的突出组织优势。领导干部和领导班子之间，分管工作的职务习惯容易导致从自身的分工角度强调问题的重要性,或者无意中把工作分工看作"分家",还有的干部把分管领域当作自己的"一亩三分地"甚至自身的"领地",其他成员不能"越雷池半步"。因此,决策时层级多、角度多,不同意见也多,认识差异也大,把握"分工不分家""争论不争权"的关系也难。

其次,坚持实事求是思想路线需要克服许多阻碍因素。其一,封建思想残余短期内很难消除。中国历史悠久,积累了大量优秀传统文化,同时也存在一些糟粕,比如官本位思想、人情关系本位、面子文化、严格的等级制、家长制等等。"一人得道、鸡犬升天"和"一朝权在手,便把令来行"、"光宗耀祖"和"衣锦还乡"等封建思想意识导致部分干部入党动机不纯,这些思想意识一旦根植于脑海中,就会一门心思想当官,当了官后以"父母官"自居,以"家长"意志挤压大家意见,以个人意见凌驾于集体意见之上,以长官意志代替实事求是。其二,现实利益复杂关联。马克思说:人们为之奋斗的一切,都与利益有关。恩格斯也说:"思想"一旦离开"利益",就会使自己出丑。市场经济稳步发展的同时,社会阶层日益分化和利益多元化,导致一些党员干部把市场原则带到党内生活中来,甚至以等价交换原则取代党性原则,致使有些干部在涉及个人利益和家庭利益时弄虚作假、隐瞒不报,"揣着明白装糊涂",欺骗上级又欺骗群众;或者明知政策不符合本地实际、不符合群众利益,也不反对,不实事求是。其三,在干部选拔任用和考核管理上,某些领域存在重视对上负责而对人民负责不够的问题。当个别上级领导的要求与实际情况不太符合时,下级干部做到实事求是的难度较大。政绩考核过分强调GDP和经济业绩,也会助长弄虚作假。有些决策制度实体性规定多、程序性规则少,缺乏操作性。权力制约机制不完善，在权力过分集中的体制下，坚持实事求是非常难。监督机制不健全。一些部门重视上级监督，轻视同级监督，忽视群众监督。违反权力清单制度的惩处机制不健全，维护党员权利的程序性机制还有漏洞，导致监督"一把手"难，这些都妨碍着实事求是的贯彻落实。不良政治生态的影响。

（二）新时代坚持实事求是思想路线的新要求

党的十八大以来，中国特色社会主义进入新时代。新时代是承前启后、继往开来、在新的历史条件下继续夺取中国特色社会主义伟大胜利的时代，是决胜全面建成小康社会、进而全面建设社会主义现代化强国的时代，是全国各族人民团结奋斗、不断创造美好生活、逐步实现全体人民共同富裕的时代，是全体中华儿女勠力同心、奋力实现中华民族伟大复兴中国梦的时代，是我国不断为人类作出更大贡献的时代。新时代为克服一系列难点和阻碍、坚持实事求是思想路线提出了新的要求。

首先，必须深入实际和深刻认知国情，把握当前的阶段性特征和"新的历史特点的伟大斗争"。中国特色社会主义新时代是我国发展新的历史方位，深刻把握新时代新的历史特点，是开展伟大斗争、争取伟大胜利的前提。随着改革的深入，阶段性特征日益凸显：农业基础薄弱，农村发展滞后；人口老龄化问题凸显，高层次创新人才欠缺；工业大而不强；东部与西部、城镇与农村发展不平衡；与群众利益切实相关的医疗、教育、就业、住房、社会保障、食品药品安全等方面的矛盾仍然比较突出。许多斗争具有全新特点，比如战略资源与金融货币战争、周边国家的领土争端、国际市场和中国市场的争夺、国家网络安全、意识形态领域的"没有硝烟的战争"、反腐败斗争的艰巨复杂、反民族分裂主义的影响、党员群众思想多元化与诉求多样化等。这是我们新的历史起点,需要深入实际、全面把握。以习近平同志为核心的党中央面对以上问题,着力构建"四个全面"战略布局,开启改革新局面,发出改革最强音。现在改革已经进入深水区,进入了"啃硬骨头"、突破利益固化的阶段,情况非常复杂,任务非常艰巨。坚持实事求是,就必须从基本国情和"阶段性特征""新的历史特点的伟大斗争"出发,从群众的实际出发,对存在的问题心中有数,以无私无畏的气魄和宽广的气度推进改革。发达地区和落后地区都要解放思想、实事求是,不能搞一刀切。在制定改革战略、规划和政策时想群众之所想,急群众之所急,使政策接地气、暖人心。

党的二十大站在新的历史起点上,擘画了为全面建设社会主义现代化国家、全面推进中华民族伟大复兴而团结奋斗的宏伟蓝图,吹响了以中国式现代化全面推进中华民族伟大复兴的新号角。新的征程上,在充分肯定党和国家事业取得举世瞩目成就的同时,必须清醒地看到,"我们的工作还存在一些不足,面临不少困难和问题。主要有:发展不平衡不充分问题仍然突出,推进高质量发展还有许多卡点瓶颈,科技创新能力还不强;确保粮食、能源、产业链供应链可靠安全和防范金融风险还须解决许多重大问题;重点领域改革还有不少硬骨头要啃;意识形态领域存在不少挑战;城乡区域发展和收入分配差距仍然较大;群众在就业、教育、医疗、托育、养老、住房等方面面临不少难题;生态环境保护任务依然艰巨;一些党员、干部缺乏担当精神,斗争本领不强,实干精神不足,形式主义、官僚主义现象仍然突出;铲除腐败滋生土壤任务依然艰巨;等等"。对于这些问题,我们已经采取一系列措施加以解决,今后必须加大工作力度。要应对百年未有之大变局,解决前进道路上面临的各种困难和问题，需要我们不断解放思想、实事求是，坚持守正创新，大兴求真务实之风。

其次，必须勇于自我革命，为人民利益坚持真理、修正错误。《中共中央关于党的百年奋斗重大成就和历史经验的决议》中指出："勇于自我革命是中国共产党区别于其他政党的显著标志。自我革命精神是党永葆青春活力的强大支撑。先进的马克思主义政党不是天生的，而是在不断自我革命中淬炼而成的。党历经百年沧桑更加充满活力，其奥秘就在于始终坚持真理、修正错误。党的伟大不在于不犯错误，而在于从不讳疾忌医，积极开展批评和自我批评，敢于直面问题，勇于自我革命。只要我们不断清除一切损害党的先进性和纯洁性的因素，不断清除一切侵蚀党的健康肌体的病毒，就一定能够确保党不变质、不变色、不变味，确保党在新时代坚持和发展中国特色社会主义的历史进程中始终成为坚强领导核心。"共产党人是人不是神，在探索人民幸福、民族复兴道路时可能会走弯路，甚至做错事。在改造世界的活动中，所制定的计划、方针、政策有时会出现与群众的实际不符合、相脱节的情况，这时更需要发扬共产党人"坚持真理、修正错误"的宝贵品质。中国共产党人在革命时期犯过错误，这些错误与失败成了成功之母，其关键在于勇于自我革命，坚持真理、修正错误，为人民利益坚持对的、改正错的。今天，建设中国特色社会主义现代化强国更需要坚持实事求是这个法宝。正如习近平总书记2020年1月在主持"不忘初心、牢记使命"主题教育总结大会上所指出的："强大的政党是在自我革命中锻造出来的。回顾党的历史，我们党总是在推动社会革命的同时，勇于推动自我革命，始终坚持真理、修正错误，敢于正视问题、克服缺点，勇于刮骨疗毒、去腐生肌。正因为我们党始终坚持这样做，才能够在危难之际绝处逢生、失误之后拨乱反正，成为永远打不倒、压不垮的马克思主义政党。"

再次，必须完善保障解放思想、实事求是的体制机制，推进国家治理体系现代化。推进国家治理体系现代化，需要继续解放思想，坚持实事求是，既汲取中国传统文化的精华，又以中国化时代化的马克思主义为指导，破除中国传统文化中的封建落后思想和群众中的各种陋习。党员干部信马列，不信鬼神，不搞封建陋习。相反，要与官本位思想、人情关系本位、面子文化、家长制、专制专断思想、各种等级特权意识作斗争。在日常工作和生活中，自觉践行社会主义核心价值观，让富强、民主、文明、和谐，自由、平等、公正、法治，爱国、敬业、诚信、友善等价值理念内化于心，内化为工作理念和生活方式，从而促进国家治理模式从传统向现代转变。

民主与法治是国家治理体系现代化的重要内容，也是保障解放思想、实事求是的体制条件。一方面，要"发展全过程人民民主，保障人民当家作主"。坚定不移走中国特色社会主义政治发展道路，坚持党的领导、人民当家作主、依法治国有机统一，坚持人民主体地位，充分体现人民意志，保障人民权益，激发人民创造活力。保证人民依法实行民主选举、民主协商、民主决策、民主管理、民主监督，发挥人民群众积极性、主动性、创造性。另一方面，要"坚持全面依法治国，推进法治中国建设"。坚持走中国特色社会主义法治道路，建设中国特色社会主义法治体系、法治国家，围绕保障和促进社会公平正义，坚持依法治国、依法执政、依法行政共同推进，坚持法治国家、法治政府、法治社会一体建设，全面推进科学立法、严格执法、公正司法、全民守法，全面推进国家各方面工作法治化。通过发扬民主，自觉接受人民监督，形成解放思想、实事求是的良好氛围。通过法治化建设，让讲真话、干实事的人得到法律的保护，使追求民主、自由、平等成为一种风尚，维护公平与尊严，不断推动社会进步。

推进党的建设制度改革，是保障实事求是决策、风清气正干事的制度保证。以权谋私、滥用职权是实事求是的拦路虎，必须全面从严治党，坚决落实"八项规定"，持续反对"四风"，将权力关进制度的笼子，保证国家治理体系现代化的稳步推进以及党和国家事业的阔步发展。在加强权力制约的同时，还要加快权力监督的步伐，全面制定、公布和实施权力负面清单，让权力在阳光下运行。信息化条件下尤其要善于利用互联网思维，开展网络问政、网络监督，加强党内监督，扩大社会监督。民主党派监督、舆论监督、群众监督是发现错误、修正错误的良好渠道。科学利用网络平台，让任何脱离实际、不实事求是的假话、空话和违反群众利益的行为处于社会监督之下，及时曝光，使其现出原形，从而为坚持实事求是提供良好的生态环境。

最后，始终不渝地坚持用马克思主义中国化的最新理论成果武装头脑、指导实践、推动工作。党的二十大报告指出："我们从事的是前无古人的伟大事业，守正才能不迷失方向、不犯颠覆性错误，创新才能把握时代、引领时代。我们要以科学的态度对待科学、以真理的精神追求真理，坚持马克思主义基本原理不动摇，坚持党的全面领导不动摇，坚持中国特色社会主义不动摇，紧跟时代步伐，顺应实践发展，以满腔热忱对待一切新生事物，不断拓展认识的广度和深度，敢于说前人没有说过的话，敢于干前人没有干过的事情，以新的理论指导新的实践。"解放思想、实事求是的本质是为寻求真理和发展真理开辟道路，根据新的实践推进理论创新。坚持实事求是，就要从中国实际出发，洞察时代大势，把握历史主动，不断推进马克思主义中国化时代化，始终不渝地坚持用马克思主义中国化创新理论武装全党，指导中国人民不断推进伟大社会革命。党的十八大以来，中国特色社会主义进入新时代，以习近平同志为主要代表的中国共产党人，坚持把马克思主义基本原理同中国具体实际相结合、同中华优秀传统文化相结合，从新的实际出发，创立了习近平新时代中国特色社会主义思想。习近平是新时代中国特色社会主义思想的主要创立者，创造性地回答了新时代坚持和发展什么样的中国特色社会主义、怎样坚持和发展中国特色社会主义，建设什么样的社会主义现代化强国、怎样建设社会主义现代化强国，建设什么样的长期执政的马克思主义政党、怎样建设长期执政的马克思主义政党等重大时代课题，提出了一系列原创性的治国理政新理念新思想新战略。习近平新时代中国特色社会主义思想是当代中国马克思主义、21世纪马克思主义，是中华文化和中国精神的时代精华，实现了马克思主义中国化时代化新的飞跃。2021年11月8日至11日，党的十九届六中全会在北京召开，会议确立习近平同志党中央的核心、全党的核心地位，确立习近平新时代中国特色社会主义思想的指导地位，反映了全党全军全国各族人民的共同心愿，对推进中华民族伟大复兴历史进程具有决定性意义。

习近平总书记指出："实事求是，是马克思主义的根本观点，是中国共产党人认识世界、改造世界的根本要求，是我们党的基本思想方法、工作方法、领导方法。不论过去、现在和将来，我们都要坚持一切从实际出发，理论联系实际，在实践中检验真理和发展真理。"[1] 回顾百年奋斗历程，中国共产党之所以能领导人民在一次次求索、一次次挫折、一次次开拓中完成中国其他各种政治力量不可能完成的艰巨任务，根本在于坚持解放思想、实事求是、与时俱进、求真务实，坚持把马克思主义基本原理同中国具体实际相结合，不断推进马克思主义中国化时代化。在新时代，面对各种困难风险，迫切需要我们以巨大的政治勇气、理论勇气和担当精神在总结经验的基础上，深入学习贯彻习近平新时代中国特色社会主义思想，用习近平新时代中国特色社会主义思想武装全党，坚持全面从严治党，坚决拥护"两个确立"，增强"四个意识"，坚定"四个自信"，做到"两个维护"，不断解放思想、实事求是，为全面建设社会主义现代化国家、全面推进中华民族伟大复兴而不懈奋斗。

[1]《习近平关于"不忘初心、牢记使命"重要论述选编》，中央文献出版社、党建读物出版社2019年版，第117页。

第四章 始终牢记党的根本宗旨,把人民利益放在至高无上的地位

全心全意为人民服务是延安精神的本质体现,也是中国共产党人的根本价值追求。2022年10月27日,习近平总书记在瞻仰延安革命纪念地时的重要讲话中强调,延安时期,党提出全心全意为人民服务的根本宗旨并写入党章,强调共产党"这个队伍完全是为着解放人民的,是彻底地为人民的利益工作的",要求党的干部"把屁股端端地坐在老百姓的这一面",形成了"只见公仆不见官"的生动局面。弘扬全心全意为人民服务精神,牢记全心全意为人民服务根本宗旨,重在牢固树立正确对待人民群众的观点与情感,始终保持密切联系群众的好作风,着力提高做好群众工作的能力与本领。

一、全心全意为人民服务是中国共产党人的根本价值追求

价值取向是基于某种价值观所形成的观念形态或行动选择,它具有评价事物、唤起态度、指引和调节行为的定向功能。中国共产党人以全心全意为人民服务为党的根本宗旨,用为人民服务来检验、评判、调节党员的思想与实践,培育了以全心全意为人民服务为基本特征和规范的延安精神,形成了为人民服务的根本价值取向。习近平总书记 2015 年在陕西考察时曾讲:"全心全意为人民服务是党的根本宗旨。延安时期,毛泽东同志在追悼张思德同志时发表的《为人民服务》的演讲,深刻揭示了党群关系、干群关系、军民关系的真谛。今天,在党长期执政的条件下,保持党同人民群众的血肉联系是党的建设必须解决好的重大课题。"[1] 解决这一重大课题,坚持全面从严治党,核心在于坚持为人民服务的根本价值取向。

(一)坚持为人民服务价值取向,需要不断强化宗旨意识,增强为人民服务的理论自觉

党的宗旨是一个政党存在的根本目的和意图。"为什么人的问题,是一个根本的问题,原则的问题。"[2] 在价值观中,"为什么人的问题"就是确立价值体系的主体和标准问题,也就是说,为什么人就要以什么

---

[1] 习近平:《在陕西省考察工作结束时的讲话》,《陕办通报》2015 年第 11 期。

[2] 《毛泽东选集》第 3 卷,人民出版社 1991 年版,第 857 页。

人为评价主体，以符合他们的意愿为主观评价的依据和标准。党员干部只有强化宗旨意识、确立"主人意识"与"服务意识"，把人民作为服务的对象和评判是非的标准，才不会在价值选择上迷失方向。习近平指出："我们看到，那些陷入腐败泥潭中的干部，那些大搞劳民伤财的形象工程和政绩工程的人，那些欺压百姓、草菅人命的人，最根本的原因是宗旨问题没有解决好。"[1]

从思想渊源看，党的宗旨是凝聚了马克思主义世界观、历史观和人生观的精神实质的价值取向。马克思主义所创立的是一套以无产阶级和人民大众为主体、以在全世界实现社会主义共产主义为理想目标的全新价值观。这一价值观的科学基础，在于以先进的世界观方法论揭示了社会发展的规律和历史趋势；而这一价值观所特有的价值取向，它所包含的全部信念、信仰和理想的出发点和落脚点，则是自觉无条件地站在历史的主人——无产阶级和人民大众的立场上，去争取实现人类自身的彻底解放和美好前途。正如马克思在《法兰西内战》中所说的"为组织在公社里的人民服务"、列宁在《党的组织和党的出版社》中提出的"不是为饱食终日的贵妇人服务，不是为百无聊赖、胖得发愁的'一万个上层分子'服务，而是为千千万万劳动人民，为这些国家的精华、国家的力量、国家的未来服务"那样，这是一种达到了与科学历史观相统一的革命价值观。

[1] 习近平：《在陕西省考察工作结束时的讲话》，《陕办通报》2015第11期。

从历史传统看，中国共产党自成立那天起，就为人民的解放和幸福不懈奋斗。延安时期，以毛泽东同志为主要代表的中国共产党人，对"为人民服务"思想进行了系统探索。1939年2月20日晚，毛泽东在致张闻天的信中第一次明确提出"为人民服务"概念。1942年5月，毛泽东在《在延安文艺座谈会上的讲话》一文中详细论述了文艺要为人民服务的思想。特别是1944年9月8日，"毛泽东在追悼张思德同志时发表的《为人民服务》演讲，深刻揭示了党群关系、干群关系、军民关系的真谛"[1]。1944年12月，毛泽东在《一九四五年的任务》中进一步阐释为人民服务的内涵："我们一切工作干部，不论职务高低，都是人民的勤务员，我们所做的一切，都是为人民服务。"[2]在1945年党的七大上，"全心全意为人民服务"被正式确定为党的根本宗旨并写入七大党章。一百年来，在长期艰苦卓绝的革命斗争中，为人民服务的价值观以其强大的逻辑力量和高尚的人类情感动员鼓舞了亿万人民，中华民族无数忠诚的儿女聚集在党的旗帜下，坚贞不渝地奉行这一根本价值观，成为推动历史前进的精神源泉。

从时代使命看，坚持为人民服务宗旨，是我们党从根本上找准社会定位的客观需要。《中国共产党章程》规定："中国共产党是中国工人阶级的先锋队，同时是中国人民和中华民族的先锋队，是中国特色社会主义事业的领导核心，代表中国先进生

---

[1] 习近平：《在陕西省考察工作结束时的讲话》，《陕办通报》2015年第11期。

[2] 《毛泽东文集》第3卷，人民出版社1996年版，第243页。

产力的发展要求,代表中国先进文化的前进方向,代表中国最广大人民的根本利益。"作为执政党,承担中国经济、政治、文化、社会、生态文明建设全面发展的重任,党要团结带领人民全面实现社会主义现代化、推进中华民族伟大复兴,责任极其重大。但是,在艰巨的任务面前,党又面临"四大"考验和"四大"危险。在这些新的考验面前,一些党员干部的价值观发生偏移,宗旨意识淡化,与人民群众的关系淡薄。在这种形势下,强调全心全意为人民服务的根本宗旨,既有从根本上明确我们党在国家和民族发展进程中正确定位的理论需要,也有极强的现实针对性。

党的十八大以来,习近平总书记用中国梦概括奋斗目标,中国梦"归根到底是人民的梦","体现了中华民族和中国人民的整体利益,是每一个中华儿女的共同期盼"。这就把党的宗旨具体化了,把党的历史使命和人民的愿望、理想紧密地结合在了一起。正如习近平总书记在河北省阜平县考察扶贫开发工作时所讲:"我们讲宗旨,讲了很多话,但说到底还是为人民服务这句话。我们党就是为人民服务的。中央的考虑,是要为人民做事。各级干部也不能眼睛总是向上。任何事情都要向上看看,向下看看。"[1]因此,中央要求全体共产党员切实牢记"为民、务实、清廉"的总要求,严以修身、严以用权、严以律己,谋事要实、创业要实、做人要实,以严的标准、实的精神去践行党的宗旨。

[1] 中共中央文献研究室编:《论群众路线——重要论述摘编》,中央文献出版社、党建读物出版社2013年版,第128页。

（二）坚持为人民服务价值取向，需要强化榜样意识，不断增强为人民服务的行动自觉

榜样的力量是无穷的。中国共产党及其领导下的一切力量是彻底为人民利益工作的。在革命、建设及改革时期，这支为人民服务的队伍中，涌现出一批批为人民服务的模范，他们全心全意为人民服务的光辉事迹，成为教育广大党员干部的榜样，是我们行动的楷模。经常学习这些榜样，心中会增添无穷的力量，也能不断增强为人民服务的行动自觉。

革命战争年代，特别是延安时期，正值抗日战争最为艰难困苦的阶段，有许多难以想象的困难需要克服。来自五湖四海的同志，能不能为了一个目标，高度地团结起来，团结带领更多的群众，这是应对困难的核心与关键。而群众能不能团结在党的周围，关键在党员能否明白自己是为人民服务的一员。根据这一形势，毛泽东结合身边的英雄人物，向全党讲述为人民服务的道理，号召大家学习张思德同志完全彻底为人民服务的精神，团结起来打败日本侵略者，为全党树立起一个为人民服务的楷模。

张思德出生在四川省仪陇县一个穷苦农民家庭。1933年12月参加红军，不久加入共青团。1937年10月，加入中国共产党。在一次反六路围攻的战斗中，他在右腿先后两次负伤的情况下，仍强忍剧痛冲入敌阵，缴获了敌人两挺机枪。在长征途中，他历尽千辛万苦，曾两度经过人迹罕至的雪山、草地。1944年9月5日，他带领战士们在陕北安塞县执行烧炭任务时，即将挖成的炭窑突然塌方，他奋力把战友推出洞去，自己却被埋在炭窑中壮烈牺牲，年仅29岁。

张思德的事迹平凡，但其全心全意为人民服务的精神崇高而伟

大。张思德精神就是为人民利益勇于牺牲的精神。长征途中，为了战胜饥饿，走出草地，完成北上抗日的任务，组织发出了"尝百草"的号召。在茫茫的草地上，野草遍地，毒草丛生。要尝出一种能吃的野草是很不容易的，往往要付出很大的代价，轻者中毒，重者可能死亡。那时候，张思德在"尝百草"的活动中，总是抢在前头。见到一种草，他总是首先尝一尝，找到一种能吃的草，马上去告诉兄弟单位，有一次中毒差点牺牲，醒过来后第一句话却是："不要管我，快去告诉其他同志。"

张思德精神就是为人民利益任劳任怨的精神。1940年春天，张思德被分配到中央军委警卫营，担任通讯班班长。当时条件很差，没有交通工具，甚至连雨衣都没有。有一次送信，从延安北桥儿沟到南泥湾有90多里路。张思德一路攀山、爬坡、走小道，没走多远，脚上的草鞋就磨飞了。山上满是石头、荆棘，脚趾被石头碰破，脚面也被荆棘划出几条血口子。他向周围看看，跑到一棵老桦树下，剥下几层树皮，叠在一起，又在山坡上找了一些马莲草，搓成绳子，把桦树皮串起来，绑在两只脚上。就这样，张思德穿着"桦皮鞋"出色地完成了任务。

张思德精神就是为人民利益艰苦奋斗的精神。延安时期，因为粮食不足，战士们饭都吃不饱。通讯班的战士都是些年轻人，再加上经常外出送信走远路，饭量都比较大。为了让大家多吃一些，每次吃饭时，张思德吃到一半就不声不响撂下饭碗，提起水桶去打水，实际上他是让别人多吃一些。一次、两次，同志们没有注意，时间一长，张思德的这个秘密就被大家发现了。一个星期天，张思德跑出去几十里地，从一个水坑里捞来一些小鱼。没有油，他就把这些鱼洗净晒干，用火烤好，让大家会顿餐。当大家吃得正香的时候，他又要去打开水。可是，这回水桶让副班长先拿走了。张思德只好转身回来，却发现自己碗里不知道谁给放了几个黑面馍馍。他明白了，这是同志们想让他多吃一些。他故意细嚼慢咽，好半天才吃了半个馍馍，剩下的放回盆里，刚要走开，被战士小韩一把拉住了。小韩激动地说："班长，你别再瞒着我们了。我们都知道了。"张思德说："我吃饱了。"小韩把张思德拽回来，把那几个馍馍硬塞给了张思德。小韩说："班长，咱们有福同享，有苦同当，你不要一个人饿着肚子，省下让我们吃。"张思德看实在不能推开了，就把几个馍馍掰成12份，分给全班战士每人一份，才算平息了这场"风波"。

榜样就是旗帜，榜样就是方向。沿着张思德走过的路，人民军队中一路走来了董存瑞、黄继光、邱少云、雷锋、苏宁、李向群、杨业功、林俊德、张超等一个个为人民不惜牺牲一切的英雄。2018年9月，中央军委政治工作部统一印制张思德等10位英模画像，并下发至全军连级以上单位，让旗帜永远飘扬、榜样永放光芒。

社会主义建设和改革时期，特别是当中国经历了"大跃进"和三年困难时期，国家实行"调整、巩固、充实、提高"方针后，国民经济进入复苏期。新华社穆青、冯健等同志到河南寻找新闻素材，得知豫东兰考县有一位活活累死、深受群众爱戴的县委书记焦裕禄，实地采访后被干部群众讲述的一个个故事深深震撼：

"那晚下大雪，我看见焦书记房间里灯光亮了一夜。大清早他挨门把我们干部叫醒，干啥？他说快去看看老百姓，在这大雪封门的时候，共产党员应该出现在群众面前！这一天焦书记硬是忍着病痛，在没膝的雪地里转了9个村子。"

"焦书记家里也困难，没条像样的被子，烂得不行了翻过来盖。我们县补助他3斤棉花票，他就是不要，说群众比他更困难。"

"他后来被查出肝癌，人都不行了，还在病床上念叨：张庄的沙丘，赵垛楼的庄稼，老韩陵的泡桐树。临死前还要我们去拿把盐碱地的麦穗给他看一眼。"

"焦书记得病的消息传开后，四乡八村的老百姓涌到县委，都来问焦书记住在哪家医院，非要到病房里去看他。后来焦书记的遗体运回兰考，老百姓扑在他的墓上，手抠进坟头的黄土里，哭天哭地地喊：回来呀回来。"

亲眼看了焦裕禄带领群众挖成的沟渠、封闭的沙丘，穆青对冯健说，焦裕禄就是新一代共产党员的典型！我们一定要把他的事迹原原本本写出来，让人们看看咱们共产党的干部是怎么舍生忘死为人民群众服务的！文章写成后，随着电波与一张张报纸，一个共产党员的光辉榜样深入人心。

2009年4月1日，时任中共中央政治局常委、中央书记处书记、国家副主席习近平到兰考考察，与焦裕禄子女亲属座谈时动情地回忆说："焦裕禄精神不仅影响着你们，而且影响了几代人。1966年2月6日，《人民日报》刊登了穆青等同志的长篇通讯《县委书记的榜样——焦裕禄》，我当时正上初一，政治课张老师念了这篇通讯，我们当时几次都泣不成声，特别是讲到焦裕禄同志肝癌后期坚持工作，拿个棍子顶着肝部，藤椅右边被顶出了一个大窟窿时，我深感震撼。焦裕禄精神对我影响很大。我任福州市委书记时，在焦裕禄同志纪念日，我感慨万千，就填了一首词，有感于纪念焦裕禄，当时《福州晚报》登过。焦裕禄同志是一个很高很高的标杆，虽不可及，但我们要见贤思齐。"[1]

习近平感慨地说："直到生命的最后一刻，焦裕禄始终保持人民公仆的本色，想的仍然是人民群众的幸福安康，充分体现了共产党人立党为公、执政为民的崇高风范。焦裕禄同志用自己的实际行动，塑造了一个优秀共产党员和优秀县委书记的光辉形象，铸就了亲民爱民、艰苦奋斗、科学求实、迎难而上、无私奉献的焦裕禄精神。焦裕禄同志离开我们45年了，但他的崇高精神跨越时空、历久弥新，无论过去、现在还是将来，都永远是亿万人民心中的一座永不磨灭的丰碑，永远是鼓舞我们艰苦奋斗、执政为民的强大思想动力，永远定格在历史上，永远不会过时。"[2]

习近平认为，焦裕禄精神影响了几代人，很多东西存在的时间是短暂的，但就是这短暂的一刻化为了永恒。他说，后来无论是上山下乡、上大学和参军入伍，还是当县委书记、市委书记，一直有焦裕禄的影子伴随。见贤思齐，总是把焦裕禄作为一个榜样，对照自己。1990年7月15日，时任中共福州市委书记的习近平作词一首，表达对焦裕禄的追思之情，也生动再现了他时时以焦裕禄为榜样的不懈追求：

魂飞万里，盼归来，此水此山此地。百姓谁不爱好官？把泪焦桐成雨。生也沙丘，死也沙丘，父老生死系。暮雪朝霜，毋改英雄意气！

依然月明如昔，思君夜夜，肝胆长如洗。

---

[1]《河南日报》2009年4月7日。

[2]《河南日报》2009年4月7日。

路漫漫其修远矣，两袖清风来去。为官一任，造福一方，遂了平生意。绿我涓滴，会它千顷澄碧。[1]

群众路线教育实践期间，习近平总书记考察兰考时要求："学习弘扬焦裕禄精神，要重点学习弘扬焦裕禄的公仆情怀、求实作风、奋斗精神和道德情操。要见贤思齐，组织党员、干部把焦裕禄精神作为一面镜子来好好照一照自己，努力做焦裕禄式的好党员、好干部。"这一要求，再次为全党树立起焦裕禄这一光辉榜样，引领无数党员全心全意为人民服务，争做合格共产党员。

2015年1月12日上午，习近平总书记在北京主持召开座谈会，同中央党校第一期县委书记研修班学员进行座谈并发表重要讲话。他强调，县级政权所承担的责任越来越大，尤其是在全面建成小康社会、全面深化改革、全面依法治国、全面从严治党进程中起着重要作用。焦裕禄同志以自己的实际行动塑造了一个优秀共产党员和优秀县委书记的光辉形象。做县委书记就要做焦裕禄式的县委书记，始终做到心中有党、心中有民、心中有责、心中有戒。"四有"要求的提出虽然主要是针对县委书记，但"四有"要求已经成为全党如何模范践行为人民服务宗旨的具体方向标。

1
《福州晚报》1990年7月16日。

二、牢记全心全意为人民服务根本宗旨，重在牢固树立正确对待人民群众的观点与情感

中国共产党是为人民谋利益的政党，除了人民的利益，别无特殊利益，最广大人民群众的最大利益就是广大党员的最高行动准则。因此，"共产党人的一切言行，必须以合乎最广大人民群众的最大利益，为最广大人民群众所拥护为最高标准"[1]。在实践中，共产党人能不能坚持把人民利益放在第一位，能不能坚持一切向人民负责，关键在于对人民群众是否有真感情。要建立起对群众的无限真情，就要时刻把群众放在心上，处处替群众打算，切实做到心中有民、先公后私、甘为公仆。

（一）牢记全心全意为人民服务根本宗旨，需要坚持把人民利益放在第一位，不断增强对人民的真感情

做到心中有民，就要常怀赤子之心、具有爱民情怀。面对人民群众，党员干部必须心系群众、造福人民，处理好个人与人民的关系，对个人的权力、地位、名誉要想得透、看得淡，对人民群众最关心、最直接、最现实的利益问题要看得重、解决好，惦记群众的冷暖安危，牢记人民的期盼，坚决摒弃极端利己主义的

---

[1] 《毛泽东选集》第3卷，人民出版社1991年版，第1096页。

错误思想。延安时期,刘少奇曾在《论共产党员的修养》一文中批评,一些人"常把个人利益摆在前面,而把党的利益摆在后面;或者他对于个人总是患得患失,计较个人的利益;……讲到待遇、享受和其他个人生活问题,他总企图要超过别人,和待遇最高的人比较,'孜孜以求之',并且以此夸耀于人。但是,讲到工作,他就要和不如他的人比较。有吃苦的事,他设法避开。在危难的时候,他企图逃走。勤务员要多,房子要住好的,风头他要出,党的荣誉他要享受。一切好的事情他都企图霸占,但是,一切'倒霉'的事情,总想是没有他"[1]。

对于那些心中没有人民,唯独只有他自己的党员,就要旗帜鲜明地反对,延安时期开除刘力功党籍案就是典型一例。刘力功是一位奔赴延安的进步青年知识分子,1938年加入中国共产党,先后在抗大和延安党校训练班学习。毕业时,他从个人利益出发,拒绝去基层锻炼,坚持要进马列学院学习或回籍工作,甚至威胁组织如不能遂愿便要退党。陈云代表党组织先后七次找其谈话,说明党员服从工作需要和组织安排的重要性,并给其时间促其觉悟。然而,组织的再三教育并没有引起刘力功的重视,他反而提出一定要到八路军总司令部工作,否则,拒绝执行党的决议。最后,党组织作出开除刘力功党籍的决定,陈云在《解放》上撰文阐明为什么要开除刘力功党籍,随后在延安机关学校中展开大讨论,使广大党员深刻认识到那种一

[1] 《刘少奇选集》上卷,人民出版社1981年版,第139页。

切从个人利益出发,对人民群众漠不关心,只要组织照顾、不要组织纪律等现象,在党内是绝对不容许的。

做到先公后私,就要公私分明、克己奉公,这是中国共产党自律为民的基本道德准则。坚持这一准则,就要自上而下地以身作则、率先垂范,一切以人民的利益为出发点,正如毛泽东在《论联合政府》报告中所讲的:"全心全意地为人民服务,一刻也不脱离群众;一切从人民的利益出发,而不是从个人或小集团的利益出发;向人民负责和向党的领导机关负责的一致性;这些就是我们的出发点。"[1] 延安时期,党的领袖是这样说的,也是这样做的,他们专为劳苦民众做事、先公后私、克己奉公、舍小家为大家的榜样力量,透过两封书信便可见一斑。

1937年11月27日,毛泽东在给家人的复信中婉拒了表兄文运昌欲赴延安谋一份工作的请求,他一再申明:"我们的党专为国家民族劳苦民众做事,牺牲个人私利,故人人平等,并无薪水。……我为全社会出一些力,是把我十分敬爱的外家及我家乡一切穷苦人包括在内的,……但我只能用这种方法帮助你们,大概你们也是已经了解了的。"[2] 也是1937年冬,中国共产党的另一位领袖朱德也给亲友写了一封信。当时,朱德从老乡处得知家乡仪陇正逢旱灾,家中两位80岁的老母亲缺衣少食,难以越冬。身为八路军总司令,朱德"夜夜杀倭贼",竟"疏忽""忘记"了那个家,此刻想要接济母亲,奈何身无分文。于是,他

[1] 《毛泽东选集》第3卷,人民出版社1991年版,第1094—1095页。

[2] 《毛泽东书信选集》,人民出版社1983年版,第114—115页。

给自己儿时的好友、同学戴与龄写了一封信,其中写道:"我十数年实无一钱,即将来亦如是。我以好友关系向你募贰佰元中币速寄家中朱理书收。此款我亦不能还你,请作捐助吧。"[1]两封书信,一拒一求,但都是为了先公后私、克己奉公,这就是共产党人一心为了人民群众的博大情怀。

（二）牢记全心全意为人民服务根本宗旨,需要坚持把人民利益放在首位,作出正确的人生抉择

坚持全心全意为人民服务,把人民利益放在第一位,关键在于要砌好信念的基石,在一系列利益取舍中选择理想与崇高,面对个人利益与集体利益、家庭利益与国家利益,时时作出自己无悔的选择。

在这方面,共产党人选择国家、选择人民,坚持把人民利益放在首位的光辉典范很多,朱德便是其中的突出代表之一,我们可以从他的几封家书中细细体察。

一别已十年,亲人可安好? 1937年9月5日,抗日民族统一战线形成、国内政治环境稍有好转之际,朱德在开赴抗日前线途中便迫不及待地给前妻陈玉珍写信探询:"我以革命工作累及家属,本属常事,但不知你们究受到何等程度,望你接信后将十年情况告我是荷。理书、尚书、宝书等在何处？我两母亲是否在人间？" 27日,他又去信详细询问:"我的母亲仍在南溪或回川北去了,川北的母亲现在还在否,川北家中情况如何？望调查告知。庄弟及理书、尚书、宝书、

[1] 中央文献研究室二部编:《朱德自述》,解放军文艺出版社2003年版,第204页。

许杨明等,现在还生存否,做什么事,在何处?"[1]

古人云:烽火连三月,家书抵万金。南溪来的家书,既抵万金,更胜万钧,像磐石一样压在朱德的心头:十年来家中遭遇破产、凋零、死亡、流亡、旱灾、兵灾,"尚书死去,云生转姓",甚至两位80岁的老母亲也缺衣少食、无以为继。情急之下,朱德一方面去信安排陈玉珍变卖书籍、家产接济母亲,一方面向老朋友戴与龄写信救援,募得200元帮助两位母亲度过荒年。

天下之本在国,国之本在家。但,匈奴未灭,何以家为?虽然有着万般不舍与无奈,但在家庭与革命之间,朱德仍无悔自己当初的选择。他在11月6日给陈玉珍的信中再次强调:"我决不能再顾家庭,家庭亦不能再累我革命。我虽老已五十二岁,身体尚健,为国为民族求生存,决心抛弃一切,一心杀敌。万望你们勿以护国军时代看我,亦不应以大革命时代看我。"[2]

"护国军时代"与"大革命时代",正是朱德投笔从戎、弃旧从新的艰难选择过程,他从一个副班长做到旅长、宪兵司令等,希望中国成为一个独立的国家,不再受帝国主义欺侮;一个统一的国家,团结得像一个人一样;一个民主的国家,人民不再受封建专制的摧残;一个进步的国家,有廉洁的政府;一个幸福的国家,逐渐走向富裕。然而,民国被窃,护国战争空有胜利之名,国家却并未走上光明一途,帝制被

---

[1] 中央文献研究室二部编:《朱德自述》,解放军文艺出版社2003年版,第199、200页。

[2] 中央文献研究室二部编:《朱德自述》,解放军文艺出版社2003年版,第201页。

复辟、护法成幌子，风云突变，军阀重开战，洒向人间都是怨。此间唯一可以慰藉朱德的，便是收入增加、家境改善，还清了家里供他读书所欠的债。但"烈士之爱国也如家"，"相争权利皆新法，竞窃功名胜昔时，余子称雄嗟分小，布衣高位惜官迟"的国情让他苦闷不堪："深海当年姓字标，茫茫大地愿难销"，继而"开始抽鸦片了"。后来，因反唐继尧斗争失利被迫出走，反倒成为他走向革命的转折，正如朱德自己后来回忆时说："借着唐继尧的毒手，将封建关系替我斩断。"[1]

在奔向新生的路上，朱德先是婉言谢绝了川军杨森以师长一职相许的热情挽留，又婉拒了孙中山先生给付军饷10万元要他回到已移驻广西的滇军中去组织军队到广东攻打陈炯明的请求，在上海闸北向中国共产党中央执行委员会委员长陈独秀提出入党的要求，却遭婉拒，陈的冷淡态度让朱德痛苦不堪——"我感到绝望、混乱。我的一只脚还站在旧秩序中，另一只脚却不能在新秩序中找到立足之地"，但他很快便振作起来，决心到欧洲寻求救国道路，因为"欧洲已经出现了新的社会力量，也许对我们更有好处"。[2]

远赴重洋之后，历时三年半，从法国到德国再到苏联，朱德如愿加入了中国共产党，人生旅途从此进入一个全新时段，对革命也有了新的认识："认识了历史发展的规律，结合其他的研究和经验，我就找到了了解中国历史——过去和现在——的一把

---

[1] 中央文献研究室编：《朱德传》上，中央文献出版社2016年版，第58页。

[2] 中央文献研究室二部编：《朱德自述》，解放军文艺出版社2003年版，第81、79页。

钥匙。"[1]在把握历史规律的基础上慎重作出的人生选择,怎么会轻易改变呢?即使到了1942年,在延安文艺座谈会上发言,朱德在批评一些人害怕转变思想与立场时,还特别举例说他自己就是看到共产党能够救中国而由旧军"投降共产党的"。这里的"投降",是一个人在强大真理感召下,在选择前进方向与道路时的一种完全彻底的自我觉醒与毅然抉择。

无情未必不豪杰。回头再看朱德11月6日家书中所说的"我决不能再顾家庭,家庭亦不能累我革命""抛弃一切,一心杀敌"等话语,这种选择的背后并不是说他薄情寡义,恰恰反映了朱德将生死置之度外、将革命事业摆在首位、舍小家为大家的家国情怀。他虽重情重义,但绝不会"儿女情长,风云气少"。因此,他有时也会发出"枉自梦魂萦弟妹,空教心事负庭闱"的感慨,但更多的是经常流露出一种"博得勋名万古垂,轰轰烈烈不逶迤"的豪情壮志和"尽灭全师收重镇,不叫胡马返秦关"的报国情怀。

"一寸丹心图报国,两行清泪为思亲。"从1909年离开后,朱德就再也没有回过一次家,思念家人、思念母亲的情感,往往难以自已:"去年收到侄儿的来信说:'祖母今年已有八十五岁,精神不如昨年之健康,饮食起居亦不如前,甚望见你一面,聊叙别后情景。'但我献身于民族抗战事业,竟未能报答母亲的希望。"母亲去世后,朱德哀伤不已地写道:"母

---

[1] 中央文献研究室编:《朱德传》上,中央文献出版社2016年版,第73页。

亲现在离我而去了，我将永不能再见她一面了，这个哀痛是无法补救的。……我用什么方法来报答母亲的深恩呢？我将继续尽忠于我们的民族和人民，尽忠于我们的民族和人民的希望——中国共产党，使和母亲同样生活着的人能够过快乐的生活。"[1]

"上德不德，是以有德。"重读朱德家书，我们在感慨于他"尽忠于我们的民族和人民的希望——中国共产党"这一无悔选择的同时，也找到了共产党人的道德标杆。

做到甘为公仆，就要不辞辛苦、为民谋利，自觉保持人民公仆的政治本色，努力维护人民的根本利益。党员干部在制定任何一项政策、开展任何一项工作时，都要充分考虑当家作主的人民群众是不是高兴、是不是赞成、是不是拥护、是不是答应，遵公仆之纪，尽公仆之责，办公仆之事，守公仆之德，在实际工作中讲实话、出实招、办实事、求实效，真正做到情为民所系、权为民所用、利为民所谋，切实发展好、实现好、维护好人民群众的根本利益。

延安时期，共产党人甘为民仆耻为官，时刻关注群众生产、群众利益、群众经济、群众情绪，自觉维护人民利益，自觉充当人民的工具，正如毛泽东1945年5月24日在《第七届中央委员会的选举方针》报告中所讲："群众是从实践中来选择他们的领导工具、他们的领导者。被选的人，如果自以为了不得，不是自觉地作工具，而以为'我是何等人物'！那就错了。

[1] 中央文献研究室二部编:《朱德自述》，解放军文艺出版社2003年版，第230页。

我们党要使人民胜利，就要当工具，自觉地当工具。"[1] 要当好服务人民的工具，"我们共产党员应该经风雨，见世面；这个风雨，就是群众斗争的大风雨，这个世面，就是群众斗争的大世面"[2]。

经风雨、见世面，"就是组织人民、领导人民、帮助人民发展生产，增加他们的物质福利，并在这个基础上一步一步地提高他们的政治觉悟与文化程度"，就是"不惜风霜劳苦，夜以继日，勤勤恳恳，切切实实地去研究人民中间的生活问题，生产问题，耕牛、农具、种子、肥料、水利、牧草、农贷、移民、开荒、改良农作法、妇女劳动、二流子劳动、按家计划、合作社、变工队、运输队、纺织业、畜牧业、盐业等等重要问题，并帮助人民具体地而不是讲空话地去解决这些问题"。[3]

三、牢记全心全意为人民服务根本宗旨，重在坚持党的群众路线，始终保持党同人民群众的血肉联系的好作风

群众路线是马克思主义关于人民创造历史的观点与中国革命实践相结合的产物，是中国共产党人的伟大创造和集体智慧的结晶。它贯穿于党的一切工作之中，是实施党的思想路线、政治路线、组织路线的根本工作路线。

---

[1]《毛泽东文集》第3卷，人民出版社1996年版，第373—374页。

[2]《毛泽东选集》第3卷，人民出版社1991年版，第933页。

[3]《毛泽东文集》第2卷，人民出版社1993年版，第467页。

（一）群众路线是党的传统优势

群众路线是争取千百万群众的支持、开展反帝反封建运动、领导新民主主义革命胜利的重要法宝。在践行群众路线的过程中，党形成了一系列经验：

1.在思想上牢固树立马克思主义的群众观点是坚持党的群众路线的基本前提

早在土地革命战争时期，毛泽东就说："真正的铜墙铁壁是什么？是群众，是千百万真心实意地拥护革命的群众。"[1] 毛泽东在《论持久战》中提出了"兵民是胜利之本"的思想，认为："战争的伟力之最深厚的根源，存在于民众之中。……军队须和民众打成一片，使军队在民众眼睛中看成是自己的军队，这个军队便无敌于天下。"[2] 1945年在延安召开的党的第七次全国代表大会制定了党的七大路线。毛泽东在党的七大闭幕词中说，贯彻大会的路线，首先要使先锋队觉悟，下定决心，不怕牺牲，排除万难，去争取胜利。但这还不够，"还必须使全国广大人民群众觉悟，甘心情愿和我们一起奋斗，去争取胜利。……我们也会感动上帝的。这个上帝不是别人，就是全中国的人民大众"。[3] 在相当长的一段时间内，我们党教育和号召千百万共产党员自觉地树立群众观点，自觉地执行群众路线，把为人民服务作为自己的最高宗旨，投身于为人民谋幸福的伟大斗争实践中去，为人民的利益奋斗、奉献、牺牲。

[1] 《毛泽东选集》第1卷，人民出版社1991年版，第139页。

[2] 《毛泽东选集》第2卷，人民出版社1991年版，第511—512页。

[3] 《毛泽东选集》第3卷，人民出版社1991年版，第1101—1102页。

2.既要重视科学真理的召唤,又要重视群众切身利益的满足,这是坚持群众路线的根本出发点

可以说,运用科学真理启发群众、提高他们的阶级觉悟,帮助他们认识自己解放自己的历史使命、克服物质贫乏的暂时困难,激发他们参与实际斗争的持久热情,是无产阶级政党组织和动员群众的最有效的手段。在这方面,中国共产党有突出的两个经验:一是理论的宣传。党在成立之初,便全力宣传普及马克思主义科学真理,通过组织产业工会,创建《劳动界》《劳动者》《工人周刊》等刊物,创办工人补习学校,成立工人俱乐部,向工人宣传马克思主义,举办农民运动讲习所,成立农民协会,培养农运骨干,启发农民的阶级觉悟,掀起工人运动、农民运动的一个又一个高潮。在夺取政权的民主革命时期,党坚持用马列主义普遍原理与中国革命具体实践相结合产生的伟大理论成果——毛泽东思想教育群众,使亿万群众面对敌人英勇抗争、浴血奋战、无怨无悔,取得了革命的彻底胜利。执掌政权后,党一刻也没有忘记用科学真理特别是发展着的马克思主义——邓小平理论、"三个代表"重要思想、科学发展观、习近平新时代中国特色社会主义思想武装群众,使人民群众的创造性实践有明确的理论向导、鲜明的科学旗帜、强大的精神支柱,取得了建设和改革的辉煌成就。二是口号的引领。善于将革命理论提炼、概括成人民的具体要求,使之上升为一项方针政策,总结为一个口号,这个口号必须为群众所理解,与其利益紧密关联。在革命、建设与改革时期,我们党根据历史的发展进程提出的基本的政治口号,和为了实现这种口号而提出的关于每一发展阶段和每一重大事变中的动员口号,对于推动全国人民一致行动具有巨大的精神感召力。比如说:土地革命战争时期的口号是"打土豪、

分田地"。抗日战争时期的口号是"停止内战""争取民主"和"实现抗战"（抗日和民主的大旗）。解放战争时期的口号是"保卫胜利果实"，分得土地的农民就踊跃参军。而抗美援朝时期的口号是"抗美援朝，保家卫国"，八个字将国际义务、爱国精神和"保家"的具体利益都概括进来。这对新中国刚成立正在建设幸福家园的群众来说很好理解，很有感召力，堪称政治动员口号中的精品。改革开放之初，对农村大包干的概括是"交够国家的，留够集体的，剩下的全是自己的"，对推动农村改革也极具号召力。

3. 既要发挥党的组织优势，又要发挥党员的先锋模范作用，这是坚持群众路线的重要途径

党的各级组织和广大党员是党的群众工作的主体，党的组织优势和党员的先锋模范作用是坚持群众路线的基本前提和重要保证。可以说，中国共产党较之其他任何政党具有持久而强大的社会动员力，根本原因就在于有一套极为严格的组织系统。另一方面，群众拥护共产党，愿意跟党走，是与共产党员为国家、民族和真理而勇于牺牲、甘于奉献、大公无私的人格力量和先锋模范作用紧紧相连的。群众是从党员的所作所为认识党的，没有共产党员的率先垂范，就不可能正确引导人民群众跟着共产党走，就不能保持党同人民群众的血肉联系。

4. 夯实党的基层组织，不断加强党的执政能力建设，这是坚持群众路线的力量源泉

建党 100 多年、执政 70 多年来的实践已经充分证明，办好中国的事情，关键在党。中国共产党能不能长期执政、科学执政，直接决定着社会主义制度和整个国家的命运。不断提高党的执政能力，就是不断提高党提出和运用正确的理论、路线、方针、政策和策略，

领导制定和实施宪法和法律，采取科学的领导制度和领导方式，动员和组织人民依法管理国家和社会事务、经济和文化事业，有效治党治国治军，建设社会主义现代化国家的本领。

历史经验告诉我们，执政最关键的是正确认识和处理与人民群众的关系。中国共产党治国理政归根结底是为了广大人民。党的二十大报告指出："江山就是人民，人民就是江山。中国共产党领导人民打江山、守江山，守的是人民的心。治国有常，利民为本。为民造福是立党为公、执政为民的本质要求。必须坚持在发展中保障和改善民生，鼓励共同奋斗创造美好生活，不断实现人民对美好生活的向往。"民生是国之根本，我们建设和改革的目的就在于使人民过上更加幸福美好的生活，这就需要解决民生问题。民生问题涉及人们的衣食住行，但当前最重要的是逐步缩小收入分配的差距，促进教育机会的均等，实施积极的就业政策，完善覆盖城乡的社会保障体系，使代表最广大人民的根本利益真正落到实处。正如党的二十大报告所讲："我们要实现好、维护好、发展好最广大人民根本利益，紧紧抓住人民最关心最直接最现实的利益问题，坚持量力而为、尽力而行，深入群众、深入基层，采取更多惠民生、暖民心举措，着力解决好人民群众急难愁盼问题，健全基本公共服务体系，提高公共服务水平，增强均衡性和可及性，扎实推进共同富裕。"

同时，不断加强党的执政能力，还要紧紧围绕实现中华民族伟大复兴的总目标，牢牢把握最大限度激发社会活力、最大限度增加和谐因素、最大限度减少不和谐因素的总要求，以解决影响社会和谐稳定突出问题为突破口，不断完善党委领导、政府负责、社会协同、公众参与的社会管理格局，加强社会管理法律、体制、能力建设，维护人民群众权益，促进社会公平正义，保持社会良好秩序，建设中国特色社会主义社会管理体系，扎实提高社会管理科学化水平，确保社会既充满活力又和谐稳定。

（二）践行群众路线遇到的新情况与新挑战

坚持党的群众路线，始终保持与人民群众的血肉联系，是建党100多年来的优良传统和政治优势。经过改革开放40多年实践的洗礼，中国共产党既有值得坚守的价值传统，也有亟待改进创新的实际问题。立足世情国情党情变化，正确认识面临的挑战，并作出令人信服的时代提升与应对，已经成为当下中国共产党推进中国特色社会主义事业大发展的重大现实课题。

1. 群众路线面临的新情况

一是中国共产党处在一个新的历史方位。《中共中央关于党的百年奋斗重大成就和历史经验的决议》强调，中国特色社会主义新时代是我国发展新的历史方位。中国特色社会主义新时代是承前启后、继往开来、在新的历史条件下继续夺取中国特色社会主义伟大胜利的时代，是决胜全面建成小康社会、进而全面建设社会主义现代化强国的时代，是全国各族人民团结奋斗、不断创造美好生活、逐步实现全体人民共同富裕的时代，是全体中华儿女勠力同心、奋力实现中华民族伟大复兴中国梦的时代，是我国不断为人类作出更大贡献的时代。

早在党的十六大时，中央就提出党的新的历史方位的"两个根本性转变"，即我们党已经从领导人民为夺取全国政权而奋斗的党，转变成为领导人民掌握全国政权并长期执政的党；已经从受到外部封锁和实行计划经济条件下领导国家建设的党，转变成为对外开放和发展社会主义市场经济条件下领导国家建设的党。这两个根本性转变带出了三个要注意的问题。

关于第一个转变,即党的地位的转变。这不仅意味着党的目标和任务、党与国家权力的关系发生了变化,而且意味着党的功能、党的领导方式等方面也要发生变化。革命战争时期,党的首要目标是推翻旧社会、取得政权,中心任务是破坏旧的生产关系、解放生产力,党与国家权力之间是约束与对抗的关系,国家权力处处制约甚至镇压着党的活动,而党与之抗争以求得生存和发展,党的功能是分清敌友,团结一切可以团结的力量反对共同的敌人,党是"斗争"的工具,党所处的险恶环境和条件要求党的领导必须实行高度集中统一的一元化领导,否则党就有灭亡的危险。而在执政时期,党的主要目标和任务是保持执政地位,建立和完善新的生产关系,发展生产力,促进国家和社会的快速发展与和谐稳定;党与国家权力的关系发生了根本变化,党掌握了国家权力,有了为人民服务的更好条件,也产生了易被权力腐蚀的危险,党要妥善协调社会各方面利益关系,正确处理人民内部矛盾,充当社会整合的工具,实现由单纯注重"革命"功能向更加注重"建设"功能的转变,党的领导方式和活动方式应纳入民主化、法制化、科学化、规范化的轨道,充分发挥党"总揽全局,协调各方"的作用。

关于第二个转变,即党的任务和历史条件的转变。党的十一届三中全会作出把党和国家工作中心转移到经济建设上来、实行改革开放的历史性决策。此后,我国出现了快速的社会转型——由封闭半封闭到对外开放,由传统的计划经济到社会主义市场经济,由农业社会、工业社会到后工业社会/信息社会的历史性转型。在这个转型过程中,我们经历着"四个深刻——经济体制、社会结构、利益格局、思想观念"的变化,这种变化决定了将现代性注入中国社会的同时,也引发了种种社会矛盾,成为社会发展的不确定性、不稳定性。这种巨大的变化对我们党提出了挑战，即要把社会主义同市场经济结合起来，正确处理党的领导核心地位同市场经济多元化要求的关系，党既要具备发展社会主义市场经济的能力，又要具备协调利益、整合社会，进而巩固群众基础的本领。这是一个非常繁重的任务和历史性的课题。

第三个方面也是最重要的，就是如何防止权力延伸到市场经济资源的配置中去，也就是如何反腐败的问题，这是影响党的生死存亡的大问题。"我们党始终坚持人民的利益高于一切。党除了最广大人民的利益，没有自己特殊的利益。党的一切工作，必须以最广大人民的根本利益为最高标准。全党同志要始终坚持一切为了群众、一切依靠群众的根本观点，坚持党的群众路线，深入群众，深入基层，倾听群众呼声，反映群众意愿，集中群众智慧，使各项决策和工作符合实际和群众要求。所有党员干部必须真正代表人民掌好权、用好权，而绝不允许以权谋私，绝不允许形成既得利益集团。"[1]党的十八大报告中指出："这个问题解决不好，就会对党造成致命伤害甚至亡党亡国。"党的十九大报告明确宣告，中国特色社会主义进入新时代，党在新时代要有新气象。习近平总书记在庆祝中国共产党成立100周年大会上的讲话中指出，中国共产党始终代表最广大人民根本利益，与人民休戚与共、生死相依，没有任何自己特殊的利益，从来不代表任何利益集团、任何权势团体、任何特权阶层

[1] 《江泽民文选》第3卷，人民出版社2006年版，第280页。

的利益。

二是人民群众自身和其利益要求发生了巨大变化。新的历史条件下,新的时代,不但党的历史方位发生变化,而且人民群众自身和其利益要求也都发生了巨大变化。

首先,群众自身发生了巨大的变化。今天的群众,既非中国共产党领导革命时的群众,也不是计划经济条件下的群众。群众的独立性、民主意识都比过去大大增强了。更为需要注意的是,群众的阶层分化明显。工人是我国社会结构中的一个重要阶层,总体上讲,工人阶级素质有所提高,但分化严重,原来社会地位和收入大体相当的工人队伍,分化为管理人员、专业技术人员、产业工人等不同的阶层,整体差别很大。农民是指农村的劳动力,他们占有中国人口的大部分。党的十一届三中全会以来,农村的变化最为引人注目,分化也最为显著。农民在就业、社保、教育、卫生、文化、福利、环保等公共事业方面与城市居民差别明显,需求也明显。除工人、农民外,还出现了新的社会阶层。它主要是由个体劳动者、私营企业主两个群体组成。改革开放以来,我国私有经济获得空前发展,庞大的私有经济经营者阶层已成了我国独立的社会阶层。如何看待社会阶层的分化问题,需要以执政党的理念看问题。对于执政党来说,所有的政策措施都应该正确反映并有利于妥善处理各种利益关系,都应该认真考虑和兼顾不同阶层不同方面群众的利益。在这里要注意的是,最大多数人的利益是最紧要和最具有决定性的因素。《中华人民共和国宪法》总纲第一条写道:"中华人民共和国是工人阶级领导的、以工农联盟为基础的人民民主专政的社会主义国家。"如何代表好社会最大多数人的利益,这是党群关系面临的一个最大问题,也是影响今天党群关系的主要问题。

其次，社会主义市场经济的发展提出了人民群众的利益协调问题。党的十一届三中全会后，我们开始探索社会主义经济发展的新道路。可以说，没有以邓小平同志为主要代表的中国共产党人开辟的新的经济发展道路，就没有改革开放的新局面。但市场经济的发展也带来一个问题，就是如何对市场经济发展过程中出现的不同利益群体进行协调。中国共产党代表工人阶级和最广大人民群众的利益，但人民群众的利益是由各方面的具体利益构成的。市场经济越发展，这一现象表现得越明显。执政党的功能就是善于进行利益协调，也就是进行利益结构的调整。大规模利益的调整和政策的变动，使受影响的不是个别人，而是一群人甚至整个群体。如下岗职工、失业人员、失地农民、农民工、低保人员。

最后，社会主义民主政治的发展提出了人民群众的政治参与问题。共产党从产生的那天起，就把发展民主写在自己的旗帜上，也就是《共产党宣言》所宣告的："工人革命的第一步就是使无产阶级上升为统治阶级，争得民主。"[1] 只不过马克思、恩格斯所强调的是人人都是社会的主人，都参与到社会管理中去。但在一个经济文化都不发达的国家，在没有达到人人参与社会管理的社会中，要发展社会主义民主政治，必须注意扩大人民群众的政治参与。权力来源于人民，人民是政治的主体，人民群众的政治参与不是任何人恩赐的，是经过革命流血牺牲得来的。一方面要看到，

[1]《马克思恩格斯选集》第1卷，人民出版社1995年版，第293页。

人民群众要参与选举、参与决策、参与社会管理、参与监督，这是宪法所赋予的、不可剥夺的权利。另一方面要认识到，从党群关系的角度看，政治参与有利于政党体系的稳定。中国共产党是领导核心，要执政并长期执政，政治参与有利于把不同利益群体纳入现有政治体制内消化。同时，这种参与有利于增进人民群众对执政党的认同感。因为通过参与，人民群众的主体意识在增强，实实在在地感到了当家作主。

习近平总书记在庆祝中国共产党成立100周年大会上强调："践行以人民为中心的发展思想，发展全过程人民民主，维护社会公平正义，着力解决发展不平衡不充分问题和人民群众急难愁盼问题，推动人的全面发展、全体人民共同富裕取得更为明显的实质性进展！"这一论述揭示了全过程人民民主国家制度的特色和本质，体现了马克思主义的政治发展观，为新时代发展全过程人民民主确立了目标。全过程人民民主的一个重要特性，是它广泛的人民性，这是在中国这个以工人、农民、知识分子等劳动者为主体的社会中形成的，体现了最大政治包容性和人民群众的参与性。

2. 群众路线面临的新挑战

一是多元分化的主体：群众路线离散的挑战。坚持群众主体地位是坚持群众路线的核心。改革开放以来，我国工人阶级队伍不断壮大，素质不断提高，为党的发展壮大奠定了坚实的阶级基础。但是，随着我国社会经济成分、组织形式、就业方式、利益关系和分配方式日益多样化，群众这一主体结构和其利益要求也出现多元化发展，给我们党带来了群众路线离散的挑战。

一方面，民营科技企业的创业人员和技术人员、受聘于外资企业的管理技术人员、个体户、私营企业主、中介组织的从业人员、自由职业人员等新兴社会群体的异军突起,对党如何扩大群众基础、提高党的社会凝聚力和影响力提出了挑战。虽然20世纪90年代以来,新兴社会阶层的政治地位得到很大提高,被我们党明确定位为"中国特色社会主义事业的建设者",其中的优秀分子只要符合条件同样可以入党,可以成为人大代表和政协委员,甚至可以直接担任政府部门领导。但是,由于政策瓶颈等原因,大多数新兴社会群体成员组织化程度较低,利益的维护和实现难度较大,已有的一些措施和做法仍然不能满足新的社会阶层各种利益发展的需要,开放的范围和程度还有待于进一步探索加强。另一方面,人民群众有了更高的期盼。人民群众除了期盼更好的生活条件,也更多地关注公平、正义、民主、法治等,期盼更广泛、更深入地参与到社会治理中来,追求更高层次的公平与正义。

二是精英主义思维、官僚主义作风:群众路线退化的挑战。自工业社会以来,马克斯·韦伯所倡导的官僚制就以其分工、准确、效率、非人格化的管理等优点,成为现代社会管理中达成社会与经济目标的最优组织形式,但其僵化、因循守旧、保守、对人性的伤害等不足,又使得精英化官僚制在社会管理中往往容易出现精英主义思维和官僚主义作风,导致群众路线退化。

第一,自上而下的精英主义思维对新形势下如何坚持群众观点、发挥群众主体作用提出了挑战。所谓精英主义思维,即认为在现代社会中只有具备特殊技能的精英式的职业政治家才能处理愈益复杂的公共事务,成为政治核心和支配力量,人民大众只能是群氓,德国政治学家罗伯特·米歇尔斯称之为万古不变的"历史铁律"。在这一思维主导下,群众作用要么被轻视甚至漠视,要么被对立化或妖魔化。表现在日常工作的考核评价、岗位变动、职级升迁上,虽然有群众评价标准，但权重小、影响力弱或流于形式。在一些政策制定上，劳动、资本、技术、管理四要素中，人们对资本的关注远远超过劳动；在一些突发公共事件和群体性矛盾处理上，一些地方干部往往将群体事件视为刁民作乱而简单粗暴处理。而在1957年，毛泽东就曾针对当时一些党员干部在处理一些罢工、请愿事件中所暴露出来的所谓"好人不闹事，闹事无好人""凡是与政府闹事的就是敌我矛盾"等错误认识，专门指示："对待人民内部问题动不动就想'武力解决'，这是非常危险的，必须坚决纠正的。"[1]这表明在新的历史条件下怎样处理社会主义社会的敌我矛盾和人民内部矛盾，如何规范发挥底层政治的主观能动性，仍是我们必须好好研究的重要课题。党的十八大以来，通过群众路线教育实践活动等几次集中性教育活动，广大党员干部的党性意识普遍增强，党的作风明显好转，党群关系更加融洽，这些都充分说明我们党推动治理能力和治理体系现代化工作取得突出成效，为探索新的历史条件下统筹国际国内两个大局、实现和谐稳定打下坚实基础。

第二，官僚主义对新形势下如何更好发扬群众工作作风提出了严峻考验。列宁在《国家与革命》中曾间接给官僚下了定义：官僚就是脱离群众，站在群众之上，享有特权的人物。列宁认为，"在资本家被剥夺以前，在资产阶级被推翻以前，甚至无产阶级的公职人员也免不了在一定程度上'官僚化'"。不过，

---

[1] 薄一波：《若干重大决策与事件的回顾》下卷，中共中央党校出版社1993年版，第571页。

他和马克思都相信,"在社会主义下,公职人员将不再是'官僚'或'官吏'","彻底破坏官僚制的可能性是有保证的,因为社会主义将缩短工作日,使群众能过新的生活,使大多数居民无一例外地人人都来执行'国家职能',这也就会使任何国家完全消亡"。[1] 但事实是,仅仅建立社会主义制度恐怕难以杜绝官僚主义。20世纪60年代,周恩来历数20种官僚主义表象来反对官僚主义,并认为这些官僚主义作风"助长歪风邪气,纵容坏人坏事;打击报复,违法乱纪,压制民主,欺凌群众;直至敌我不分,互相勾结,作奸犯科,害党害国",就是"走上非常危险道路的官僚主义"[2]。而在现实中如不讲科学、胡乱决策,贪图虚名、追名逐利,欺上瞒下、弄虚作假;开几个座谈会,就算走了群众路线,往下走一步就是深入基层,与下一级干部谈几句话就是深入群众;群众"被调研""被下访""被幸福""被上楼"等仍时有发生。在一些地方和部门,党群之间的鱼水关系似乎变成油火关系。因此,如何重塑群众观点,强化推动群众路线工作作风,促使党员干部与群众能够像革命战争年代那样同心同德、群策群力,共同奋斗于中国特色社会主义旗帜之下,是应对官僚主义挑战必须作出的回答。

三是固化的阶层:群众路线虚化的挑战。阶层固化问题,是颇受中国社会普遍关注的问题。它指的是社会成员在不同阶层之间的地位构成趋于稳定,底层人员向上流动受阻,而且社会不平等结构出现代际转

[1] 《列宁全集》第31卷,人民出版社1985年版,第111、113页。

[2] 《周恩来选集》下卷,人民出版社1984年版,第422页。

移或传承。从学理上说,由社会资源不平等分配而形成阶层分化是人类社会发展过程中必然出现的普遍性问题。阶层固化在中国社会的存在程度,其普遍性如何,还需要进一步的实证研究。然而,阶层固化的趋势已然隐现,一旦落定,阶层与阶层之间的对立和误读将显性化、扩大化,对社会公平正义将是极大的冲击,最终影响整个社会的稳定发展。同时,阶层固化意味着处在社会底层的人群日趋定型,缺乏改变自己命运的渠道和机会,难以实现公正、合理、开放的"纵向"流动。党的十九大报告提出注重扶贫同扶志、扶智相结合,就是要阻断贫困的代际传递,教育则不失为阻断贫困代际传递的治本之策。

总体来看,应对新的挑战,坚持党的群众路线,不断改进党的工作作风,就要"坚持人民主体地位,时刻把群众安危冷暖放在心上,及时准确了解群众所思、所盼、所忧、所急,把群众工作做实、做深、做细、做透。要正确处理最广大人民根本利益、现阶段群众共同利益、不同群体特殊利益的关系,切实把人民利益维护好、实现好、发展好。要认真贯彻落实中央各项惠民政策,把好事办好、实事办实,让群众时刻感受到党和政府的关怀"[1]。

坚持党的群众路线,就要突出人民群众主体地位,坚持一切为了群众、一切依靠群众。坚持"两个一切"的要旨在于摆正党群、干群关系。共产党人好比种子,人民群众就是土地,种子只有植根土地,才能充分吸

---

[1] 习近平:《全面贯彻落实党的十八大精神要突出抓好六个方面工作》(2012年11月15日),《求是》2013年第1期。

收水分与养分从而生根、发芽、开花、结果。共产党员只有植根人民、不忘初心,才能正确把握人民群众赋予的权力,将其转化为改善民生条件、提高人民福祉、推进社会和谐、实现民族复兴的强大动力。坚持"两个一切",就要甘做群众的小学生,"只有做群众的学生才能做群众的先生。如果把自己看作群众的主人,看作高踞于'下等人'头上的贵族,那末,不管他们有多大的才能,也是群众所不需要的,他们的工作是没有前途的"[1]。做群众的学生,向群众学习,从群众中来,到群众中去,把来自群众的分散无系统的意见与建议加以整理,形成科学决策并带到群众中进行宣传、实践、检验和改进,使之符合客观实际。坚持"两个一切",就要坚持对党的领导机关负责与对群众负责的一致性,坚持不唯书、不唯上、只唯实,正如毛泽东所讲的:"不根据实际情况进行讨论和审察,一味盲目执行,这种单纯建立在'上级'观念上的形式主义的态度是很不对的。"[2]

坚持党的群众路线,就要自觉坚持学习、勤学、好学、善学,学以益智、学以增才,不断提升为人民服务的本领。习近平总书记在第四批全国干部学习培训教材《序言》中曾讲:"面对复杂严峻的国际形势,面对艰巨繁重的改革发展稳定任务,想一帆风顺推进我们的事业是不可能的。可以预见,前进道路上,来自各方面的困难、风险、挑战肯定会不断出现,关键看我们有没有克服它们、战胜它们、驾驭它们的本

[1] 《毛泽东选集》第3卷,人民出版社1991年版,第864页。

[2] 《毛泽东选集》第1卷,人民出版社1991年版,第111页。

领。全党同志特别是各级领导干部要有本领不够的危机感，以时不我待的精神，一刻不停增强本领。只有全党本领不断增强了，'两个一百年'奋斗目标才能实现，中华民族伟大复兴的中国梦才能梦想成真。"[1] 只有认真学习马列主义、毛泽东思想、邓小平理论、"三个代表"重要思想、科学发展观和习近平新时代中国特色社会主义思想，学习各方面专业技术知识，才能不断增强深入调查研究、科学判断形势、驾驭市场经济、应对复杂局面、依法高效执政、总揽服务大局等能力，不断提升为人民服务的本领。

坚持党的群众路线，就要加强制度建设，特别是加强反腐倡廉制度建设。党的二十大报告指出："腐败是危害党的生命力和战斗力的最大毒瘤，反腐败是最彻底的自我革命。"习近平总书记在第十八届中央纪律检查委员会第二次全体会议上曾讲："如果任凭腐败问题愈演愈烈，最终必然亡党亡国。"为打赢这场事关党和国家生死存亡的反腐战争，筑牢拒腐防变的思想道德防线显得至关重要。为此，习近平总书记要求："我们必须始终保持对马克思主义的坚定信仰、对共产主义和中国特色社会主义的坚定信念，按照马克思主义政治家的标准严格要求自己，始终把人民放在心中最高位置，把为党和人民事业贡献力量作为自己的最高追求，为坚持和发展中国特色社会主义不懈奋斗，以此来开阔胸襟和眼界，以此来增强政治定力和政治敏锐性，以此来提高抵御各种风险和经受住各

---

[1] 习近平：《第四批全国干部学习培训教材〈序言〉》，《人民日报》2015年1月18日。

种考验的能力。"[1]如党的二十大报告所讲："只要存在腐败问题产生的土壤和条件，反腐败斗争就一刻不能停，必须永远吹冲锋号。坚持不敢腐、不能腐、不想腐一体推进，同时发力、同向发力、综合发力。"与此同时，要铭记"党风问题关系执政党的生死存亡"。要大力弘扬党的光荣传统和优良作风，"坚持党性党风党纪一起抓，从思想上固本培元，提高党性觉悟，增强拒腐防变能力，涵养富贵不能淫、贫贱不能移、威武不能屈的浩然正气"。

四、牢记全心全意为人民服务根本宗旨，必须着力提高做好群众工作的能力与本领

1945年5月，刘少奇在党的七大所作的《关于修改党章的报告》中宣告，我们党在毛泽东同志的领导下，团结带领中国人民，经过24年的英勇奋斗，特别是经过最近8年的英勇抗战，走过了无数的艰难困苦和迂回曲折的道路，终于取得了伟大的成就，为中华民族和中国人民打出了无限的光明。中国共产党取得成就的重要原因是什么呢？刘少奇认为其中的重要原因之一就在于我们党一贯坚持为人民服务的基本组织原则，从而拥有了广泛的群众基础、与人民群众建立起密切的联系并且实行严格的纪律。从良好的党群关系形成的经验看，党与人民这种密切关系的建立，靠的是深入、细致的群众工作。

[1] 习近平：《在中共十八届一中全会上的讲话》（2012年11月15日），《习近平关于党风廉政建设和反腐败斗争论述摘编》，中央文献出版社、中国方正出版社2015年版，第137页。

（一）党形成了丰富的群众工作经验

100多年来，特别是延安时期，中国共产党总结群众工作方法，教育党员干部树立群众观点，形成群众路线，与群众建立起密切联系，形成了独特的历史经验。1939年11月1日，中共中央作出《中共中央关于深入群众工作的决定》（以下简称《决定》）。《决定》认为："共产党必须进一步依靠群众，必须深入群众工作，才能克服投降与反共危险，巩固统一战线，争取继续抗日，争取民主政治，准备反攻力量，否则是不可能的。同样共产党必须深入群众工作，获得广大群众的拥护，才能在投降与反共危险没有克服以致发生突然事变时，使党与抗战避免意外的损失，否则也是不可能的。"[1]

1. 发现问题：不做与不会做群众工作

《决定》全面检讨抗战以来党的群众工作，认为："抗战以来，共产党领导的群众工作，有了相当广大的发展，因此扩大了党的武装力量，创造了游击根据地，生长了全国的进步因素，坚持了两年多的抗日战争。但同时严重的存在着几种错误倾向，这就是：（甲）注重了上层统一战线工作，忽视了下层群众工作。许多党的领导机关，或者根本不把群众工作列入议事日程内，不去指导下级如何做群众工作，或者讨论与指示的很少。许多支部，许多党员，脱离群众，有根本不做或不知如何做群众工作的。（乙）在初步发展了群众工作的地方，许多党的领导机关没有深入群众工

---

[1] 《中国的土地改革》编辑部、中国科学院经济研究所现代经济史组编：《中国土地改革史料选编》，国防大学出版社1988年版，第22页。

作的讨论与指导，使群众工作陷于停顿状态。"在肯定成绩的同时，中央着重指出群众工作存在的主要失误是不够深入。为了深入做好群众工作，必须着重做好以下几个方面工作。

一是加强思想教育。首先，教育党员干部加强关于联系群众的修养。1939年7月，刘少奇在中央党校演讲，强调革命者必须改造世界与改造自身，而要改造和提高自身，就必须参加革命的实践，就需要在无产阶级和一切群众的长期而伟大的革命斗争中进行各方面的修养，要有善于联系群众的修养。刘少奇还讲了修养的途径和修养解决什么问题等。其次，教育党员干部要做群众的模范。陈云在《怎样做一个共产党员》一文中曾讲道："因为是共产党员，是群众所信仰的先进队伍中的一分子，群众就有特别的要求。群众常常根据我们党员的行动来测量我们的党，所以党员无论在何时何地的一举一动，都必须给非党群众一种好的影响，使他们更加信仰我党，更加敬重我党。"[1] 再次，教育党员干部牢固树立群众观点。刘少奇在《关于修改党章的报告》中对此进行了全面阐述：这就是要牢固树立一切为了人民群众的观点，全心全意为人民服务的观点；牢固树立一切向人民群众负责的观点，为人民服务就要服务得很好而不是很坏，向人民负责与向自己领导机关负责的一致性，人民的利益即党的利益；牢固树立相信群众自己解放自己的观点，相信人民具有无穷的创造力，只有依靠人民才是不可战胜

[1]《陈云选集》第1卷，人民出版社1995年版，第141页。

的，从来没有救世主，人民的解放只有靠人民自己的自愿与自觉；牢固树立向人民群众学习的观点，共产党人要指导工作，具有预见，就必须十分有经验与机警，这些都需要学习，特别是向群众学习，向群众伟大实践学习。最后，教育党员干部树立党的一切工作都是群众工作的观念。刘少奇在论及群众路线时说："有些同志只把工会、农会等群众团体的工作，看成是群众工作，但不把其他工作也看成是群众工作，这是错误的。我们党的及我们党所领导的各种工作、各种事业，都是人民的事业，并都是经过人民群众去进行的工作，都应该有群众观点、走群众路线去进行"，"我们党内的工作"，"也是群众工作，我们在军队中的工作，也是群众工作"。[1]

二是注重方法教育。首先，强调注重调查研究。1941年3月，毛泽东在给《农村调查》作序时说："现在我们很多同志，还保存着一种粗枝大叶、不求甚解的作风，甚至全然不了解下情，却在那里担负指导工作，这是异常危险的现象。"[2]1941年8月，中共中央作出《关于深入调查研究的决定》，强调："我党现在已是一个担负着伟大革命任务的大政党，必须力戒空疏，力戒肤浅，扫除主观主义作风，采取具体办法，加重对于历史，对于环境，对于国内外、省内外、县内外具体情况的调查与研究，方能有效地组织革命力量，推翻日本帝国主义及其走狗的统治。

其次，强调注意领导方法。毛泽东在1943年6

[1] 《刘少奇选集》上卷，人民出版社1981年版，第354—355页。

[2] 《毛泽东选集》第3卷，人民出版社1991年版，第789页。

月为中共中央起草的决定——《关于领导方法若干问题》中强调:"我们共产党人无论进行何项工作,有两个方法是必须采用的,一是一般和个别相结合,二是领导和群众相结合。""在我党的一切实际工作中,凡属正确的领导,必须是从群众中来,到群众中去。"[1] 刘少奇在《论党》中也谈道:"指导文化水平很低的群众,仅用一般号召,是决定地不能成功的。""我们必须在工作中突破一点,做出模范,让群众亲自看到、体验到,给群众以典型示范,才能鼓励群众特别是给中间状态与落后状态的群众以理解问题的可能与方便,给他们以信心和勇气,在我们党的口号之下行动起来,成为群众的热潮。"[2]

最后,强调注意密切联系群众。1944年10月,毛泽东在《文化工作中的统一战线》中讲道:"要联系群众,就要按照群众的需要和自愿。"[3] 1945年4月,毛泽东在七大作《论联合政府》报告时讲:"在一切工作中,命令主义是错误的,因为它超过群众的觉悟程度,违反了群众的自愿原则,害了急性病。……在一切工作中,尾巴主义也是错误的,因为它落后于群众的觉悟程度,违反了领导群众前进一步的原则,害了慢性病。"[4]

三是核心与关键:增强组织纪律性与加强团结。一方面,1941年7月1日,中共中央政治局通过《关于增强党性的决定》,指出:要把中国共产党进一步建设成为广大群众性的、思想上政治上组织上完全巩

---

[1] 《毛泽东选集》第3卷,人民出版社1991年版,第897、899页。

[2] 《刘少奇选集》上卷,人民出版社1981年版,第357页。

[3] 《毛泽东选集》第3卷,人民出版社1991年版,第1012页。

[4] 《毛泽东选集》第3卷,人民出版社1991年版,第1095页。

固的布尔什维克化的党，以担负起伟大而艰难的革命事业。这就要求全体党员和党的各个组成部分都在统一意志、统一行动和统一纪律下面，团结起来，成为有组织的整体；要求全体党员，尤其是党员干部，更加增强自己的党性锻炼，把个人利益服从于党的利益，把个别党的组成部分的利益服从于全党的利益，使全党团结得像一个人一样。另一方面，开展全党整风，改进作风，实现大团结，将群众路线写进党的章程。可见，只有强化讲纪律、守规矩，才能切实落实党的各项政策，才能把群众工作做好，把党的群众路线落实好。

2. 延安时期在群众工作中积累的基本经验

概括起来看，延安时期在群众工作中积累的基本经验主要体现在以下几个方面。第一，以坚定的理想信念引领群众：一方面，加强对干部的理想信念教育，因为"只有经过干部才能去教育群众、指导群众"；另一方面，完善政治文化传播，强化群众思想政治教育。第二，以优良作风鼓舞群众：实事求是地分析群众运动环境，与群众一起艰苦奋斗，通过批评与自我批评改正工作失误，极大地提高了人民群众的奋斗热情。第三，以科学的方式联系群众：确立了为群众服务、从群众中来、到群众中去的群众路线，了解群众的情绪与需要，代表群众的根本利益，赢得群众的拥护与支持。第四，以有效的方式组织群众：健全各级各类群众组织，架起沟通党群的桥梁与纽带，聚合了群众的意愿和利益，高效组织动员群众，支持保障革命战争，努力改善民权民生。第五，以切实政策服务群众：将党的政策导向与群众利益诉求结合起来，体现党的宗旨和性质，全心全意为人民服务，尊重群众的基本权利，改善群众生活，提高群众文化水平。

（二）新时代群众工作面临的新形势

党的十八大以来，党中央高度重视作风建设，坚持以严的基调强化正风肃纪，党在革命性锻造中更加坚强有力，党的政治领导力、思想引领力、群众组织力、社会号召力显著增强，党同人民群众始终保持血肉联系，中国共产党在世界形势深刻变化的历史进程中始终走在时代前列，在应对国内外各种风险和考验的历史进程中始终成为全国人民的主心骨，在坚持和发展中国特色社会主义的历史进程中始终成为坚强领导核心。可以说，随着全面从严治党不断推进，党的群众工作能力和本领也在不断提升。但同时也要看到，在一些地方、一些党员干部身上还存在着不适应形势和任务发展需要的问题，主要是：

一是不缺学历缺阅历。一些党员干部缺乏基层一线的摸爬滚打，缺乏急难险重事件的不断历练，遇到一些重大的突发性事件往往容易心中无数、没招没谱，甚至惊慌失措、束手无策，有的甚至成了只会处理文件而不善处理事件的"稻草人"。

二是不缺思想缺感情。一些党员干部与群众隔有一堵无形的"离心墙"，以致对群众的疾苦漠不关心、麻木不仁，视群众的冷暖与己无关、袖手旁观。走近群众却走不进群众，面对面却很难心贴心。

三是不缺干劲缺韧劲。一些党员干部特别是年轻干部大都有火一般的热情和很强的冲劲。但是，有的年轻干部一旦碰到困难、遭受挫折、面对矛盾时，一旦受到委屈、遭遇不公、陷入困境时，则很容易自怨自艾，甚至自暴自弃，缺乏一种坚持和坚守。

四是不缺知识缺文化。一些党员干部特别是年轻干部知识层次高，但却"雷人""雷语"频现，让人大跌眼镜；知识是学来的，文化是修来的、悟来的，是"骨髓里的东西"，它比知识更有一种无形的力量。有文化修养、文化涵养和文化素养，才能走得远。

五是不缺想法缺办法。一些党员干部讲思路一套又一套，但所提思路和想法如何既与中央精神对标，又与基层实际对接，更能解决问题、务实管用，则有不少差距。

六是不缺能力缺魅力。一些党员干部特别是年轻干部可谓很有魄力，多谋善断，才气高、本事大，但却很难让人亲近，不能使人心服口服、心悦诚服，难以有很强的吸引力、凝聚力和感召力，缺少一点气场。究其原因是人格魅力不够。

七是不缺活力缺定力。一些党员干部特别是年轻干部富有朝气、富有活力，但他们又往往容易分心走神，内心的坚强和笃定不够，往往容易被干扰、受影响、遭裹挟，心浮气躁，吃不了亏、受不了气，缺乏一种忍耐力。

八是不缺情感缺情怀。情感更多的是个人化的一种自发性心理情绪，情怀则是更高层面的一种自觉性理想抱负和追求。一些党员干部特别是年轻干部可能被"七情六欲"所惑，很重要的原因是少了一些"家国情怀"，少了一种责任感、使命感和担当的勇气。

上述问题的存在，虽然不是主流，是支流，但必须引起高度重视。要充分认识到，全面建设社会主义现代化国家，必须有一支政治过硬、适应新时代要求、具备领导现代化建设能力的干部队伍。要"加强实践锻炼、专业训练，注重在重大斗争中磨砺干部，增强干部推动高质量发展本领、服务群众本领、防范化解风险本领。加强干部斗争精神和斗争本领养成，着力增强防风险、迎挑战、抗打压能力，带头担当作为，做到平常时候看得出来、关键时刻站得出来、危难关头豁得出来"[1]。

（三）提高群众工作能力的关键

习近平总书记关于群众工作相关论述，为我们提高群众工作能力提供了根本遵循。一是牢牢把握群众工作的本质要求，加强惠民生，创新实现群众利益的举措。习近平指出："中国共产党坚持执政为民，人民对美好生活的向往就是我们的奋斗目标。""检验我们一切工作的成效，最终都要看人民是否真正得到了实惠，人民生活是否真正得到了改善，人民权益是否真正得到了保障。"这为我们指明了新时代做好群众工作的本质要求。二是牢牢把握群众工作的前提环节，加强察民情，创新夯实联系群众的基础。习近平指出，"党执政后的最大危险是脱离群众"。做好基层工作，关键是要做到情况明。情况搞清楚了，才能把工作做到家、做到位。三是牢牢把握群众工作的有力支撑，加强保民安，创新维护群众权益的方式。习近平指出，平安是人民幸福安康的基本要求，是改革发展的基本前提。四是牢牢把握群众工作的紧迫任务，加强化民怨，创新群众满意作风的建设。习近平指出，"四风"是违背我们党的性质和宗旨的，是当前群众深恶痛绝、反映最强烈的问题，也是损害党群干群关系的重要根源。五是牢牢把握群众工作的关键所在，加强汇民力，创新点燃群众激情的方法。习近平指出，在人民面前，我们永远是小学生，必须自觉拜人民为师，向能者求教、向智者问策。必须充分尊重人民所

[1] 习近平：《高举中国特色社会主义伟大旗帜　为全面建设社会主义现代化国家而团结奋斗——在中国共产党第二十次全国代表大会上的报告》，《人民日报》2022年10月26日。

表达的意愿、所创造的经验、所拥有的权利、所发挥的作用。六是牢牢把握群众工作的重要保障，加强聚民心，创新做好群众工作的制度。习近平指出，不做赢得人心的工作，做什么都是见物不见人，最后是不会成功的。要建立完善贯彻群众路线、密切联系群众的各项制度，使制度真正成为党员干部联系和服务群众的硬约束，使贯彻党的群众路线真正成为党员、干部的自觉行动。

贯彻落实习近平总书记关于做好群众工作的重要论述，增强为人民服务的本领，需要着力提高群众工作的能力。

一是提高会"说话"的能力。在实际工作中，有许多党员干部不会说话，特别是不会说群众善于接受的"土话"，一说话就说大话、套话、空话，甚至是错话、假话、群众听不懂的话和经不起实践检验的话。

二是提高做好思想政治工作的能力。"掌握思想领导是掌握一切领导的第一位"。要善于综合使用语言或非语言表达方式手段，达到晓之以理、动之以情、以情感人的教育目的。

三是提高心理调适的能力。要把身在农村心在城里的不佳精神状态调整过来，把"愿做""会做""做好"群众工作的责任心和事业心培养起来，把没有耐心倾听群众意见、不愿虚心接受群众批评的厌烦情绪彻底改造过来，以良好的心态投入群众工作中来。

四是提高调查研究的能力。要抽出更多的时间和精力有针对性地到一线去，到条件艰苦和情况复杂的地方去。要放下架子，扑下身子，彻底解决党员干部不愿调查研究、不敢调查研究、不会调查研究的陋习。

五是提高执行制度和依法行政的能力。要迅速转变思想观念，牢固树立依法办事的规则意识，养成遇事找法的思维方式，形成自觉守法的行为习惯，真正做到切实按照法律法规和政策开展工作，严格按照法律规定的权限和程序行使权力，严格依法行政、公道执法、公正司法。

六是提高加强和创新社会管理的能力。要着力提高党员干部化解矛盾纠纷的能力，加强对流动人口、特殊人群和"两新"组织管理和服务的能力，处置突发事件的能力，信息网络驾驭管控的能力。

总之，全心全意为人民服务的根本宗旨，是党区别于其他政党的根本标志，也是检验共产党员成色的最高标准。习近平总书记强调："全党同志要站稳人民立场，践行党的宗旨，贯彻党的群众路线，保持党同人民群众的血肉联系，自觉把以人民为中心的发展思想贯穿到各项工作之中，扎实推进共同富裕，让现代化建设成果更多更公平惠及全体人民。"只有坚持为人民服务的根本价值追求，党员干部才能在需要面前学会选择，在诱惑面前学会放弃，在原则面前学会坚守，在群众面前学会奉献，形成铁一般的信仰、铁一般的信念、铁一般的纪律、铁一般的担当，也才能真正在报效祖国、服务人民的伟大实践中使共产党人的人生价值闪闪发光。

第五章 弘扬自力更生、艰苦奋斗精神，永葆共产党人政治本色

中华民族素有勤劳勇敢、艰苦奋斗的传统美德。在我国悠久的历史长河中，广大劳动人民创造出了光辉灿烂的中华文明，凝结出了自强不息、励精图治、吃苦耐劳、开拓创新、勇于拼搏、勤劳节俭、乐于奉献的艰苦奋斗精神，成为中国劳动人民始终坚持和激励自己建设美好家园的传统美德和精神动力。中华民族的奋斗历史和文化典籍，充分展现了人民群众艰苦创业的风采和中华民族的灵魂、血脉、风骨。大禹治水，"劳身焦思""务在救时"，展现出不畏艰难、自强不息的民族品格；精卫填海，"大海无平期，我心无绝时"，诠释了先民不屈不挠、锲而不舍的民族精神；愚公移山，凸显出不懈奋斗、奋发有为的精神品质；"天行健，君子以自强不息""艰难困苦，玉汝于成""历览前贤国与家，成由勤俭破由奢"等名言蕴涵着艰苦奋斗的民族精神。中国共产党自成立起，在革命、建设、改革各个历史时期所经受的磨难是世界上任何一个政党所未曾经历过的。延安时期是中国共产党领导中国革命走向胜利的历史转折期，在延安十三年中，中国共产党凤凰涅槃、浴火重生，将中华民族优秀传统文化之精华与革命的奋斗精神相结合，凝聚升华出了伟大的延安精神。以自力更生、艰苦奋斗为显著特征的延安精神激励着中华民族的优秀子孙，应难克险走向胜利。历史表明，自力更生、艰苦奋斗是中华民族的优良传统，是中国共产党的立业之本、取胜之道、传家之宝、兴盛之基。正如习近平总书记所讲："我们党是靠自力更生、艰苦奋斗起家的。"回望历史，没有艰苦奋斗就没有党的光辉历程；立足当前，没有艰苦奋斗就没有党所取得的伟大成就；放眼未来，没有艰苦奋斗党就不能取得新的胜利，党也就失去了马克思主义政党的本色。弘扬延安精神，就是要通过学习和继承老一辈革命家"自力更生、艰苦奋斗"的优良作风，使全党同志凝心聚力、苦干实干、锐意进取，在实现中华民族伟大复兴的历史征途上胜利前进。全党同志要大力弘扬自力更生、艰苦奋斗精神，无论我们的物质生活多么丰富，自力更生、艰苦奋斗的精神一定不能丢，脚踏实地、苦干实干，集中精力办好自己的事情，把国家和民族发展放在自己力量的基点上。

一、艰苦奋斗精神是延安精神巨幅画卷中最亮丽的色彩

在延安时期,中国共产党之所以能从小到大、由弱变强,实现由局部执政到全国执政的重大转变,一个很重要的因素就是发扬了自力更生、艰苦奋斗的精神。纵览我们党100多年历史,可以说,就是一部创业史、奋斗史。在延安时期,毛泽东穿打满补丁的衣服、朱德用马尾毛做的牙刷、彭德怀穿降落伞布做的背心、林伯渠戴绳子缠着一条腿的眼镜等等"点滴小事",凝聚成一股巨大的"东方魔力",折射出中华民族的"兴国之光"。新中国成立前夕,毛泽东在西柏坡给全党立下"继续地保持艰苦奋斗的作风"的规矩;新中国刚刚成立,他进一步教育全党干部要"永远保持过去十余年间在延安和陕甘宁边区的工作人员中所具有的艰苦奋斗的作风"[1]。改革开放之初,邓小平在谈到精神文明建设时指出:"延安时候我们有什么?物质条件很差,就靠精神文明。靠有理想,靠坚强的信念,什么困难都能克服。在某种情况下,这种精神有决定意义。"[2]

(一)艰苦奋斗是中国共产党的作风

"自古英雄多磨难,从来纨绔少伟男。"对共产党员来说,要增添本领就要吃苦,要增强党性修养就

---

[1] 《毛泽东文集》第6卷,人民出版社1999年版,第17页。

[2] 中共中央文献研究室编:《邓小平年谱(1975—1997)》下,中央文献出版社2004年版,第838页。

更要下"苦功夫"。1938年3月12日,在纪念孙中山逝世13周年的讲话中,毛泽东号召中国共产党人"发扬艰苦奋斗、不屈不挠、再接再厉的革命精神"[1]。不到一个月,他在陕北公学的开学典礼上再次指出:"共产党也有他的作风,就是:艰苦奋斗!这是每一个共产党员,每一个革命家的作风。"[2]在党的七大上,面对即将拉开的"两个中国"命运之决战,他不仅用寓言"愚公移山"启迪全党"下定决心,不怕牺牲,排除万难,去争取胜利",更是直接教导大家,"艰难困苦给我们锻炼本领的机会","艰难困苦能使我们的事业成功"。

抗大学员大多数是青年,青年人富有革命热情,却缺乏严格锻炼。针对这个特点,毛泽东经常教导学员要有顽强的革命意志和毅力。他说:"今后同志们的革命路程是漫长的,会有种种艰难险阻,不是平坦的阳关大道。"接着,他形象地做着手势说:"每个同志在革命的征途中,不能摔了一跤便哇哇哭起来,'我不干了'。应当从地上爬起来,不畏困难,不怕牺牲,继续勇敢战斗前进。""一个人革命一阵子是容易的,更重要更可贵的是革命一辈子,为中国人民解放事业而奋斗终身。"毛泽东在抗大讲话时,还多次引用愚公移山的故事,教育学员要永远坚持革命,决不中途妥协。他还告诫学员们不要学汪精卫,不要学张国焘,不要学米亚加。他谆谆嘱咐:"革命是要真正革到底的。"1939年5月26日,抗大成

[1] 《毛泽东文集》第2卷,人民出版社1993年版,第112页。

[2] 《毛泽东著作专题摘编》下,中央文献出版社2003年版,第2132—2133页。

立三周年纪念时，毛泽东分析了抗大当时面临的困难："抗大在其逐年的改良进步中间，伴来了若干缺点，它发展了，但困难也来了，主要的是经费不足，教员不足，教材不足这几项。"对此，毛泽东的态度是："共产党领导的抗大，是不怕困难与一定能够克服困难的。在共产党面前无困难，就是因为它能克服困难。"[1]

要吃苦，要奋斗，要牺牲，才能有胜利。当时，延安的知识青年大多来自国统区，经济落后的陕北与大城市相比差距很大。抗大的物质条件，也没法和富饶地区城市的学校相比。毛泽东听说有些新学员因为抗大的校舍、设备、教员、教材等过于简单，而或多或少地开始怀疑抗大的教学效果。他在一次讲话中开门见山地说："依靠自己，艰苦奋斗，创造条件，办好学校，是革命的优良传统。"在1937年抗大开学典礼上，毛泽东就对学员们提出了这样的要求："把自己变成一把雪亮的利刃，去打倒日本，去创造新社会。"1938年3月5日，抗大同学会成立，毛泽东欣然题词："坚定不移的政治方向，艰苦奋斗的工作作风，加上机动灵活的战略战术，便一定能够驱逐日本帝国主义，建立自由解放的新中国。"随后，毛泽东在1938年3月19日、20日，以及4月9日、30日等时间，分别对抗大学员作了多次讲话。其中，4月9日，毛泽东重点讲了"在抗大应当学习什么"的问题。经过深入思考，他向学员提出了能够最后战败敌

[1]《毛泽东文集》第2卷，人民出版社1993年版，第188页。

人的最重要的"三样东西":"你们在这里学习的时间很短,只有几个月,学不到很多的东西,不像别的大学可以学几多年","你们在这里要学到坚定正确的政治方向,艰苦奋斗的工作作风,加上灵活的战略战术。有了这三样东西,我们便能够最后战败敌人"。[1]对于这"三样东西",毛泽东不断地强调、不断地表述,并不断解释其中的含义。4月30日,毛泽东在抗大第三期第二大队的毕业典礼上,生动形象地用评价《西游记》里几个神话人物的方式解读这"三样东西":唐僧这个人,一心一意去西天取经,遭受九九八十一难,百折不回,他的方向是坚定的。但他也有缺点:麻痹,警惕性不高,敌人换个花样就不认识了。猪八戒有许多缺点,但有一个优点,就是不怕艰苦,七绝山臭稀柿胡同就是他拱开的。孙悟空很灵活,很机智,但他最大的缺点就是方向不坚定,三心二意。你们别小看了那匹小白龙马,它不图名,不为利,埋头苦干,把唐僧一直驮到西天,把经取回来。他强调:这是一种朴素、踏实的作风,是值得我们取法的。

艰苦奋斗作风和正确政治方向紧密联系。毛泽东指出,要执行坚定正确的政治方向,"必得有"一个条件——"艰苦奋斗的工作作风"。此外,毛泽东在阐释国民精神总动员的政治方向时,也指明了"坚定正确的政治方向"与"艰苦奋斗的工作作风"之间的密切关系:"这种坚定正确的政治方向,是与艰苦奋

[1]《毛泽东文集》第2卷,人民出版社1993年版,第116—117页。

斗的工作作风不能脱离的,没有坚定正确的政治方向,就不能激发艰苦奋斗的工作作风;没有艰苦奋斗的工作作风,也就不能执行坚定正确的政治方向。"[1] 所以,抗大的教育方针包含的第二个内容就是"艰苦奋斗的工作作风"。为着同一理想,艰苦奋斗,患难与共,是革命队伍不可战胜的基石。"艰苦奋斗的工作作风",绝不仅仅是抗大的教育方针。从红军时期开始,我军就有了这种优良作风。到了党的七届二中全会,毛泽东提出的"两个务必"中,其中一个就是"务必使同志们继续地保持艰苦奋斗的作风"。1956年11月15日,毛泽东在党的八届二中全会上讲话时强调:"我是历来主张军队要艰苦奋斗,要成为模范的。"他举了"酸菜"的例子,毛泽东风趣地说:"解放军得人心就是这个酸菜,当然,还有别的。"他补充道:"现在部队的伙食改善了,已经比专吃酸菜有所不同了。但根本的是我们要提倡艰苦奋斗,艰苦奋斗是我们的政治本色。"[2] 毛泽东提倡的"艰苦奋斗的工作作风",成为我党我军在任何情况下都必须坚持的优良作风和优秀传统。

(二)老一辈革命家践行和培育艰苦奋斗作风

"风成于上,俗化于下"。艰苦奋斗作风的养成,关键要靠领导干部这一"关键少数"的示范作用。在井冈山斗争时期,从高级干部到普通士兵都是一般苦,正如毛泽东所讲:"现在全军五千人的冬衣,有了棉

---

[1] 毛泽东:《国民精神总动员的政治方向》,《新中华报》1939年5月10日。

[2] 《毛泽东文集》第7卷,人民出版社1999年版,第162页。

花，还缺少布。这样冷了，许多士兵还是穿两层单衣。好在苦惯了。而且什么人都是一样苦，从军长到伙夫，除粮食外一律吃五分钱的伙食。"[1] 在延安，老一辈革命家带头勤俭工作，和普通同志一起享受"吃苦的幸福"，更是投身于生产的洪流之中，用自己的行动战天斗地、垦殖荒原、丰衣足食，展现出革命者"敢教日月换新天"的开创精神。1940年1月，毛泽东在为"延安五老"之一的吴玉章60寿辰祝寿时指出："一个人做点好事并不难，难的是一辈子做好事，不做坏事，一贯地有益于广大群众，一贯地有益于青年，一贯地有益于革命，艰苦奋斗几十年如一日，这才是最难最难的啊！"[2] 而要做到这一点的关键，就是必须与坚定的理想信念联系在一起，以崇高的理想信念作为思想和行动的内在动力和基础。

1. 艰苦奋斗的楷模周恩来

周恩来是全体共产党员学习的榜样，是"自我革命、永远奋斗的杰出楷模""勇于担当、鞠躬尽瘁的杰出楷模""严于律己、清正廉洁的杰出楷模"。在延安时期，周恩来先后担负长江局和南方局的领导工作，战斗在统战工作的最前线。在此期间，他以共产党员坚定的信念、崇高的理想、伟大的人格、勤奋的工作、简朴的生活，不仅赢得了国统区社会各阶层民众的认可和尊敬，而且也"征服"了驻武汉和重庆的各驻华使节和知名人物，为中国共产党塑造了良好的国际形象。1937年秋，周恩来要到石家庄会见国民党

[1] 《毛泽东选集》第1卷，人民出版社1991年版，第65页。

[2] 《毛泽东文集》第2卷，人民出版社1993年版，第261—262页。

将领卫立煌。警卫人员考虑到周恩来长期高强度工作,睡眠不足,需要好好休息,就想给他买包厢票。周恩来知道此事后,立刻加以阻止。警卫员只好说:"那就只买软卧吧!"周恩来还是不同意,说:"不要软卧,就买普通票。路不长,在车上只过一个晚上嘛!"警卫员又以"安保"原因劝他,他则讲:"三等车上穷人多嘛,和劳动群众在一起,目标小,又安全,花钱又少,多好啊!"火车到站后,接站人找遍了包厢、软卧,都没找到周恩来,还以为没到。但这位接站人万万没想到,周恩来竟同普通旅客一起从三等车厢走了下来,此情此景,使这位接站人颇为感慨:"周将军这样廉洁奉公,真是可敬可佩!"武汉会战期间,1938年5月25日,周恩来要主持世界学联代表团接待会,会议除有国内各党派、群众团体代表外,还有外国友人参加,共400多人。如此大型的活动,周恩来要穿什么样的衣服呢?这使警卫员犯了愁,为改变世人、国人眼中八路军的"叫花子"形象,他特地为周恩来选了一套高级中山服。当警卫员给他送衣服时,周恩来笑着回绝道:"我穿现在这件衣服,不会叫人瞧不起的,我们不是穿戴漂亮叫人景仰,而是要拿出抗日救国的实际办法来叫人不敢轻视……我们在大城市里,可不能丢掉我军艰苦奋斗的优良传统啊!"在重庆工作的八年中,周恩来的工作比大家忙、睡觉比大家少,但生活水准却和大家一样,每天三钱油、五钱盐。工作紧张时,他每天只能睡两三个小时。同志们看见他累瘦了,吃饭时给他加了一个菜,周恩来却说:"八路军在前线卧冰踏雪战斗,吃的是窝窝头,我们在后方没有理由要求更多的享受。"

2. 朱德亲身投入大生产运动

习近平总书记要求全党同志学习朱德同志"心系人民、艰苦朴素的公仆情怀"[1]。在延安时期,朱德总司令和普通战士享受着"一起吃苦的幸福",他用自己的实际行动投身到"大生产运动"中,展现出革命军人的奋斗精神。进入抗战相持阶段,面临来自国民党和日本侵略者的双重压力,陕甘宁边区的财政经济遇到了极大困难,朱德深感非采取重大措施,不足以扭转局面。因此,他邀请正在延安的中共南方局常委董必武、延安自然科学院院长徐特立和从事边区财政经济工作的几位负责人,一起深入边区各地视察工、农、商各业情况,进行调查研究。1940年秋、冬,他先后发表《论发展边区的经济建设》《参观边区工厂后对边区工人的希望》《完成一九四一年度财政经济计划》等文章,系统阐述他对发展边区经济的构想。经过调查,朱德认为边区经济最核心、最紧迫的问题就是资金问题。怎样解决这一问题?他把注意力集中到在陕甘宁边区蕴藏量很大,又是人们生活必需品的食盐上来。朱德考虑到:如果把盐销到附近需要食盐的陕西、山西、河南各地,不就可以换回大量资金吗?当时,这些地区缺盐,正是"千载一时的机会,不可错过"。朱德明确提出:"定边盐池为陕北经济策源地。""我们下紧急令,派军队全体动员。首先从盐井来冲锋,冲破这些困难。"[2] 朱德不仅为大生产运动确定了正确方针,更是处处以身作则,亲自参与到生产活动中。在大生产运动中,他和身边几个特务员组成了一个生产小组,共同在中央军委所在地王家坪开垦了三

[1] 习近平:《在纪念朱德同志诞辰130周年座谈会上的讲话》,《人民日报》2016年11月30日。

[2] 中共中央文献研究室编:《朱德传》,中央文献出版社2006年版,第608—609页。

亩菜地，种上了白菜、冬瓜、土豆、南瓜等各种蔬菜，就像一个"蔬菜王国"。朱德出生于农家，有丰富的农业知识，是个种菜能手，他边种菜，边手把手地教这些没种过菜的年轻人。朱德种的菜质量好、产量高，品种又多，在延安很有名气。朱德的菜园经常有人前来参观。朱德与同志们交流种菜经验，向大家推荐蔬菜的新品种，还常请人品尝，当有部下来看他时，他常留他们吃饭，用自己种的蔬菜招待大家。朱德在大生产运动中的这种模范带头作用，感动了所有看见他生产的人，成了推动生产运动、建立革命家务的一个巨大的力量，鼓舞着在延安的各级干部战士创造了"陕北的好江南"的人间奇迹。1943年11月底，边区举办生产展览会，会上展出了朱德亲手种出的一个大冬瓜，广大群众看后都很感动。有位干部看后，当场写下一首诗：工余种菜又栽花，统帅勤劳天下夸；愿把此风扬四海，逢人先说大冬瓜。[1]

3."一怕工作少，二怕麻烦人，三怕用钱多"的任弼时

任弼时以生活朴素、严于律己著称党内，和他一起工作和生活过的人，都知道他有"三怕"：一怕工作少，二怕麻烦人，三怕用钱多。他经常叮嘱身边的工作人员：凡是能够过得去的，自己能够做得到的，决不要去麻烦组织和别的同志。在大生产运动中，党号召"自力更生，艰苦奋斗"，任弼时

[1] 中共中央文献研究室编：《朱德传》，中央文献出版社2006年版，第628页。

第五章 弘扬自力更生、艰苦奋斗精神，永葆共产党人政治本色

以身作则，以"自己动手，丰衣足食"的姿态，以堂堂男儿、高级领导的身份干从未从事过的工作——操纺车纺棉纱，后来在纺纱比赛中其所纺之纱被评为第一。任弼时患有严重的高血压和糖尿病，动脉血管严重硬化，脑供血不足，但他仍然追随与协助毛泽东转战陕北，每天"阅读各地来往的军事等各方面的电报、文件，听取各分管部门的工作汇报，研究解决面临的新情况和新问题"，呈现的是十足的苦干忘我的境界。他什么都忘了，唯独没有忘记革命者肩上的责任；他什么都记住了，唯独忘记了对自己身体的珍惜。而今思之犹令人肃然起敬。他参与了著名的"三大战役"等的指挥，运筹帷幄，日理万机，医生和战友们都一再劝诫他不要熬夜，减少工作，他的回答是："我们中华民族多少年、多少代，受着封建主义的束缚和帝国主义的奴役，现在全国解放就在眼前，我们要迅速夺取全国胜利，建立一个新中国，有多少事情急需办啊，我能躺得住吗？！"新中国成立前夕，战争胜券在握，革命大功将成，作为党中央领导集体核心成员的任弼时，身上穿的毛衣仍然是妻子陈琮英"用一条延安时用过的旧围巾改织的，孩子们穿的衣服有的是用旧制服改缝的，吃饭时用的餐具都是搪瓷碗和竹筒碗，筷子上系了绳子，显然是行军时用过的"。一位党的高级领导人的家庭生活竟然如此简朴，展现了那一个血与火考验过的年代革命者的风采与领袖的风范。1949年底，因病不得不赴苏联治疗的任弼时临行前提出两条原则：一是随行人员宜少，家属一个也不带；二是添置服装力求节省，冬季皮大衣是需要的，但夹大衣就不必做。任弼时是"党的骆驼"，"骆驼"是忍辱负重的意思。叶剑英曾写道："他是我们党的骆驼，中国人民的骆驼，担负着沉重的担子，走着漫长的艰苦的道路，没有休息，没有享受，

没有个人的任何计较。"[1]

(三)艰苦奋斗的典范:大生产运动

对中国共产党人来说,"艰苦奋斗"不仅是个人要吃苦,更要通过全党"艰苦创业"、自力更生。为了克服重重困难,毛泽东发出了"自己动手,丰衣足食"的号召,全党、全军开展大生产运动,涌现出一大批生产模范和劳动英雄,边区经济大发展,群众生活显著改善,"真是'前囤子凸堆,后囤子满'"[2]。

在抗日战争相持阶段,特别是1941年和1942年,日本帝国主义集中主要军事力量打击中国共产党领导的人民抗日力量,对敌后抗日根据地实行惨绝人寰的"三光"政策;国民党又一次次地搞反共摩擦,掀起反共高潮,从1940年冬天起完全断绝了我军的抗日经费,对陕甘宁边区进行军事包围和经济封锁,使陕甘宁边区"几乎没有衣穿,没有油吃,没有纸,没有菜,战士没有鞋袜,工作人员在冬天没有被盖。国民党用停发经费和经济封锁来对付我们,企图把我们困死,我们的困难真是大极了",解放区的财政经济遭遇了极严重的困难。面对日益严峻的经济局面,毛泽东适时发起了大生产运动。他身体力行,在杨家岭的窑洞旁边亲手开出了一片菜地,种上辣椒、西红柿等蔬菜。朱德背着筐子到处拾粪积肥,周恩来则很快成了纺线的能手。垦荒时期涌现出许多先进模范,鼓舞、激励更多的战士以极高的热情投入生产劳动中。在大生产运动中,八路军荣军英雄们也不甘落后,自发行

---

[1] 叶剑英:《哀悼任弼时同志》,《人民日报》1950年11月1日。

[2] 习仲勋:《红日照亮了陕甘高原》,《习仲勋文集》上卷,中共党史出版社2013年版,第436页。

动起来,参加开荒生产。袁世海是一条腿,刮大风时,负责同志和医生嘱咐他快休息,他笑着回绝说:"陕北刮风是常事,刮风就休息,要谁来生产呢?"学员张志仁也是一条腿,组织上叫他在家搞些私人小生产,但他还是要参加公共生产去开荒。出发时,组织上要他骑着牲口去,他却硬要和其他同志一样,背着行李、拄着拐杖,走四五十里的山路去参加生产。在建造边区大礼堂时,双目失明的同志本可不参加募捐,但他们"不愿例外",主动去背椽子,每人背六根,由勤务员在前面带路,一个拉一个从山上背下来。[1] 荣校学员以苦为乐的精神,深深感染和影响了身边人。荣校干部何炳文回忆说:荣校的英雄模范有的是,谁都比他强。他只不过替他们受了个荣誉,开了个会,领了个奖。他的妻子感慨地和后人讲述这段历史:"你爸这个劳动模范,是拿命换来的,是拿心换来的。"[2]

艰苦劳动取得丰硕成果,战天斗地开垦出大批良田,生产出大量的物质生活资料。1942年7月10日,朱德视察南泥湾。放眼望去,稻浪翻滚,鸡鸭成群,牛羊遍野,他又察看了纺织厂、鞋厂、肥皂厂、造纸厂、盐井、炭窑、营地、靶场、仓库,详细了解了开荒、生产、生活各方面的情况,考察结束后还在南泥湾吃了一顿丰盛的菜肴。返回后,朱德感慨南泥湾翻天覆地的变化,写道:"去年初到此,遍地皆荒草。夜无宿营地,破窑亦难找。今辟新市场,洞房满山腰。平川种嘉禾,水田栽新稻。屯田仅告成,战士粗温饱。

[1] 《荣院军人踊跃开荒》,《解放日报》1944年4月6日。

[2] 何丽:《拭去尘埃的岁月:我的父亲何炳文》,中国民主法制出版社2015年版,第95页。

农场牛羊肥,马兰造纸俏。小憩陶宝峪,青流在怀抱。诸老各尽欢,养生亦养脑。薰风拂面来,有似江南好。"据统计,1944年,三五九旅开荒达到26.1万亩,产粮3.7万石,不仅粮食、经费自给自足,还积存了一年的储备粮,自给率达200%,真正做到了"耕二余一",而且第一次向边区政府上交公粮1万多石。牲畜家禽除吃用外,存栏的猪5624头,牛1200多头,羊1.2万只,鸡鸭数以万计。以南泥湾为典型的大生产运动取得了巨大的成功。1943年2月,在西北局高干会议上,毛泽东亲自给王震题词"有创造精神",并且对三五九旅全体将士给予嘉奖,三五九旅被命名为"发展经济先锋"。是年3月,延安文艺界劳军团赴南泥湾劳军慰问,艾青等致慰问词。贺敬之作词、马可谱曲的歌舞《挑花篮》登场上演,以艺术形式对南泥湾垦荒精神进行了形象解读与广泛传播。大生产运动的实践形式充分展示出艰苦创业精神的巨大潜能,并被推广到太行山等抗日根据地。抗战加生产,一把镢头一支枪,成为时代精神——自力更生、艰苦奋斗——的体现,军民一心、上下同苦,生产取得丰硕成果,"吃的、穿的、用的都有了",毛泽东欣喜地说道:"这是中国历史上从来未有的奇迹,这是我们不可征服的物质基础。"[1]正如2022年10月27日习近平总书记在瞻仰延安革命纪念地时的重要讲话中所讲:"党中央和红军安家延安后,由于敌人的军事包围和经济封锁,条件十分艰苦。延安

---

[1] 中共中央文献研究室编:《毛泽东传》第2卷,中央文献出版社2011年版,第626页。

军民积极响应毛泽东同志发出的'自己动手,丰衣足食'号召,开展了热火朝天的大生产运动,有力支持了抗日前线。"

(四)愚公移山精神引领中国人民赢得解放

党的七大是"建党以后民主革命时期我们党最重要的一次大会"。《愚公移山》是毛泽东在七大上的闭幕词,它与《为人民服务》《纪念白求恩》两篇文章合称"老三篇",广为人知,成为激励全党和全国人民艰苦奋斗的重要文献。愚公移山精神的实质就是艰苦奋斗精神,是一种战天斗地、舍我其谁的担当精神和宏大抱负。

毛泽东在抗战时期多次讲"愚公移山"的故事,最早用这个故事是在全国抗战初期的1938—1939年。为使学员充分理解持久战的伟大意义,树立抗战必胜的决心,毛泽东在抗大的讲演中两次讲到愚公移山的故事。1939年5月,他在延安庆贺模范青年大会上就讲:"你们要代表全国大多数的老百姓,代表一切爱国的人,抗日的人,求中国独立、自由、幸福的人,并且是要永远的代表他们。将来你们老了,教育你们的儿子也要代表他们,儿子再告诉儿子,孙子再告诉孙子,这样一代一代传下去,并且一传十,十传百,百传千,传遍全中国,不达目的不止。我们一定要这样努力去做,长期去做,一定要把革命干成功,干到底。模范青年们,你们要切记这一点——'永久奋斗'。"[1]愚公精神鼓舞了千千万万共产党人站在抗日救亡最前

---

[1]《毛泽东文集》第2卷,人民出版社1993年版,第193—194页。

线，他们团结和带领亿万中国人民坚决抗战、持久抗战，汇聚成人民战争的汪洋大海，担起决定战争命运的重担。全面抗战八年，人民军队共作战 12.5 万次，歼灭日伪军 171.4 万余人，其中日军 52.7 万人，收复国土约 100 万平方公里，解放约 1 亿人口。[1]

1945 年春夏之际，在党的七大上毛泽东三次讲到愚公移山的故事，特别是在 6 月 11 日的闭幕式上，他把愚公移山精神与抗日战争胜利后中国共产党率领中国人民搬掉帝国主义、封建主义"大山"的根本任务联系在一起，赋予其新内涵，毛泽东的讲话把代表们的情绪引向高潮，增强了全党必胜的信心、决心。一位代表回忆道：愚公移山的故事和精神，把代表们的情绪引向了高潮，全场代表没有一个不受感动的。毛泽东讲完后，代表们长时间鼓掌不息。[2] 毛泽东在党的七大闭幕词中对于愚公移山寓言的恰当运用，让人耳目一新。当年参加党的七大的代表杨尚昆、孙毅、方强，以及负责会议记录的胡乔木，都认为毛泽东用愚公移山这个寓言作总结，讲得非常深刻。党的七大结束后，代表们陆续回到原来的部队和地区，迅速传达贯彻党的七大会议精神。《愚公移山》作为党的七大精神的概括，是激励全国各族人民打败日本侵略者，夺取新民主主义革命在全国胜利的动员令。党的七大闭幕后，中国革命在这面旗帜指引下，出现了中国共产党党内民主团结的新高潮，"团结一致，争取胜利"引领中国人民和中华民族实现最广泛民主团结的新高

---

[1] 本书编写组：《中国抗日战争史简明读本》，人民出版社 2015 年版，第 272 页。

[2] 李蓉：《中共七大轶事》，人民出版社 2009 年版，第 200 页。

潮、中国人民抗日战争彻底胜利的新高潮。

二、艰苦奋斗精神是中国共产党革命精神的集中体现

艰苦奋斗是我们党的优良传统和作风，是我们党与其他政党相区别的重要标志。中国共产党继承中华民族传统美德，选择了一条艰苦奋斗之路。艰苦奋斗是一种生活态度、一种行为方式、一种精神品质、一种价值导向、一种作风形象，是中国共产党人宝贵的政治本色。回顾中国共产党领导中国人民走过的百年奋进路，我们理解了艰苦奋斗精神的价值意蕴，深刻认识到"一个没有艰苦奋斗精神作支撑的民族，是难以自强自立的；一个没有艰苦奋斗精神作支撑的国家，是难以发展进步的；一个没有艰苦奋斗精神作支撑的政党，是难以兴旺发达的"[1]。

（一）艰苦奋斗精神的基本内涵

中国共产党从诞生之日起，就是坚持以马克思主义理论为指导的无产阶级新型政党。中国共产党党章明确规定："中国共产党党员必须全心全意为人民服务，不惜牺牲个人的一切，为实现共产主义奋斗终身。"无产阶级政党以解放全人类、实现共产主义为己任，以为绝大多数人谋利益为根本宗旨，这是一个漫长的历史过程，需要共产党人进行长期不懈的艰苦努力。如果放弃艰苦奋斗精神，马克思主义政党的性质就会

[1] 胡锦涛：《在西柏坡学习考察时的讲话》（2002年12月6日），《胡锦涛文选》第2卷，人民出版社2016年版，第6页。

改变,为人民群众谋利益的宗旨也将成为一句空话。《党的建设辞典》中解释道:"艰苦奋斗是共产党人的政治本色,是中国共产党和人民军队在长期革命和建设过程中形成的优良传统。艰苦奋斗表现在政治、思想、工作、作风各个方面,是坚持正确政治方向、实现党的路线和一定时期奋斗目标的基本保证。"毛泽东在《论十大关系》中指出:"我们历来提倡艰苦奋斗,反对把个人物质利益看得高于一切,同时我们也历来提倡关心群众生活,反对不关心群众痛痒的官僚主义。"[1]针对有些干部"闹地位,闹名誉,讲究吃,讲究穿"革命意志衰退的情况,毛泽东强调:"共产党就是要奋斗,就是要全心全意为人民服务,不要半心半意或者三分之二的心三分之二的意为人民服务。"[2]从这个意义上讲,党员领导干部带头发扬艰苦奋斗精神是由党的性质、宗旨和奋斗目标决定的,更是坚持党性原则的重要体现。革命战争年代,在危机四伏、艰苦卓绝的生死考验面前,坚定的共产主义理想信念赋予了共产党人艰苦斗争的革命精神,艰苦斗争精神铸成了革命者不怕牺牲、无私奉献的气节情操,从而赢得了人民群众,最终赢得了革命胜利。社会主义建设时期,我们党继续保持艰苦奋斗作风,拒腐防变,为防止党脱离群众,作出了艰辛的探索。在建设社会主义现代化伟大实践中的艰苦奋斗,是对革命和建设时期艰苦奋斗的传承,也是时代精神和民族精神在新时代的体现,具有新时代的新内涵——坚忍

---

[1] 《毛泽东文集》第7卷,人民出版社1999年版,第28页。

[2] 《毛泽东文集》第7卷,人民出版社1999年版,第285页。

不拔、敢于斗争、解放思想、改革创新、求真务实地为实现中华民族伟大复兴中国梦接续奋斗。

（二）艰苦奋斗精神的历史意蕴

中国共产党的历史，就是一部艰苦奋斗的发展史。从井冈山的红米饭、南瓜汤，到中央苏区的"苏区干部好作风，自带干粮去办公。日着草鞋干革命，夜走山路访贫农"，从长征吃野菜、树皮、皮带，到延安时期中央领导与群众一起纺线、开荒……艰苦卓绝的革命战争年代，我们党始终坚持崇高的理想信念，官兵一致，与群众甘苦与共。正是靠艰苦奋斗作风，我们党赢得了人民，战胜了数倍于我、武装到牙齿的国民党军队，取得了革命的彻底胜利，建立了新中国。

井冈山时期，红军始终保持着高昂的士气。"深山岩洞是我房，青枝绿叶是我床，红薯葛根是我粮，一心跟着共产党，哪怕敌人再'围剿'，头断血流不投降，只要坚持干到底，总有一天见太阳。"这首充满昂扬斗志、饱含革命激情的歌谣就是当年红军艰苦奋斗的真实写照。正是凭借这种精神，红军将士一次又一次粉碎了国民党反动派的"围剿"，发展壮大了革命力量。

长征是中国革命史上一幅壮丽的画卷、一部英雄的史诗。"苦不苦想想红军两万五"这句耳熟能详的话，把红军长征行军之苦、红军取得胜利之难说到了极致。中央红军在没有生活物资保障和武器弹药供给的艰苦条件下，翻越了18座山脉，渡过了24条河流，占领过大小62个城镇，历经千难万险硬是用两条腿丈量了25 000里，取得了长征的胜利，靠的同样是艰苦奋斗精神。世界军事史专家格里菲斯这样描述红军长征："能够忍耐难以言状的艰难困苦；能够战胜途中大自然好像决意要阻挠他们前进而向他们提出的一切挑战；能够击败下定决心要消灭他们的敌人而达到自己的目的。"[1]长征是中国革命事业的转折点，是红军战胜强敌的史诗，是人类征服自然的凯歌，是"无与伦比的现代奥德赛史诗"。长征为什么能胜利？就因为，"中国共产党，它的领导机关，它的干部，它的党员，是不怕任何艰难困苦的"[2]。过草地时，红军战士以苦为乐，不仅把挖来的"胜利果实"——野菜，搞起了"美食排行"，更是写下诗篇纪念这一段苦难征程："断炊断粮忍饥难，牛皮野菜赛美餐，青稞青黄不相连，搓毛双手胜磨盘。薄衣难御夜风寒，草地赤夜篝火燃，风中露营头枕雪，相依驱凉温心暖。风尘万里皆坡坎，浴血征途战险关，古来世人谁一页？唯我红军英雄汉。"

全民族抗战时期，延安受到日伪军的严密封锁和包围，根据地军民没衣穿、没菜吃、没纸用，抗日军民"自己动手，丰衣足食"，一手拿枪，一手拿镐，一边打仗，一边垦荒种地、纺线织布，开展了轰轰烈烈的大生产运动，度过了重重难关，最终赢得了抗日战争的胜利。

回顾中国革命历程，正是靠众志成城、艰苦奋斗，中国共产党才从偏僻落后的山沟里，从千难万险的长征中，从荒凉贫瘠的黄土高原上发展壮大起来，开创了人民的幸福大业，也培育了以艰苦奋斗为主要特征的伟大建党精神、井冈山精神、苏区精神、长征精神、延安精神、抗战精神、吕梁精神、沂蒙精神和

---

[1] 晴空：《中国人民解放军》，《解放军报》2006年9月19日。

[2]《毛泽东选集》第1卷，人民出版社1991年版，第150页。

西柏坡精神等革命奋斗精神，深深影响着一代又一代革命传人。

新中国成立后，我国的政治、经济、文化等各方面的情况都发生了极大变化。我们党成了执政党，人民当家做了主人，人民生活获得了很大改善。在这种情况下，还要不要继续发扬艰苦奋斗的优良作风呢？毛泽东的回答是肯定的。新中国成立前夕，毛泽东在中国人民政治协商会议第一届全体会议的开幕词中就指出："只要我们仍然保持艰苦奋斗的作风，只要我们团结一致，只要我们坚持人民民主专政和团结国际友人，我们就能在经济战线上迅速地获得胜利。"[1]10月26日，新中国成立伊始，毛泽东给陕甘宁边区人民复电，勉励全党同志要永远保持"艰苦奋斗的作风"。他清醒地认识到中国虽然是一个社会主义大国，但是我们贫穷落后，物质生产极其匮乏，要使如此羸弱的新中国富强起来，必须要"省"。基于此，毛泽东提出了一切从俭：勤俭办厂、勤俭办社、勤俭办商店、勤俭办一切事业，并将厉行节约、反对浪费作为建国的方针。并常常告诫全党：一要勤，二要俭，不要懒，不要豪华。全国人民艰苦奋斗，用三年左右时间让一穷二白的中国恢复了生机与活力，为新中国经济发展奠定了物质基础。

毛泽东多次要求人民军队广大指战员要保持艰苦奋斗的优良传统，他指出：艰苦奋斗，才能在复杂的阶级斗争中执行坚定正确的政治方向；艰苦奋斗，才

[1]《毛泽东文集》第5卷，人民出版社1996年版，第345页。

能抵制资产阶级思想的侵蚀；艰苦奋斗，才能密切官兵关系、军民关系；艰苦奋斗，才能出战斗力。不要以为将来武器装备现代化了，就不需要艰苦奋斗这一条了；相反，现代战争会更激烈、更艰苦，这就更加要求我们发扬一不怕苦、二不怕死的革命精神。老爷兵是要打败仗的。在新的历史条件下，我们必须进一步保持和发扬艰苦奋斗的作风。[1] 在《关于正确处理人民内部矛盾的问题》中，毛泽东强调全体干部和人民要经常想到我国是一个社会主义的大国，但又是一个经济落后的穷国，这是一个很大的矛盾。他指出："一万年以后，也要奋斗。""我们要保持过去革命战争时期的那么一股劲，那么一股革命热情，那么一种拼命精神，把革命工作做到底。"[2]

1957年5月10日，中共中央向全党发出《关于各级领导人员参加体力劳动的指示》，文件根据当年春耕以来大批脱产干部到基层参加田间生产劳动所取得的成绩，强调领导干部参加生产劳动，和劳动人民打成一片，"有利于及时地、具体地发现和处理问题，有利于改进领导工作，从而可以比较容易地避免和克服官僚主义、宗派主义、主观主义的许多错误，并且有利于改变社会上所存在的那种轻视体力劳动的观念"，赞其为"我国社会主义建设中的一个有重大意义的事件"。[3] 文件回顾了我们党一路走来的优良历史传统，指出："我们的党在三十多年中，同群众在一起，艰苦奋斗，赢得了伟大革命的胜利。""在

---

[1] 韦国清：《在新的历史条件下发扬政治工作优良传统，提高我军战斗力——一九七八年五月二日在全军政治工作会议上的报告》，《人民日报》1978年6月8日。

[2] 毛泽东：《坚持艰苦奋斗，密切联系群众》（1957年3月），《毛泽东文集》第7卷，人民出版社1999年版，第285页。

[3] 中共中央文献研究室编：《建国以来重要文献选编》第10册，中央文献出版社2011年版，第230页。

第五章　弘扬自力更生、艰苦奋斗精神，永葆共产党人政治本色

一九二七至一九三六年的十年内战时期，我们的党的干部和工农红军的指挥员、战斗员，有许多人都曾经用一部分时间参加生产劳动。在抗日战争时期，延安和各抗日根据地的部队、机关、学校曾经进行了群众性的生产运动，许多主要干部有的参加了农业劳动，有的参加了手工业劳动。这种生产运动大大地改善了领导者同群众的关系，加强了广大干部和广大知识分子的劳动观念，促进了当时各解放区人民的生产。"[1]故而，为加快社会主义国家建设，使我们的国家成为具有现代工业和现代农业的国家，必须发扬和坚持密切联系群众、艰苦奋斗的优良传统，使之以制度形式长期得以坚持、贯彻，所以，文件强调，"各级的领导干部参加一部分体力劳动，使脑力劳动和体力劳动逐步结合，就是发扬这个优良传统的一个制度"[2]。

正是有着这么一股子气、靠着这么一股子劲，在社会主义建设年代，我们在极为困难的条件下，独立自主地建立起完整的工业体系，举全国之力实现了"两弹一星"的科技创举，为中华民族屹立于世界民族之林奠定了最坚实的基础。在那个火红的年代，各行各业都涌现出大批劳动模范或英雄人物，如时传祥、孟泰、王崇伦、马永顺、王进喜、雷锋、焦裕禄、孙茂松等，他们自力更生，艰苦创业，大公无私，不计名利和报酬，以忘我工作的精神境界，用自己的言行从不同的方面诠释着艰苦奋斗精神。这些时代楷模以及

[1] 中共中央文献研究室编：《建国以来重要文献选编》第10册，中央文献出版社2011年版，第232页。

[2] 中共中央文献研究室编：《建国以来重要文献选编》第10册，中央文献出版社2011年版，第232页。

在这个时代孕育的铁人精神、焦裕禄精神和雷锋精神等影响激励了几代中国人。"县委书记的好榜样"焦裕禄至今仍然是党员领导干部学习的楷模；雷锋精神远播海外，影响深远。

（三）艰苦奋斗精神的时代价值

"勤俭持家，国家才能兴旺。……这是国家兴旺之气。"[1]纵览百年党的革命史，我们党正是靠艰苦奋斗起家创业、发展壮大和创造辉煌的。邓小平曾讲："中国搞四个现代化，要老老实实地艰苦创业。我们穷，底子薄，教育、科学、文化都落后，这就决定了我们还要有一个艰苦奋斗的过程。"[2]习近平总书记强调："全党同志要不断学习领会'两个务必'的深邃思想，始终做到谦虚谨慎、艰苦奋斗、实事求是、一心为民。"[3]实现民族复兴要凝聚中国精神。如今，我们的综合国力有了迅速增长，中国人民实现了"富起来"的愿景，正在迎来"强起来"的梦想，但"由俭入奢易、由奢入俭难"的道理未曾改变，中国是世界上最大的发展中国家、中国仍处于社会主义初级阶段这个基本国情仍未改变。我们的党员干部，谁忘记了这个道理，谁脱离了这个现实，谁就有脱离群众的危险，谁就失去了共产党人的光荣，也就失去了革命的精神，也就忘却了自己的初心和使命。

1. 艰苦奋斗精神是党员干部立身立业的根基

对共产党员来说，要增添本领就要吃苦，要增强党性修养，就更要下"苦功夫"。自力更生、艰苦奋

---

[1] 中共中央文献研究室编：《厉行节约反对浪费——重要论述摘编》，中央文献出版社2013年版，第31页。

[2] 邓小平：《目前的形势和任务》（1980年1月16日），《邓小平文选》第2卷，人民出版社1994年版，第257页。

[3] 《习近平在调研指导河北省党的群众路线教育实践活动时强调充分调动干部和群众积极性保证教育实践活动善做善成》，《人民日报》2013年7月13日。

斗是我们共产党人的品质，是我们立党立国的根基，也是党员干部立身立业的根基。艰苦奋斗的精神突出表现为艰苦朴素、克勤克俭的日常行为。"抓改进工作作风，各项工作都很重要，但最根本的是要坚持和发扬艰苦奋斗精神。"[1]党的十八大之后，新一届党中央提出并带头落实加强作风建设的"八项规定"，这一战略举措教育了全党干部、震慑了个别党员，刹住了干部队伍中存在的不良习气。作为党员领导干部，必须以身作则，率先垂范，从我做起，从小事做起，从细节抓起，大力弘扬艰苦奋斗、勤俭节约的优良作风，严于律己，改进作风，切实树好党员干部的先锋模范形象，在遵章守纪中做好工作、在严格律己中担当责任，真正在党员队伍中形成并保持在清风正气中干事创业的良好政治生态。习近平总书记多次强调力戒奢靡之风，坚决反对大手大脚、铺张浪费：作为党员干部，在生活上千万不能为了追求超常人的生活而丢掉我们党几十年培养起来的艰苦奋斗的作风，更不能为了追求自己的超常享受去铤而走险，腐化堕落。否则，必将受到法律的制裁，个人、家庭和事业等都将毁于一旦，立身立业也就无从谈起了。自力更生、艰苦奋斗是中国共产党人党性的集中体现，是中国共产党人的政治本色、价值追求和实践作风，经历革命、建设、改革风雨考验的中国共产党，必须且一定要把自力更生、艰苦奋斗这个精神根基打牢，俭以养德、勤以修身，自觉锤炼优良作风，唯有如此，才能任凭

[1] 中共中央文献研究室编：《厉行节约反对浪费——重要论述摘编》，中央文献出版社2013年版，第55页。

风吹浪打,"我自岿然不动",才能领导和团结人民创造更伟大的人间奇迹!

2. 弘扬艰苦奋斗精神必须"补好精神之钙"

理想信念是共产党人精神上的"钙",是党员安身立命之根本。毛泽东将"永久奋斗"定为评判"模范青年""最主要的一条"标准[1];刘少奇在《论共产党员的修养》中将"艰苦奋斗的工作作风的修养"[2]确立为党员必备的八种修养之一。艰苦奋斗和理想信念互为表里,艰苦奋斗的作风是坚定理想信念的表现,而坚定理想信念则是党员"忍饥挨饿""奋斗到死"的内在原因。[3]今天,习近平总书记依然将"吃苦在前、享受在后,能否勤奋工作、廉洁奉公"[4]视为检验干部理想信念是否坚定的重要标准之一。思想上松一寸,行动上就会退一尺。部分党员干部,甚至高级领导干部堕落为腐败分子,根本原因在于动摇了理想信念,淡忘了党的宗旨。延安时期,共产党人自力更生、艰苦奋斗的力量正是源于对理想信念的执着、源于对事业的必胜信念。只有把最大多数人的最大幸福作为目标的政党,才能拥有超越失败的无私无畏;只有认定自己的事业是正义的党员,才会有必胜信念,才会有超然生死的义无反顾。今天的和平年代,已经没有了战场上的你死我活来考验共产党员,但理想信念仍然是共产党人干事创业的信仰支柱和不竭动力。今天,为老百姓办几件事或许容易做到,一辈子为老百姓做好事、办实事就要靠理想信念支撑了。只有不忘自力

[1] 《毛泽东文集》第2卷,人民出版社1993年版,第190页。

[2] 中共中央文献研究室、中共中央党校编:《刘少奇论党的建设》,中央文献出版社1991年版,第105页。

[3] 《毛泽东文集》第2卷,人民出版社1993年版,第193页。

[4] 《习近平在新进中央委员会的委员、候补委员学习贯彻党的十八大精神研讨班开班式上发表重要讲话强调 毫不动摇坚持和发展中国特色社会主义 在实践中不断有所发现有所创造有所前进》,《人民日报》2013年1月6日。

更生、艰苦奋斗的政治本色，在工作中不畏艰难、敢于担当，才是一名合格的共产党员。

3. 弘扬艰苦奋斗精神必须"实干兴邦"

天上不会掉馅饼，幸福都是奋斗出来的。"幸福美好生活不是从天上掉下来的，而是要靠艰苦奋斗来创造。"[1]自力更生、艰苦奋斗是共产党人在延安那样极端艰难的条件下，培育出来的独特品质，是我们党战胜困难、取得胜利的有力武器。今天，我们践行艰苦奋斗、自力更生的优良传统，就是要始终保证把全部心思和精力用在干事创业上，说实话——实事求是、不尚空谈，办实事——脚踏实地、埋头苦干。在我们党内，必须形成这样一种风气、达成这样一种共识："自私自利，消极怠工，贪污腐化，风头主义等等，是最可鄙的；而大公无私，积极努力，克己奉公，埋头苦干的精神，才是可尊敬的。"[2]同时，艰苦奋斗，核心在"奋斗"二字，这是一种生活态度、一种行为方式、一种精神品质、一种价值导向、一种作风形象，是中国共产党人宝贵的政治本色。"空谈误国，实干兴邦。"我们全党同志践行艰苦奋斗精神，就是要锤炼出一种不怕艰难困苦、自强不息的英雄气概，就是要锤炼出一种锐意进取、开拓创新的与时俱进精神，就是要锤炼出一种真抓实干、戒奢以俭的优良作风。今天，自力更生、艰苦奋斗更是一种创造精神，它要求我们以奋发向上、一往无前的精神状态，以自强不息、开拓进取的优秀品格，凭着脚踏实地、锲而不舍

---

[1] 《把革命老区发展时刻放在心上——习近平总书记主持召开陕甘宁革命老区脱贫致富座谈会侧记》，《人民日报》2015年2月17日。

[2] 《毛泽东选集》第2卷，人民出版社1991年版，第522页。

的坚强毅力，积极投身新时代中国特色社会主义伟大实践中。"一分部署，九分落实。""十四五"的蓝图已经绘就，党员干部要通过自己的奋斗精神、勤俭作风、创新意识，发扬"功成不必在我"的奉献精神，团结和带领人民群众，共同为实现亿万中国人的幸福梦想奋斗。

4. 弘扬艰苦奋斗精神必须"走自己的路"

《中共中央关于党的百年奋斗重大成就和历史经验的决议》指出："独立自主是中华民族精神之魂，是我们立党立国的重要原则。走自己的路，是党百年奋斗得出的历史结论。党历来坚持独立自主开拓前进道路，坚持把国家和民族发展放在自己力量的基点上，坚持中国的事情必须由中国人民自己作主张、自己来处理。人类历史上没有一个民族、一个国家可以通过依赖外部力量、照搬外国模式、跟在他人后面亦步亦趋实现强大和振兴。那样做的结果，不是必然遭遇失败，就是必然成为他人的附庸。只要我们坚持独立自主、自力更生，既虚心学习借鉴国外的有益经验，又坚定民族自尊心和自信心，不信邪、不怕压，就一定能够把中国发展进步的命运始终牢牢掌握在自己手中。"党的二十大报告强调："中国人民和中华民族从近代以后的深重苦难走向伟大复兴的光明前景，从来就没有教科书，更没有现成答案。党的百年奋斗成功道路是党领导人民独立自主探索开辟出来的，马克思主义的中国篇章是中国共产党人依靠自身力量实践出来的，贯穿其中的一个基本点就是中国的问题必须从中国基本国情出发，由中国人自己来解答。"中华民族复兴道路上的抗日战争和解放战争这两个伟大胜利，是千百万革命烈士和民族先贤，是亿万中国人民，用自己的鲜血和汗水铸就的历史丰碑。民族复兴的筑梦历程中取得的一个又一个伟大成就，充分证明了毛泽东的论断："我们中华民族有同自己的敌人血战到底的气概，有在自力更生的基础上光复旧物的决心，有自立于世界民族之林的能力。"[1] 独立自主是中华民族的优良传统，是我们立党立国的重要原则。在中国这样一个人口众多、经济文化比较落后的东方大国进行革命和建设，决定了我们只能走自己的路。延安整风的一个重要目的就是要摆脱苏联模式和教条主义对中国共产党党员头脑的禁锢。经过延安整风，我们党可以独立自主地思考自己的革命道路，依据自己对国际形势的判断，制定符合中国革命利益的外交战略。在纪念毛泽东诞辰120周年座谈会上的讲话中，习近平总书记强调："这种独立自主的探索和实践精神，这种坚持走自己的路的坚定信心和决心，是我们党全部理论和实践的立足点，也是党和人民事业不断从胜利走向胜利的根本保证。"[2] 坚持自力更生、艰苦奋斗，就是要坚定不移地走自己的路，就是要坚定地走中国特色社会主义道路，增强道路自信、理论自信、制度自信和文化自信，在坚持的基础上不断推动实践创新和理论创新，使中国特色社会主义道路越走越宽。可以说，自力更生、艰苦奋斗是坚持和发展中国特色社会主义的题中应有之义，是中国共产党身上一种红色基因和政治文化，离开了自力更生、艰苦奋斗，中国特色社会主义就失去了精气神，中国共产党就不可能团结和带领人民继续沿着这条康庄大道奋勇前进，马克思主义理论发展和中国社会进步也就失去了最深厚

[1]《毛泽东选集》第1卷，人民出版社1991年版，第161页。

[2] 习近平：《在纪念毛泽东同志诞辰120周年座谈会上的讲话》，《人民日报》2013年12月27日。

的精神动力。

（四）保持共产党员永远奋斗的本色

随着改革开放不断深入，经济社会迅速发展，物质条件改善和人民生活水平日益提高，党的艰苦奋斗的优良传统被相当一部分党员干部淡忘了。不思进取、贪图享乐的问题越来越严重，享乐主义已经成为一种不容忽视的社会现象。缘何如此，原因大体有内外两个层面。从内观之，中国封建社会长达2000多年，官本位思想根深蒂固。封建特权思想遗毒深远，"当官做老爷"成为一些领导干部的潜意识。从外观之，西方资产阶级腐朽思想的影响。伴随着市场经济的快速发展，享乐主义风气等对我国社会传统美德造成一定冲击。

享乐主义的表现眼花缭乱，大体有如下几种。一是在精神状态上。一些干部思想空虚，意志消沉，精神萎靡，方向迷失，不思进取，贪图安逸，及时行乐，缺乏勇挑重担、鞠躬尽瘁的工作精神，以追求物质和精神上的享受为人生的唯一目的和乐趣，个人利益高于一切，事情多做一点觉得吃亏，待遇稍差一点满腹牢骚，认为艰苦奋斗过时，享乐安逸才现实，把人的生理本能需要看成是人生最高追求，今日有酒今朝醉，"人生得意须尽欢"。二是在工作态度上。有的干部在工作中，消极应付，拈轻怕重，怕苦怕累，逃避责任，不敢担当，得过且过；有的干部摆不正心态，坐不正位置，牢骚满腹、心浮气躁，缺乏脚踏实地、埋头苦干、任劳任怨的事业心和责任感；有的干部只讲环境，只讲条件，只顾晋职，只谈待遇，不愿到条件较差、经济落后的地区和矛盾集中的复杂环境中去提升能力、磨炼意志；有的干部只顾眼前利益，不谋长远发展，做一天和尚撞一天钟，把主要精力放在拉关系、通渠道，谋求个人利益上，上班期间玩游戏、炒股票，喝茶看报传闲话，评头论足议他人。三是在公务活动中。有的干部讲排场、比阔气，公款消费，公费旅游；有的干部一味追求感官的享受和欲望的满足，把"当官"作为炫耀的资本，把权力作为谋私的工具，把职务作为享受的天堂，在其位不谋其职，在其职不谋其责，职务消费名目繁多，花样翻新，数额巨大，挥金如土，日益奢靡，超标准接待，超规定多占住房，超计划建楼堂馆所，超规格配备车辆，甚至挪用公款，贪污腐败。四是在生活方式上。有的干部玩物丧志，喝名茶名酒，抽极品香烟，吃山珍海味，入高档会所，泡歌厅酒吧，洗桑拿足浴，养情妇"二奶"，沉湎于花天酒地，热衷于灯红酒绿；铺张浪费，奢靡挥霍，甚至挪用公款聚众赌博，纸醉金迷，造成恶劣的社会影响。

我们党坚持马克思主义的指导，又植根于中华优秀传统文化的沃土，是民族优秀文化传统的继承者和弘扬者，将"为天地立心，为生民立命"作为自己的价值追求，无数中国共产党人为了民族的独立、国家的富强前赴后继、不惧牺牲。就如鲁迅所称赞的："我们自古以来，就有埋头苦干的人，有拼命硬干的人，有为民请命的人，有舍身求法的人，……也往往掩不住他们的光耀，这就是中国的脊梁。"优秀的中国共产党，无疑就是这样一个政党，优秀的中国共产党人，无疑就是这样的人，从而撑起了国家和民族的脊梁。一部党的历史，也就是一部共产党人为人民奋斗、为人民服务的历史。反之，那些丧失了理想信念的少数，则忘记了自己的使命和担当，迷失了自己的初心和追求，将艰苦奋斗的作风视为一种"不合时宜"，在声色犬马、消极腐败中堕落蜕化，成为人民的罪人。因此，只有时刻牢记为人民服务这一共产党人的核心价值追求，始终坚定理想信念，才能时刻保持艰苦奋斗的优良作风。

旗帜鲜明地加强作风建设，反对享乐主义和奢靡之风，特别是严惩各种腐败问题，是我们党走向成功的一条极为重要的经验。在改革开放前夕和改革开放之初，邓小平多次强调恢复和发扬党的艰苦奋斗优良传统问题。他在1978年6月指出："我们的毛泽东同志、周恩来同志以身作则，严于律己，艰苦奋斗，几十年如一日，成为我党我军优良传统和作风的化身。"[1] 1979年3月，邓小平在著名的《坚持四项基本原则》的重要讲话中指出："如果不坚决搞好党风，进一步恢复党的实事求是、群众路线和艰苦奋斗的优良传统，就可能出现一些本来可以避免的大大小小的乱子，使我们的现代化建设在刚刚迈出第一步的时候就遇到严重的障碍。"[2] 在改革开放之初的1980年全国政协新年茶话会上，邓小平强调："要有艰苦奋斗的创业精神。"为什么呢？他接着讲："我们要搞中国式的现代化，我们还很穷，就是要老老实实地创业，就是要吃点苦，否则不可能有今后的甜。人民生活只有随着生产的不断发展，才能得到逐步改善。"[3] 1981年11月，邓小平在与外宾谈"中国式现代化"问题时指出："如果不提倡艰苦奋斗，勤俭节约，这个目标不能达到。……要坚持我们历来的艰苦奋斗的传统。否则我们的事业是不会有希望的。"[4] 江泽民也多次指出："艰苦奋斗是我们党的优良传统，在改革开放的新形势下必须继续发扬光大。"[5] 进入新世纪新阶段，胡锦涛一再号召全党牢记"两个务必"，大力弘扬艰苦奋斗的作风。

---

[1] 《邓小平文选》第2卷，人民出版社1994年版，第125页。

[2] 《邓小平文选》第2卷，人民出版社1994年版，第162页。

[3] 中共中央文献研究室编：《邓小平年谱（1975—1997）》上，中央文献出版社2004年版，第588页。

[4] 中共中央文献研究室编：《邓小平思想年谱（1975—1997）》，中央文献出版社2011年版，第394页。

[5] 江泽民：《论党的建设》，中央文献出版社2001年版，第193页。

党的十八大之后,习近平总书记告诫全党:"如果任由这些问题蔓延开来,后果不堪设想,那就有可能发生毛泽东同志所形象比喻的'霸王别姬'了。更为严重的是,我们一些同志对这些问题见怪不怪,甚至觉得理所当然,'久入鲍肆而不闻其臭'。这就更加危险了。"[1]

经过40多年的改革开放,我国的经济总量已跃居全球第二。在这种时代背景下,我们还要不要坚持与弘扬艰苦奋斗的精神?回答是肯定的。坚持与弘扬艰苦奋斗精神是由我国处于并将长期处于社会主义初级阶段的基本国情决定的,也是由社会主要矛盾所决定的。党的十九大报告指出,当前中国社会主要矛盾是人民日益增长的美好生活需要和不平衡不充分的发展之间的矛盾。一个政党,一个政权,其前途和命运最终取决于人心向背。正是站在这样的高度,习近平总书记在十八届中纪委二次全会上语重心长地告诫全党:"工作作风上的问题绝对不是小事,如果不坚决纠正不良风气,任其发展下去,就会像一座无形的墙把我们党和人民群众隔开,我们党就会失去根基、失去血脉、失去力量。""抓改进工作作风,各项工作都很重要,但最根本的是要坚持和发扬艰苦奋斗精神。""能不能坚守艰苦奋斗精神,是关系党和人民事业兴衰成败的大事。"

以习近平同志为核心的党中央高度重视作风建设,以自我革命的精神,刀口向内、壮士断臂,惩治

---

[1] 习近平:《在党的群众路线教育实践活动工作会议上的讲话》,《党建研究》2013年第7期。

党内腐败，根治官僚主义和形式主义，还全党同志一个海晏河清的政治生态。2012年12月4日的中央政治局会议制定的八项规定之一就是："要厉行勤俭节约，严格遵守廉洁从政有关规定，严格执行住房、车辆配备等有关工作和生活待遇的规定。"2013年1月22日，习近平总书记在十八届中央纪委二次全会上指出："要坚持和发扬艰苦奋斗精神"，尤其是"要坚持勤俭办一切事业，坚决反对讲排场比阔气，坚决抵制享乐主义和奢靡之风。要大力弘扬中华民族勤俭节约的优秀传统，大力宣传节约光荣、浪费可耻的思想观念，努力使厉行节约、反对浪费在全社会蔚然成风"。党的十八大以来的五年间，我们大张旗鼓地开展了反对形式主义、官僚主义、享乐主义、奢靡之风的反"四风"行动，雷厉风行地推行了以艰苦奋斗为内核的三公经费、办公用房、公务用车、公务出国等敏感领域改革，等等。这从党内层面推动了艰苦奋斗、艰苦创业的强势回归。2016年10月党的十八届六中全会审议通过了《关于新形势下党内政治生活的若干准则》，其中第12条准则"保持清正廉洁的政治本色"中深刻指出，"各级领导干部特别是高级干部要坚持立党为公、执政为民，坚持公私分明、先公后私、克己奉公，带头保持谦虚、谨慎、不骄、不躁的作风，保持艰苦奋斗的作风，带头执行廉洁自律准则，自觉同特权思想和特权现象作斗争"。党的二十大站在新的历史起点上进一步强调："锲而不舍落实中央八项规定精神，抓住'关键少数'以上率下，持续深化纠治'四风'，重点纠治形式主义、官僚主义，坚决破除特权思想和特权行为。把握作风建设地区性、行业性、阶段性特点，抓住普遍发生、反复出现的问题深化整治，推进作风建设常态化长效化。"

加强作风建设，必须以踏石留印、抓铁有痕的劲头，大力弘扬艰苦奋斗精神。坚定的理想信念，是保持优良作风的根本支撑。理想信念"缺钙"，就会在世界观、人生观、价值观上出现偏差，就可能导致政治上变质、经济上贪婪、道德上堕落、生活上腐化。坚定的信仰，始终是党员干部站稳政治立场、抵御各种诱惑的决定性因素。因此，首先要加强对党员干部的理想信念教育，使之内化为党员干部的自觉追求，筑牢思想防线，牢记根本宗旨，树立艰苦奋斗之志，争做忠诚清廉之人，自觉抵制奢靡享乐等不良风气。

作风建设重在日常、贵在有恒，要盯紧盯住重要节点、重点领域，在坚持中见常态、见长效。各级党组织尤其要敢于较真碰硬，从点滴抓起，从具体问题管起，织密监督网，及时发现问题、纠正偏差。要带头倡节约反浪费，坚持勤俭办一切事情，不搞花架子，不做表面文章，不搞形式主义，不搞急功近利的"短期行为"、劳民伤财的"形象工程"和沽名钓誉的"政绩工程"，真正把有限的资金和资源用在刀刃上，把更多的财力用在"加快构建新发展格局，着力推动高质量发展"上。

为者常成，行者常至。实干是最好的工作作风。牢固树立艰苦奋斗本色，就要讲实干反空谈，撸起袖子加油干。"道虽迩，不行不至；事虽小，不为不成。"当前，仍有一些党员干部身在岗位不干事、肩担重任不作为，贪图安稳，消极怠工，对应负的责任击鼓传花、上推下卸，宁愿不做事，但求不出事。庸政、懒政、怠政，贻误发展机遇，影响政治生态，要采取有力举措破解党员干部存在的动力不足不想为、能力不足不能为、担当不足不敢为等问题，努力形成重德才、重实绩的用人导向，让埋头苦干、真抓实干的干部真正得到重用，引导各级干部在其位、谋其政、履其职、尽其责，把实干精神落实到各个环节、各个细节上，一步一个脚印地把工作做实、做深、做细，确保干一事成一事、积小胜为大胜，努力使工作经得起群众和历史的检验，创造出无愧于党和人民的业绩。

三、艰苦奋斗精神是中华民族复兴最强大的精神动力

"时代是出卷人，我们是答卷人，人民是阅卷人。"70多年前，毛泽东把夺取全国胜利视为万里长征走完了第一步，把进入北京城建立新中国比喻为"进京赶考"；70多年后，在我们比历史上任何时期都更接近中华民族伟大复兴目标的时刻，习近平总书记告诫全党："这场考试还没有结束，还在继续。今天，我们党团结带领人民所做的一切工作，就是这场考试的继续。"他要求全党同志一定要不忘初心、继续前进，永远保持谦虚、谨慎、不骄、不躁的作风，永远保持艰苦奋斗的作风，勇于变革、勇于创新，永不僵化、永不停滞，继续在这场历史性考试中经受考验，努力向历史、向人民交出新的更加优异的答卷。要在本世纪中叶实现中华民族伟大复兴的中国梦，把我国建成富强民主文明和谐美丽的社会主义现代化强国，我们必须坚持艰苦奋斗、勤俭建国的方针，弘扬"克勤于邦，克俭于家"的传统美德。正如习近平总书记所指出的："要大力弘扬中华民族勤俭节约的优秀传统，大力宣传节约光荣、浪费可耻的思想观念，努力使厉行节约、反对浪费在全社会蔚然成风。"只有这样，我们的国家和民族才有希望，民族复兴历史宏愿才能实现。

（一）中华民族的复兴梦想要在共产党人奋斗接力中实现

习近平总书记在参观《复兴之路》展览时提出了"中国梦"

并将其放到广阔的历史视野里进行阐述。他指出,"这个梦想,凝聚了几代中国人的夙愿","需要一代又一代中国人共同为之努力","我们这一代共产党人一定要承前启后、继往开来",继续朝着这一伟大目标奋勇前进。此后,习近平总书记在讲话中多次强调,为了实现中国梦,要"一代又一代"地为之艰苦奋斗。"代代接力,艰苦奋斗",这是对我们党所致力的为中华民族伟大复兴而奋斗的历程的一种富有中国特色、感情色彩、史诗气派的描述。在党的七大期间,毛泽东多次向人们讲愚公移山的故事,毛泽东之所以看重它,就在于它的寓意里蕴藏着党的重要宗旨:一个是横向的,就是争取最广泛的群众一起奋斗;一个是纵向的,就是要一代一代地艰苦奋斗。这体现了毛泽东对党的事业的重大战略思考和深沉的历史感悟。党的十一届六中全会一致通过了《关于建国以来党的若干历史问题的决议》,实现了思想上的拨乱反正,中国人民真正迈上了改革开放的大道。该《决议》最后一部分,要求全国党员干部要继续发扬"愚公移山精神","为把我们的国家逐步建设成为现代化的、高度民主的、高度文明的社会主义强国而努力奋斗"。[1]

中国人被压迫的时间太久了,内心的压抑太大了,故而民族复兴的愿望愈加强烈,从而在追梦的路上脚步就愈加紧迫,这是中华民族固有的伟大品质,但是,追梦的道路注定不是平坦的,其间有着数不清的峰与

---

[1] 《中国共产党第十一届中央委员会第六次全体会议公报》,中共中央文献研究室编:《十一届三中全会以来重要文献》下,中央文献出版社2011年版,第177页。

谷。20世纪50年代末至60年代初的"大跃进"是中国共产党领导中国人民为改变贫穷落后面貌所进行的实践,由于缺乏经验,急躁冒进,再加之有些党员干部脱离实际、脱离群众的作风,使得国家建设走了一个很大的马鞍形。伟大的政党不在于不犯错误,而在于以自我革命的精神改正错误。"大跃进"的深刻教训,促使毛泽东静下心来深入研究历史,思考社会主义发展规律。在现有条件和经济基础下,只有强调艰苦奋斗,经历数代人、花费一百年才有可能实现这一目标。20世纪60年代初,毛泽东对蒙哥马利说过:"建设强大的社会主义经济,在中国,五十年不行,会要一百年,或者更多的时间。在你们国家,资本主义的发展,经过了好几百年。十六世纪不算,那还是在中世纪。从十七世纪到现在,已经有三百六十多年。在我国,要建设起强大的社会主义经济,我估计要花一百多年。"[1]他对尼泊尔客人说过:"我们的国家还是个穷国,要搞得好一些至少要几十年。蒙哥马利元帅说需要五十年时间。我说至少五十年到一百年,一个世纪不算长,欧洲、美洲花了几个世纪才到今天的程度,我们用一个世纪超过就算好了。"[2]他还对党内讲过:"中国的人口多、底子薄,经济落后,要使生产力很大地发展起来,要赶上和超过世界上最先进的资本主义国家,没有一百多年的时间,我看是不行的。"[3]

改革开放以后,我们党提出了社会主义初级阶段

---

[1] 《毛泽东文集》第8卷,人民出版社1999年版,第301页。

[2] 中共中央文献研究室编:《毛泽东著作专题摘编》下,中央文献出版社2003年版,第927—928页。

[3] 《毛泽东文集》第8卷,人民出版社1999年版,第302页。

理论。党的十三大报告指出,社会主义初级阶段就是"实现中华民族伟大复兴的阶段"。邓小平估算将于21世纪中叶实现,设计目标是一个比"发达社会主义""强大的社会主义"等更容易量化评估的动态指标——"达到中等发达国家的水平"。在党的十三大召开前夕,邓小平又把20世纪80年代到21世纪中叶的几十年进行分割,形成了"三步走"战略:"本世纪走两步,达到温饱和小康,下个世纪用三十年到五十年时间再走一步,达到中等发达国家的水平。"具体一点讲:"本世纪末也只能搞一个小康社会。要达到西方比较发达国家的水平,至少还要再加上三十年到五十年的时间,恐怕要到21世纪末。""到本世纪末人均国民生产总值达到一千美元。……在这个基础上,在下个世纪再花三十年到五十年时间,接近西方的水平。"也就是:20世纪末达到"小康";大约在短期预测21世纪30年代、中期预测21世纪中叶、远期预测21世纪末,达到中等发达国家水平。后来通常采用的是中期目标,这与毛泽东的"百年预期"是基本一致的。党的十六大报告重申了党的十五大的奋斗目标,并对新世纪头20年作了详细的判断和规划,称这是"全面建设惠及十几亿人口的更高水平的小康社会"的时期。党的十七大报告明确了"全面建设小康社会"的目标。党的十八大报告提出建党100年时要确保实现"全面建成小康社会",并为新中国成立100年时"建成富强民主文明和谐的社会主义现代化国家"而奋斗。2012年11月29日,习近平总书记在参观《复兴之路》展览时进一步提出:"到中国共产党成立100年时全面建成小康社会的目标一定能实现,到新中国成立100年时建成富强民主文明和谐的社会主义现代化国家的目标一定能实现,中华民族伟大复兴的梦想一定能实现。"在建党100周年纪念大会上,习近平总书记郑重向全世界宣布:"经过全党全国各族人民持续奋斗,我们实现了第一个百年奋斗目标,在中华大地上全面建成了小康社会,历史性地解决了绝对贫困问题,正在意气风发向着全面建成社会主义现代化强国的第二个百年奋斗目标迈进。"[1]党的二十大则对新时代新征程中国共产党的使命任务作出规划和部署:"从现在起,中国共产党的中心任务就是团结带领全国各族人民全面建成社会主义现代化强国、实现第二个百年奋斗目标,以中国式现代化全面推进中华民族伟大复兴。""全面建成社会主义现代化强国,总的战略安排是分两步走:从二〇二〇年到二〇三五年基本实现社会主义现代化;从二〇三五年到本世纪中叶把我国建成富强民主文明和谐美丽的社会主义现代化强国。"

复兴蓝图要看奋斗精神描绘,千年伟业要靠实干苦干来筑就。20世纪80年代,邓小平曾将20世纪末达到人均国民生产总值800美元这个在西方人看来"微不足道"的目标,称作"雄心勃勃的计划"和"雄心壮志"。而为了这个"第二步"目标,直至21世纪中叶达到中等发达国家水平的"第三步"目标,"在到本世纪末的二十年中,还不能浪费"。"如果不提倡艰苦奋斗,勤俭节约,这个目标不能达到。""艰苦朴素的教育今后抓紧,一直要抓六十至七十年。"往更远了说,"我们搞社会主义才几十年,还处在初级阶段。巩固和发展社会主义制度,还需要一个很长

[1] 习近平:《在庆祝中国共产党成立100周年大会上的讲话》,《人民日报》2021年7月2日。

的历史阶段，需要我们几代人、十几代人，甚至几十代人坚持不懈地努力奋斗"。江泽民指出："要使我们国家跻身于世界现代化强国之林，还需要几代人、几十年的艰苦努力。对于这一点，我们务必有十分清醒的认识，切实做到克勤克俭、励精图治。"胡锦涛也讲过："我们国家人口多、底子薄，经济发展水平还不高，要实现全面建设小康社会的宏伟目标，必须继续用谦虚谨慎、艰苦奋斗精神来凝聚和激励全党全国人民励精图治、艰苦创业。"站在新的历史坐标和关节点上，习近平总书记关于艰苦奋斗的多次论述，既有深厚的历史感，也体现了当代共产党人重任在肩的使命感。"功成不必在我"，只要如愚公一样下定决心一锄头一锄头地、子孙相继一代一代地挖山不止，中华民族伟大复兴的中国梦就一定能实现。

（二）新时代是奋斗者的时代，奋斗的人生是幸福的人生

"新时代是奋斗者的时代。"党的十八大以来，习近平总书记在许多重大场合谈到奋斗与幸福的关系，其核心要义就是：幸福不是从天而降的，而是奋斗出来的。个人命运和国家命运紧密相连，中国梦的实现过程也是个人梦想的实现过程，个人必须也只有在奋斗的过程中才能收获真正的幸福。越是艰苦的奋斗，越能成就伟大的人生。只有奋斗的人生才称得上幸福的人生。奋斗者是精神最为富足的人，也是最懂得幸福、最享受幸福的人。美好生活固然离不开物质的充裕，但也不完全为其所决定，主要与对生活积极、肯定、愉悦的感受相一致，最终表达为精神层面的幸福，按照马克思的话说叫人的自由而全面发展。而这一层次，却是现实世界不少人忽略了的。幸福是奋斗出来的！索取和等待成就不了真正的美好，只有奋斗滋生的精神愉悦和内心平静，才

可以称得上真正的幸福。当然，今天提倡和弘扬艰苦奋斗精神不是去鼓励大家重新吃糠咽菜，更不是鼓励人们劳作过度放弃应有的休闲，而是强调工作和生活理应保持的品质和作风。新时代是伟大的时代，是奋斗的时代，是奋斗者的伟大时代。伟大奋斗就要苦干加巧干、创造性地干，伟大奋斗就要群众干、干部干、干部带头干，伟大奋斗就要有坚强的奋斗精神、奋斗意志和艰苦奋斗的作风。"等闲识得东风面，万紫千红总是春。"在中国共产党坚强领导下，再经过30年左右时间的继续奋斗、继续革命，我们必将建成一个富强民主文明和谐美丽的社会主义现代化强国。

总结改革开放的历史经验，习近平总书记指出："在进行社会革命的同时不断进行自我革命，是我们党区别于其他政党最显著的标志，也是我们党不断从胜利走向新的胜利的关键所在。"[1] 每一个共产党员都要做一个革命者，推动社会革命的同时，进行彻底的自我革命，要革命就要奋斗，就会有牺牲。共产党员要真奋斗、不要假奋斗，就要走出"伪奋斗"的认识和实践误区，建立正确的奋斗观念和意识。为什么要强调奋斗？归根结底就是要以奋斗精神来破解我们今天社会发展的矛盾，推动历史车轮前行。新时代我国社会主要矛盾发生了转化，已经由人民对日益增长的物质文化需求同落后的社会生产之间的矛盾，变为人民日益增长的美好生活需求和不平衡不充分

---

[1]《习近平在十九届中央纪委三次全会上发表重要讲话强调 取得全面从严治党更大战略性成果 巩固发展反腐败斗争压倒性胜利》，《人民日报》2019年1月12日。

的发展之间的矛盾。要求更高，目标更大。我们今天讲艰苦奋斗，并不是要人们重新回到过去的艰苦和贫困时代，而是要始终保持昂扬向上的进取精神。要真奋斗、不要假奋斗，就要用理想信念作为坚强支撑。"理想指引人生方向，信念决定事业成败。"习近平总书记曾用精神上的"钙"、思想上的"总开关"、人生的"第一粒扣子"等词语，形象生动地表达了理想信念的重要性。当前，我们要始终保持对理想信念的执着追求，学习新思想，明确新使命，牢固树立与新时代同心同向的理想信念，要谨防一种不良现象，即把理想信念当作"拿来说、拿来唱"和"用来装点门面"的粉饰工具。理想信念贵在践行，离开践行，理想信念就失去了真正的意义。回顾过去，艰苦奋斗是我们党领导人民成就伟业的秘诀，展望未来，实现民族复兴的梦想仍然要靠每一个党员的奋斗精神。正如习近平总书记在十三届全国人大二次会议内蒙古代表团审议时所指出的，"过去我们党靠艰苦奋斗、勤俭节约不断成就伟业，现在我们仍然要用这样的思想来指导工作。……党和政府带头过紧日子，目的是为老百姓过好日子，这是我们党的宗旨和性质所决定的。不论我们国家发展到什么水平，不论人民生活改善到什么地步，艰苦奋斗、勤俭节约的思想永远不能丢。艰苦奋斗、勤俭节约，不仅是我们一路走来、发展壮大的重要保证，也是我们继往开来、再创辉煌的重要保证"。必须要真奋斗、不要假奋斗，就必须不忘初心、牢记使命，永远以奋斗精神打赢"三大战役"，为亿万中国人民谋幸福、谋未来，为中华民族谋伟大复兴，为世界一切进步和爱好和平的人们谋大同。

（三）党员干部要以奋斗精神凝聚实现民族复兴的磅礴力量

"艰难困苦，玉汝于成。""共产党也有他的作风，就是：艰苦奋斗!"[1]在今天,我们越是接近实现中华民族伟大复兴的目标,我们面临的困难和挑战也越大、也越多。这就需要每一位党员立足本职、埋头苦干,从自身做起,从点滴做起,以奋发进取的精神面貌和敢为人先的创新精神,团结亿万同胞,凝聚起民族复兴梦想的历史伟力。共产党员是无产阶级的先锋战士,是中华民族的优秀子孙,为人民、为民族、为天下要敢为人先、勇往直前。愿不愿保持艰苦奋斗的作风,既体现着党员干部的忠诚担当,也丈量着党员干部的初心几何。

大兴艰苦奋斗之风,党员干部带头是关键。革命战争岁月,老一辈共产党员"冲锋在前,退却在后";改革发展时期,当代共产党人仍然要坚持"吃苦在前,享受在后"。毛泽东说过,只要我们党的作风完全正派了,全国人民就会跟我们学。大兴艰苦奋斗之风,首要的是党员干部端正党风,树立正确的世界观、人生观、价值观,坚持执政为民,在艰难困苦的环境下和急难险重的任务中与人民群众同呼吸共命运,发挥先锋表率作用。群众看党员,党风带民风。党风正则民心顺、事业兴。党员干部身体力行艰苦奋斗,就一定能够凝聚人心,激励群众,使艰苦奋斗在全社会蔚然成风,成为时代潮流。大兴艰苦奋斗之风,就要严于律己,养成习惯。古人说,由俭入奢易,由奢入俭难。如今环境变了、条件变了,只有严于自持,规章制度才能发挥更大的效能,才能形成良

---

[1] 毛泽东:《在陕北公学第二期开学典礼上的讲话》,中共中央文献研究室编:《毛泽东著作专题摘编》下,中央文献出版社2003年版,第2132页。

好的社会风气。律己时紧时松，制度就成猴皮筋；律己网开一面，制度就成摆设；律己常念"紧箍咒"，制度成铁律，艰苦奋斗就成了立身、护身法宝。无俭不立，去俭必亡。浪费是一种腐败，奢侈是一种罪恶。面对新形势新挑战，只有增强勤俭意识，发扬艰苦奋斗精神，才能使广大党员干部抵住侵蚀、经住考验，永葆政治上的坚定性和思想道德上的纯洁性，不辱使命，创造人民满意的业绩。

艰苦奋斗、勤俭节约是中华民族的传统美德，是我们党的优良作风。中央历来强调，各级党政机关要大兴艰苦奋斗之风，带头厉行勤俭节约、反对铺张浪费。全国革命胜利之时，毛泽东对全党提出"务必使同志们继续地保持谦虚、谨慎、不骄、不躁的作风，务必使同志们继续地保持艰苦奋斗的作风"。艰苦奋斗是我们的传家宝，时时刻刻离不了，生存靠它，发展靠它，巩固执政根基靠它，每个共产党人都必须具有这种政治品德和精神境界，人人做到"吃苦在前，享受在后"，在任何环境下都与人民群众同呼吸共命运，发挥先锋表率作用，就如毛泽东所说，只要我们党的作风完全正派了，全国人民就会跟我们学，就会党风正，民心顺，事业兴，国家富，民族强。

"实现中国梦，必须凝聚中国力量。"习近平总书记的这一重要论断，深刻地揭示了实现中国梦的重要路径。何为中国力量？就是中国各族人民大团结的力量。艰苦奋斗精神既继承了民族精神的精华，又富有时代精神的内涵，是传统价值观与现代价值观的统一，是革命精神与改革创新精神的统一，是能将14亿人的智慧和力量汇聚成不可战胜的磅礴力量的黏合剂，是14亿人心往一处想、劲往一处使实现中华民族伟大复兴中国梦的强大精神动力。因此，我们只有继续保持和发扬艰苦奋斗精神,才能实现国家富强、民族振兴、人民幸福这一宏伟目标。要清醒认识到对我们这个底子还很薄弱的国家来说,艰苦奋斗仍将是很长一段时间里我们实现一切美好愿望的巨大精神力量,任何时候都不能丢。

党的二十大报告是以中国式现代化全面推进中华民族伟大复兴的政治宣言和行动纲领,是中国共产党带领亿万人民再创业的规划书、任务书,只有遵循习近平新时代中国特色社会主义思想的指引,才能更加坚定信念,将这张最美蓝图变为现实,让复兴梦想行稳致远。身处伟大的时代,唯有保持艰苦奋斗的传统,才能成就个人的辉煌,才能完成民族的复兴,才能不负历史的嘱托。"历史承认那些为共同目标劳动因而自己变得高尚的人是伟大人物;经验赞美那些为大多数人带来幸福的人是最幸福的人"[1]。党的干部是党的事业的骨干,是人民群众的领路人。党的路线、方针、政策,只有干部带头执行,才能变成全社会统一的行动。党员干部特别是高级干部在弘扬艰苦奋斗精神方面居于关键地位。干部艰苦奋斗,群众自然就相信我们,和我们一道前进,就会在全社会形成艰苦奋斗的好作风。艰苦奋斗之所以能够成为中国共产党人的一种政治品格、一种精神追求,广大人民群众之所以能够克服重重困难,牺牲个人利益,为革命、建设、改革事业艰苦奉献,是与党的领袖和各级领导干部带头艰苦奋斗分不开

[1] 《马克思恩格斯全集》第40卷,人民出版社1982年版,第7页。

的。只有领导干部带头艰苦奋斗,艰苦奋斗才能成为党的一种本质特征。在新的历史起点上,我们没有任何理由可以骄傲自满,必须知难而进。党员干部要更加有效地应对各种风险和挑战,奋力开创党和国家事业发展新局面,就必须深刻认识艰苦奋斗的现实意义和深远的历史意义,继续保持和弘扬艰苦奋斗精神,把艰苦奋斗作为一以贯之的永恒追求,为中华民族伟大复兴的梦想凝聚起最为磅礴的精神伟力。

(四)党员干部要以奋斗精神赢得伟大斗争的新胜利

在庆祝中国共产党成立100周年大会上,习近平总书记向全党同志提出:"以史为鉴、开创未来,必须进行具有许多新的历史特点的伟大斗争。"[1] 在党的十八大之前,习近平就以马克思主义理论家的历史智慧、无产阶级革命家的使命担当和国家领导人的政治品格特别强调:"发展中国特色社会主义是一项长期的艰巨的历史任务,必须准备进行具有许多新的历史特点的伟大斗争。"[2] 进入新时代,习近平总书记把握大势、洞悉规律、举旗定向,以强烈的忧患意识,要求全党同志要做好准备、抓住先手,敢于斗争、善于斗争,夺取伟大斗争的新胜利,特别是在党的十九大报告中,他向全党发出号召:"中华民族伟大复兴,绝不是轻轻松松、敲锣打鼓就能实现的。全党必须准备付出更为艰巨、更为艰苦的

[1] 习近平:《在庆祝中国共产党成立100周年大会上的讲话》,《人民日报》2021年7月2日。

[2]《习近平总书记指导河北省党的群众路线教育实践活动回访记》,《人民日报》2014年3月24日。

努力。"[1]我们必须清醒认识到前进路上面临的风险考验和伟大斗争是长期的,"至少要伴随我们实现第二个百年奋斗目标全过程",全党同志必须准确把握伟大斗争的丰富内涵,做好打"持久战"的政治准备、思想准备和组织准备。《中共中央关于党的百年奋斗重大成就和历史经验的决议》指出:"敢于斗争、敢于胜利,是党和人民不可战胜的强大精神力量。党和人民取得的一切成就,不是天上掉下来的,不是别人恩赐的,而是通过不断斗争取得的。党在内忧外患中诞生、在历经磨难中成长、在攻坚克难中壮大,为了人民、国家、民族,为了理想信念,无论敌人如何强大、道路如何艰险、挑战如何严峻,党总是绝不畏惧、绝不退缩,不怕牺牲、百折不挠。只要我们把握新的伟大斗争的历史特点,抓住和用好历史机遇,下好先手棋、打好主动仗,发扬斗争精神,增强斗争本领,凝聚起全党全国人民的意志和力量,就一定能够战胜一切可以预见和难以预见的风险挑战。"

"行百里者半九十"。越接近实现民族复兴的梦想,我们就会面临更多的风险挑战,这其中既有国内的也有国际的,既有政治、经济、文化、社会等领域的也有来自自然界的,既有传统的也有非传统的,"黑天鹅""灰犀牛"还会不期而至。中国共产党是无产阶级革命导师最好的学生,我们不但要善于学习和运用科学理论认识世界、分析世界,更要善于运用马克思主义中国化的最新理论成果赢得斗争、引领时代。

---

[1] 习近平:《决胜全面建成小康社会夺取新时代中国特色社会主义伟大胜利——在中国共产党第十九次全国代表大会上的报告》,《人民日报》2017年10月28日。

中国共产党领导的伟大斗争是有目的、有方向、有原则的，是把握历史规律的自觉活动，不是无原则"争斗"，更不是"四面出击""四处树敌"。这种原则、立场和方向就是：凡是危害中国共产党领导和我国社会主义制度的各种风险挑战，凡是危害我国主权、安全、发展利益的各种风险挑战，凡是危害我国核心利益和重大原则的各种风险挑战，凡是危害我国人民根本利益的各种风险挑战，凡是危害我国实现"两个一百年"奋斗目标、实现中华民族伟大复兴的各种风险挑战，我们就必须进行坚决斗争。这"五大风险挑战"中最关键的就是危害中国共产党领导和我国社会主义制度的风险挑战，这是关乎人民根本福祉和民族前途命运的大事情，这是伟大斗争必须始终牢牢把握的大方向。

不断赢得伟大斗争的新胜利，广大党员干部就必须学习和继承老一辈革命家那种"宜将剩勇追穷寇，不可沽名学霸王"的革命到底精神，誓做斗士、不做绅士，勇于进行具有许多新的历史特点的伟大斗争，坚决战胜前进道路上的各种艰难险阻。2022年10月27日，习近平总书记在瞻仰延安革命纪念地时的重要讲话中指出："延安时期，党以顽强的斗争精神和高超的斗争本领，有力开展了抗击日本军国主义侵略的斗争，有力应对了西安事变、七七事变、重庆谈判等一系列重大挑战，有力领导和指挥了全国革命斗争，有力应对了国民党军队对陕甘宁边区的重点进攻，靠小米加步枪打开了中国革命新局面。全党同志要发扬斗争精神、提高斗争本领，坚决战胜前进道路上的各种困难和挑战，依靠顽强斗争打开事业发展新天地。"信心源自本领。党员干部要增强斗争本领，就必须经受严格的思想淬炼和实践锻炼。一方面，加强理论武装，掌握马克思主义立场、观点、方法，夯实敢于斗争、善于斗争的思想根基，党员干部既要从党史中汲取智慧和力量,更要积极学习并主动运用习近平新时代中国特色社会主义思想,拿起当代中国的马克思主义分析矛盾、解决矛盾,看清世界、引领时代。另一方面,广大党员同志,特别是领导干部更要在成功应对重大挑战、抵御重大风险、克服重大阻力和解决重大矛盾中"经风雨,见世面",越是急难险重、越是情况复杂,就越是要勇往直前,在大是大非面前敢于亮剑,在歪风邪气面前敢于坚决斗争,在伟大斗争中练就担当作为的硬脊梁、铁肩膀、真本事。

总之,党用伟大奋斗创造了百年伟业,也一定能用新的伟大奋斗创造新的伟业。只要我们紧密地团结在党中央周围,牢记空谈误国、实干兴邦,坚定信心、同心同德,埋头苦干、奋勇前进,党的二十大擘画的宏伟蓝图就一定能够实现。

第六章 始终坚持党的领导、人民当家作主和依法治国的有机统一

延安时期，中国共产党对民主政治建设进行了全新的探索，对党内民主的认识不断深化，党内民主的实践与机制日臻发展。同时，当时的民主政治始终坚持党的领导，民主的内容与形式出现了许多创新，实现了民主与法治的完美结合，增强了民众的政治参与意识，体现出鲜明的时代特色，积累了一定的经验，为新时代我国社会主义民主政治的发展提供了启迪。

一、延安时期民主政治建设的路径探索

（一）民主选举：人民当家作主的直接体现

众所周知，作为政治术语，选举是民主政治的最为直接的体现，也是政治参与的主要形式之一。政治参与不仅是政治民主的体现，也能进一步促进民主的实现和发展，而选举是政治参与的重要形式。无产阶级专政的第一个政权巴黎公社就十分重视选举。延安时期，陕甘宁边区的全部政权组织，包括民意机关的边区各级参议会，行政机关的边区各级政府，都是经过人民选举产生的，成功地施行了民主制度，充分地保障了人民民主权利。

在陕甘宁边区和其他抗日根据地，为了保证民众能够广泛普遍地进行选举，党制定了一系列法令条例，对选举权和被选举权作出明确规定，具体执行中，也真正做到了对人民民主权利的保障。

比如，1937年5月12日，西北办事处召开行政会议，讨论并通过了由"特区选举法起草委员会"起草的《陕甘宁边区选举条例》。该条例在选举资格中规定："凡居住在陕甘宁边区区域的人民，在选举之日，年满16岁的，无男女、宗教、民族、财产、文化的区别，都有选举权和被选举权。"[1]1941年1月30日，陕甘宁边区政府为改选及选举给各级参议会的指示信中指

---

[1]《陕甘宁边区选举条例》，《新中华报》1937年5月28日。

出,民主的第一,就是由老百姓来选择代表他们出来议事管事的人。我们要发展老百姓的自由就得大量宣传、耐烦诱导,使每个老百姓都能凭着自己的意愿去进行参政,选择代表。

1941年11月第二届参议会修正通过、1942年4月边区政府公布的《陕甘宁边区各级参议会选举条例》规定:"采取普遍、直接、平等、无记名的投票选举制,选举边区、县(或等于县的市)及乡市三级参议会的参议员,组织边区、县(或等于县的市)及乡市参议会。"选举资格方面,"凡居住在边区境内的人民,年满十八岁,不分阶级、党派、职业、男女、宗教、民族、财产和文化程度的差别,都有选举权和被选举权"[1],等等。毛泽东还将"在全国范围内推行民主制度,使人民获得一切现代自由,以真正自由的普选方式选举中央及地方政府"作为与驱逐日本帝国主义和解决土地问题并列的中国要做的三件事。[2] 在边区政府的大力宣传教育及这些条令的作用下,边区的人民对选举的热情极大提高。安定县中区某乡有一位王婆婆,已经是70多岁的老人了。开选举大会时,恰遇大风狂叫,泥沙障目,许多人劝她不要去,她却拿着拐杖,一边走,一边不停地说:"活到七十多岁,总没作过主。今天要咱作主,咱自然要去选个如意的。"[3] 由于真正实现了参政的权利,边区人民群众把边区政府看作"我们自己的政府"。而且,"把政府布置的任务当作自己的事情去积极完成"。这样,当然对边

---

[1] 甘肃省社会科学院历史研究室编:《陕甘宁革命根据地史料选辑》第1辑,甘肃人民出版社1981年版,第192—193页。

[2] 《毛泽东文集》第3卷,人民出版社1996年版,第182—183页。

[3] 舒琪:《妇女在乡县选举运动中》,《解放日报》1941年11月9日。

区各项事业向前推进十分有利。

针对边区民众文化普遍偏低的情况，为保证选民能够有效行使其权利而达到真正的民主，边区政府在《陕甘宁边区各级参议会选举条例》中规定了切合当时实际的投票法，如"背箱子""投豆子""乍胳膊"等。这些方法的实行，使陕甘宁边区的选举中充分地体现了普遍性和广泛性的特点。1937年到1945年间，陕甘宁边区进行了三次大选举，1937年的第一次普选，选民参选率为70%；1941年的参议会改选则达到了80%；1945年的第三次普选则高达82.5%。[1]

尤其是边区妇女第一次获得了选举权和被选举权。边区各级政权采取上门动员等措施启发妇女的觉悟，采取画圈、投豆子及流动票箱等办法，方便妇女参选投票。据当时统计，1937年边区首次选举时，参加投票的选民为70%，其中参选妇女约占女性选民的15%；1941年第二次选举时，妇女参选则达到30%，清涧、安塞等地的参选女选民已达到女性选民总数的一半。英美记者团途经绥德的材料指出："在清正遇全县妇女一揽子会，认为'第一次看到的会议'，对农村妇女的参加民主生活很警[惊]奇，也都在会〈上〉讲了话。"[2] 可见，人民的民主权利得到了真正的保障。

（二）参议会：民主政治建设的基本政治制度

延安时期，参议会制度的顺利运作，使在政治方面出现了真正的新气象。

---

[1] 李智勇：《陕甘宁边区政权形态与社会发展（1937—1945）》，中国社会科学出版社2001年版，第33页。

[2] 中央档案馆、陕西省档案馆：《中共中央西北局文件汇集（1944年）》，1994年版，第327页。

首先，参议会制度的实行，确保了民意能够被政府执行。依据《陕甘宁边区各级参议会组织条例》规定，边区的参议会分为边、县和乡三级，即"设立边区参议会、县参议会及乡参议会"，保证了民主的彻底性。《陕甘宁边区各级参议会组织条例》还明确规定，"边区各级参议会为代表边区之各级民意机关"。[1]如陕甘宁边区政府在边区第二届参议会第二次会议上提交的《土地条例》和《婚姻条例》，多数参议员认为不太妥当而加以否决。

同时，边区参议会有选举产生各级政府、创制和复决边区单行法规之权，因此，它又是权力机关和立法机关。如边区参议会的职权有："一、选举边区政府主席、边区政府委员及边区高等法院院长；二、监察及弹劾边区各级政府之政务人员；三、批准关于民政、财政、建设、教育及地方军事各项计划；四、通过边区政府所提出之预算案；五、决定废除或征收地方税捐；六、决定发行地方公债；七、议决边区之单行法规；八、议决边区政府主席或政府委员会及各厅厅长提交审议事项；九、议决边区人民及民众团体提交审议事项；十、督促及检查边区各级政府执行参议会决议案之事项；十一、决定边区应兴、应革之重要事项。"[2]

而边区各级参议会之议员的产生，则"由人民直接选举之，但同级政府认为必要时，得聘请边区内勤劳国事及在社会、经济、文化各方面有名望者为参议

[1] 陕西省档案馆、陕西省社会科学院编：《陕甘宁边区政府文件选编》第1辑，档案出版社1986年版，第156页。

[2] 宋金寿、李忠全主编：《陕甘宁边区政权建设史》，陕西人民出版社1990年版，第163页。

员，其名额不得超过参议员总数十分之一"[1]。

边区的参议会共召开了三届四次。1939年1月17日至2月4日陕甘宁边区第一届参议会的召开，标志着边区参议会制度的正式确立。之后，又于1941年11月、1944年12月以及1946年分别召开了第二届一次、第二届二次和第三届参议会。

边区的参议会参议员具有广泛的代表性，如参加边区第二届参议会第一次大会的参议员，就党派来说：有国民党员、共产党员，有救国会派，有青红帮人士，有无党无派人士。就阶级、阶层来说：有地主，有农民，有工人，有商人，有学生，有士兵，有海外华侨。就民族来说：有汉族，有蒙古族，有回族，还有印度、朝鲜、印尼等国际友邦人士。就信仰来说：有共产主义者，有三民主义者，有天主教徒，有回教徒，有佛教徒等。就性别年龄来说：有男有女，有青年，也有老年。同时，选举出的参议员中，贫农占了很大比例，如1941年边区民主选举出的20个县的县参议员中，贫雇农占到了46.4%。这也就标志着过去处于绝对被统治地位的贫雇农有了参与政权的权利。

可见，陕甘宁边区参议会制度的有效实施，对边区乃至全国民主政治的发展起了重要的推动作用。议员的选举和提案、监督，使得民主开始出现制度化，也保证了政府工作的运行能够顺应民意。因此，边区的参议会制度成了政治发展方面的一个进步和新亮点。如毛泽东所言："参议会的目的，只有一个，就

---

[1] 陕西省档案馆、陕西省社会科学院编：《陕甘宁边区政府文件选编》第1辑，档案出版社1986年版，第156页。

是要打倒日本帝国主义，建设新民主主义的中国，也就是革命的三民主义的中国。"[1]

（三）"三三制"政权建设：民主政治建设的创造性实践

毛泽东在党的扩大的六届六中全会上《论新阶段》的报告中明确指出："民主政治是发动全民族一切生动力量的推进机，有了这种制度，全国人民的抗日积极性将会不可计量地发动起来。"[2] "三三制"作为当时民主制度的典范，团结了各阶层，使各阶级的政治利益都有表达的空间，十分有利于边区的社会变迁。

"三三制"政策，最早是在1940年3月6日毛泽东为中共中央写的对党内的一个指示《抗日根据地的政权问题》中提出的。该指示第四条规定："根据抗日民族统一战线政权的原则，在人员分配上，应规定为共产党员占三分之一，非党的左派进步分子占三分之一，不左不右的中间派占三分之一。"[3] 3月11日，毛泽东在延安党的高级干部会议上作了《目前抗日统一战线中的策略问题》的报告，报告中进一步指出："在政权的人员分配上，应该是：共产党员占三分之一，他们代表无产阶级和贫农；左派进步分子占三分之一，他们代表小资产阶级；中间分子及其他分子占三分之一，他们代表中等资产阶级和开明绅士。"[4] 在陕甘宁边区参议会的演说中，他也指出："共产党的这个同党外人士实行民主合作的原则，是固定不移的，是永远不变的。只要社会上还有党存在，加入党的人总

[1] 《毛泽东选集》第3卷，人民出版社1991年版，第807页。

[2] 中央档案馆编：《中共中央文件选集》第11册，中共中央党校出版社1991年版，第611页。

[3] 《毛泽东选集》第2卷，人民出版社1991年版，第742页。

[4] 《毛泽东选集》第2卷，人民出版社1991年版，第750页。

是少数，党外的人总是多数，所以党员总是要和党外的人合作。"[1] 边区政府也很好地执行了"三三制"。当时，比较著名的民主和党外人士参加边区参议会和政府的有：安文钦任边区参议会副议长，李鼎铭任边区政府副主席，贺连城任边区政府委员会委员、教育厅副厅长，霍子乐任边区政府委员会委员、建设厅副厅长。边区的这种政权，是一切赞成抗日又赞成民主的人们的政权，是几个革命阶级联合起来对于汉奸和反动派的民主政权。[2] 当时边区29个县中，有3580名党外人士担任了县长、科长、乡长等领导职务。在选举时，共产党的名额若超过三分之一便立即退出，超几个退几个，严格执行"三三制"。如1941年11月，边区第二届参议会选出的政府委员中，有共产党员7人，超出了三分之一，共产党员徐特立当即声明退出。环县在1941年选举的11名政府委员中，共产党员有8名，在1942年改选时按"三三制"的精神退出5名，这样一来，9名政府委员中，共产党员只有3名，符合"三三制"。对此，李鼎铭先生很感动，他说：共产党方面限制自己的候选人，并且反转来替各党派、无党无派提出候选人，替各阶层提出候选人，为他们竞选，外头哪得有这种情形？许多党外人士也都感动地说：只有共产党才有这种相让的精神。[3] 1944年6月，中外记者西北参观团访问延安时，一个英国记者问李鼎铭："你是不是有职有权？"他爽朗地回答说："我有职有权。"后来这位英国记者说："李鼎铭副主席

---

[1] 《毛泽东选集》第3卷，人民出版社1991年版，第809页。

[2] 王功安、毛毓娟主编：《共产党与民主党派合作史》，华中理工大学出版社1994年版，第95页。

[3] 罗忠敏、崔岩主编：《毛泽东是延安精神的缔造者》，陕西人民教育出版社1993年版，第181页。

真正有职有权,他在回答我的问题时,面笑心也笑了。"[1]

同时,在各级选举过程中,也真正贯彻了普遍、直接、平等、无记名投票的原则,并坚持了"三三制"的原则,切实保障了人民提候选人参加竞选以及投票的自由。群众也积极地发挥自己的创造才能,因时因地因人而发明了许多灵活多样的选举方法,如画圈法、画道法、燃香烧洞法、投豆法等。通过实践,人们逐渐认识到选举的重要性,参选的积极性与主动性大大提高,参选的比例逐次上升。"每逢选举之日,各选举点往往像赶庙会、过年节一样,盛况空前,热闹非凡。有婆姨手抱娃娃兜揣馍馍参加选举的,有大闺女、新媳妇穿上新装,搭伙结队去参加选举的,也有六七十岁的小脚老太,拄着拐杖,走出山沟参加选举的,种种生动感人的故事,在边区不胜枚举。凡此种种,充分显示了边区民主政治的深度与力度。"[2]

定边参议员李生则先生看到一个抱孩子的妇女参加参议会,与各县士绅、行政首长共议边区大事,认为是"高度民主的发挥"。赤水参议员杨本荣先生说:"我们无党派人士在会上发言受到共产党的悉心听取,毛主席及其他首长的作风更是令人钦佩莫名,希望国民党与国民政府也实行民主。"[3] 边区参议员、八旬老人李丹生说:"精诚所至,金石为开。我以偌大年纪,不远百里而来,而且现在为什么又来充当参议员呢?那就是因为共产党实行民主,是诚心诚意,古称唯德动天,至诚感神,而况于人乎?"边区政府副主席李

[1] 李维汉:《回忆与研究》下,中共党史资料出版社1986年版,第523—524页。

[2] 刘东社、刘金娥:《陕甘宁边区政府史话》,社会科学文献出版社2000年版,第54页。

[3] 张希贤等编著:《毛泽东在延安——关于确立毛泽东领导地位的组织人事、理论宣传和外交统战活动实录》,警官教育出版社1993年版,第88—89页。

鼎铭说:"国内外还有个别分子说过边区政权是共产党把持包办,我想是很可笑的。我想要找把持包办,只能到国内外独裁主义者那里去找,我们这个地方,却是建立了大家有职有权的民主联合政府。"[1]

这种真正民主的选举制度,给中国的政治带来一副新的面貌,带来一番新的气象。简单地说,就是工农们抬起头来了,青年们妇女们抬起头来了,开明的正直的士绅们抬起头来了。工农们、妇女们和青年们从前被排斥于政治舞台之外,如今参加了政权。正如谢觉哉在陕甘宁边区第三届参议会上总结的,"民主政治是救人民的,使人民独立、自由、丰衣足食","陕甘宁边区人民是比任何未实行民主的地区,过着穿暖吃饱愉快的生活,且正在摆脱愚昧和不健康的状态。"[2] 总之,广泛和普遍的选举的进行,使陕甘宁边区的人民群众享有了充分的民主权利。同时,作为一项基本的民主政治制度,"三三制"为推进边区社会发展提供了一种有利的政治环境和新鲜的政治空气。作为抗日根据地总后方的陕甘宁边区,在政权建设上从实际出发,将人民当家作主的权利从理念化为现实,在实践中开创了一条独具特色的民主化道路。

二、延安时期民主政治建设的鲜明特色

延安时期,在抗日救亡的大背景下,虽然处于战时环境,但中国共产党高瞻远瞩,站在实现民族解放

---

[1] 高智瑜主编:《延安时期毛泽东政治思想》,陕西人民教育出版社1993年版,第128页。

[2] 中国社会科学院近代史研究所《近代史资料》编译室主编:《陕甘宁边区参议会文献汇辑》,知识产权出版社2013年版,第310页。

的大局,观察、思考和实践了一系列关乎中华民族走向的政治建设和战略规划问题,民主政治建设便是其中之一。

(一)践行了始终坚持党的领导这一根本

东西南北中,党政军民学,党是领导一切的。提起"三三制",绝不能误解为是对党的领导的放松和减弱。"三三制"原则是抗日民族统一战线政权性质的充分体现,是调节各抗日阶级内部关系的合理的政治形式,也是加强和改善党的领导的一项重要措施。它具有十分鲜明的时代特点。

延安时期,抗日民主政权普遍推行"三三制",限制共产党员在政权中的人员比例,但这并非不要或者削弱共产党的领导。这种体制实行后,可以接受多方面的监督和批评,保证并改善党的领导。改善党的领导,就是要能够锻炼党的干部和组织,使党真正成为全体抗战人员和整个中华民族利益的代表者。正如毛泽东所说:"所谓领导权,不是要一天到晚当作口号去高喊,也不是盛气凌人地要人家服从我们,而是以党的正确政策和自己的模范工作,说服和教育党外人士,使他们愿意接受我们的建议。"[1]

为保证抗战的胜利,中国共产党不断加强对各抗日根据地的集中领导,逐步确立了共产党领导的一元化制度,同时也十分注重发挥政权机关的作用,避免以党代政。确立党的一元化领导,党领导政权建设的方式和方法,不仅保证了党领导各抗日根据地度过抗

---

[1] 《毛泽东选集》第2卷,人民出版社1991年版,第742页。

战最艰苦的岁月,取得了抗战的胜利,而且也增强了政府的威信,体现了中国共产党处理党政关系的正确原则。也正是因为加强和改善了党的领导,各根据地的抗日民主政权才得以成为中国民主政治的模范。

需要说明的是,"三三制"的精神实质,就是要求党在领导政权工作中,必须注意与党外人士合作,团结广大群众,实现党的任务和目标。"三三制"政权尽管与严格的工农民主专政有区别,但共产党的领导、人民大众的代表的参加,这两条最基本的东西没有变。因此,陕甘宁边区的社会性质并没因为实行"三三制"而改变,它仍然是新民主主义的。[1]可以说,"三三制"在边区的实施,把边区的政权建设推进到一个成熟的阶段,成为全国各抗日民主根据地的典范、新民主主义政权建设的模型。

(二)实现了民主与法治的完美结合

延安时期,各级抗日民主政权通过施政纲领、法规、法令以及各项条例的制定,从法律上保障了人民参政议政的权利。

施政纲领是各抗日根据地的根本法律,起着地方宪法的作用,是根据地一切工作的指针和准绳。陕甘宁边区是第一个提出施政纲领的根据地,先后出台了三个施政纲领:1937年6月9日提出《民主政府施政纲领》16条;1939年2月7日通过《陕甘宁边区抗战时期施政纲领》28条;1941年5月1日公布《陕

---

[1] 任学岭:《浅谈陕甘宁边区的"三三制"》,《延安大学学报》(社会科学版)1981年第1期。

甘宁边区施政纲领》21条（通称《五一纲领》）。1941年11月，陕甘宁边区第二届参议会通过了由中共中央边区中央局提出、经中共中央政治局批准的《陕甘宁边区施政纲领》作为边区的施政纲领。这个纲领总结了抗战以来边区政权与法制建设的经验，以类似于根本大法的形式，规定了一切抗日人民广泛的民主权利，"保证一切抗日人民（地主、资本家、农民、工人等）的人权、政权、财产及言论、出版、集会、结社、信仰、居住、迁徙之自由权"，并规定了"改进司法制度，坚决废止肉刑，重证据不重口供"的法制建设任务。参加陕甘宁边区第二届参议会的议员们一致认为，施政纲领提出的保障人权的口号，是在异族侵略之时，国共合作之下，各个革命阶级最容易接受的形式。据此，这届参议会讨论并通过了《陕甘宁边区保障人权财权条例》，于次年2月由边区政府公布实施。在此前后，各抗日民主根据地相继制定公布的施政纲领，也均明确地阐述了保障人权的基本原则和具体内容。

晋察冀边区1940年8月13日公布了《中共中央北方局关于晋察冀边区目前施政纲领》20条（又称《双十纲领》），1943年1月26日参议会通过。晋冀鲁豫边区1941年7月29日通过《晋冀鲁豫边区施政纲领》15条。晋绥根据地1942年10月19日公布《对于巩固与建设晋西北的施政纲领》14条。山东抗日根据地1943年8月1日公布《山东省战时施政纲领》10条。华中和华南各抗日根据地，也都分别制定和颁布了施政纲领。

延安时期的民主政治建设是有法律作为保证的。陕甘宁边区是法治的边区，边区法律是在边区人民代表机关参议会的组成和统一行使立法权后，在继承和改革苏区工农民主共和国法律的基础上逐步发展而来的。在边区存在的 10 多年内，边区参议会制定或认可的法律法规主要有《施政纲领》《宪法原则》《保障人权财权条例》《刑事诉讼法草案》《民法草案》等，边区法制建设对民主政治建设起到了有力的保障作用。如 1946 年 4 月，鉴于抗日战争胜利的中国人民同美蒋反动派的矛盾又突显出来，中国社会阶级关系发生了新变化，陕甘宁边区第三届参议会第一次大会通过的《陕甘宁边区宪法原则》规定：人民按照普遍、直接、平等、无记名的原则选举各级代表；人民享有政治、经济、文化等各项民主自由权利，以及实现这些权利的物质保障。并严格规定："除司法机关公安机关依法执行职务外，任何机关团体不得有逮捕审讯的行为。""人民有不论用任何方法控告失职的任何公安人员之权"等。[1] 这些宪法原则和人权立法，总结了过去根据地政权建设和民主运动的经验，对当时解放区的民主法制建设和推动国民党统治区人民争民主、争人权的斗争，提供了最基本的指导原则和法律依据。

边区施政纲领的公布，正确地调节了各抗日阶级之间的关系，进一步巩固和发展了抗日民族统一战线，巩固了抗日民主政权，受到了各抗日爱国阶层的热烈拥护。可以说，在中共中央的直接关怀和领导下，陕甘宁边区政府根据边区实际，实事求是、创造性地组织了边区的选举活动。通过普选，建立了与人民血肉相连、鱼水相依，真正代表民意的人民自己的革命组

---

[1] 陕西省档案馆、陕西省社会科学院编：《陕甘宁边区政府文件选编》第 10 辑，陕西人民教育出版社 2015 年版，第 158—159 页。

织。与此同时,制定了相关法规制度,保障了人民应有的各项权益。

(三)增强了民众政治参与意识

延安时期,最初大多数农民对一系列政治活动表现出异常的冷漠。陕甘宁边区的农民表现得更加明显。他们长期以来固守于狭小的土地上,天天过着面朝黄土背朝天的生活,只求能过上安逸舒适的日子,很少关心外面的世界,对政治更是不闻不问。

如对选举这件事情,边区的老百姓开始的时候常常存在着不少落后的旧观念:第一,把选举看作"门面货",认为选谁不选谁还不是由"公家"早决定好了。第二,不了解新政权是给老百姓办事的,认为选出人来是给公家办事的,而所谓公家的事情就是向他们要钱要粮要人。因此他们对选举不重视不关心,有的故意选出些老实庸碌的木头人来,什么也不能做。有的把办公事当作苦差,不仅自己多方躲避,甚至把它当作报复私怨的手段,我恨你,就故意把你选上。第三,把选举看成简单的换一下人,"新庙要请新神仙",还不是那么回事,没有什么了不起。有的以为只能选那些家里富有的,能压得住人,又是会应付公事、会办交涉的人。对于正直可靠的庄户人,却认为"干不了","没有本钱,经不起吃喝","擦沟子的石头当不了金"。[1]而当工作人员走到妇女中去召集会员开会时,回答却说:"好你哩,要什么东西快说吧!拿出来给你就是了,反正都是为了打日本,我还忙着

---

[1] 李普:《我们的民主传统:抗日时期解放区政治生活风貌》,新华出版社1980年版,第159—160页。

要推磨，没有闲心去开会。"[1]

由此可见，普通民众对于政治参与是冷漠的。但是，在党和边区政府一系列方针、政策的指引下，他们不但有了各种政治权利，而且开始积极地参与政治生活。

一方面，由于边区政府的各项法令政策保障，边区的民众有了充分的政治权利，并实行了普遍、直接、平等、无记名的选举制度，保证和实现了民主的彻底性。如斯特朗写道："延安县里不识字的劳动英雄杨步浩，同我谈到他称之为'新社会'带来的变化时说，'最大的变化是旧社会没有选举，现在每一个人都有选举权。'"杨步浩还说："我已经用豆子三次投票选举过村长。我还投票选举过县人民代表和边区人民代表大会的代表，在此之前，我还在一次会议上用举手的方式进行过选举。把豆子放在碗里的办法比较好。"[2]

当时延安的曹县长曾说："最大的变化是，过去当官的是自上而下指定的，现在却是自下而上选举产生的。过去是中央政府任命各省省长，省长任命县长，县长再挑选下级官员。如今则是由选民直接选出由四十九人组成的县人民代表大会，县人代会再选出县长和由十三人组成的常务委员会。"[3]

为充分保障少数民族的政治权利，陕甘宁边区政府在选举条例方面作出了特殊规定。如《陕甘宁边区各级参议会选举条例》第12条明确规定："（一）

---

[1] 《陕甘宁边区妇女运动文献资料续集》，内部资料1985年，第269页。

[2] [美]斯特朗：《斯特朗文集》第3卷，傅丰豪等译，新华出版社1988年版，第299—300页。

[3] [美]斯特朗：《斯特朗文集》第3卷，傅丰豪等译，新华出版社1988年版，第306页。

已达各级参议会选举居民法定人数的，照第八条之规定比额，单独进行民族选举；（二）不足法定人数而已达乡市选举人数五分之一、县市的七分之一、边区的八分之一的居民，亦得单独进行民族选举，选出各该级参议会参议员一人；（三）不足前第二款所述各级选举居民人数的，参加区域选举，与一般居民同；（四）少数民族选举，得以各级参议会的地区为选举单位，不受第三章选举单位的限制。少数民族如回民、蒙民，有他的特殊利益，应该进行单独的民族选举，但因为人数少，如果照一般民族选举，很难选出其代表来。所以有本条的规定。比如：关中、陇东、三边有回民，照条例应有四十至六十个回民，才能选出一个乡议员。但现在只要有五分之一，就可选出一个回民乡议员；……现只要有七分之一，就可以选出一个回民县议员；边区要八千人才能选一个议员，现只要有八分之一，就可以选出一个回民边区议员。而且回民民族选举得以各级参议会的地区为单位，比如：全边区有一千数百回民，可是不住在一处，他们可以联合起来选出一个边区参议员。其他少数民族照此一样。"[1]

另一方面，普遍、直接、平等、不记名的选举，是符合广大人民根本利益的最民主的选举方式。这种选举方式，极大地提高了边区人民的政治参与热忱。因为这种选举方式既能充分发扬广大工农群众的革命积极性和创造性，也不至于使中间阶层的人难以接受；

[1] 甘肃省社会科学院历史研究室编：《陕甘宁革命根据地史料选辑》第1辑，甘肃人民出版社1981年版，第202—203页。

既能充分反映工农群众的要求和保障工农的基本利益，也能使地主、资本家的合理要求和利益得到应有的照顾；既能紧密地联系广大的工农群众，也能团结一定数量的地主、资本家的代表人物。

到了抗战胜利后的1945年底，边区人民的民主观念和参政意识已经上升到了很高的程度。如《解放日报》所报道："经过几年来新民主主义的生活锻炼，边区人民的政治觉悟是更加提高了。他们踊跃参加选举：许多地方选民到会都在百分之八十以上，有些地方竟超出了百分之九十，不少六七十岁的老翁和老太婆，翻山越岭，不避风雨，想去投票。他们认真地检查政府的工作，并在检查工作的过程中，识别了人材。经过群众的鉴别，个别贪污腐化、欺压群众的分子遭到了群众的揭发而落选，一部分工作作风有缺点的干部受到群众认真的和善意的批评，许多工作努力、作风优良的干部受到群众的衷心赞扬，大批的在群众中生长起来的有威信的新人物被选进政权中工作。从已经揭晓的某些乡的选举结果看来，经过这次选举，乡政权和人民的联系更加密切了；新选出来的人民代表，多已在实际工作中表现他们是真正为群众办事的人。"[1]

同时，通过参与政权建设，边区民众的政治觉悟得到极大提高。延安市商店的一个小伙计，在给别人谈到延安民众的政治觉悟时这样说："外面许多中学毕业的人不如我们延安一个普通的老百姓！"[2]

[1] 《把边区选举运动再推进一步》，《解放日报》1945年12月5日。

[2] 毕凯：《新延安的民众教育》，《新华日报》1940年3月3日。

可见，由于民众参政意识的提高，过去目不识丁的贫雇农成为掌握乡村政权的领导者。他们关心国事，有奉献精神，在共产党领导下，率领群众创造生活必要的物质基础，旧式农民所具有的一些弱点，如落后、狭隘、保守、逆来顺受等，都被革命潮流洗刷着。可以毫不夸张地说，边区民众的社会政治心理已经发生了彻底性的转变，民主政治观念在民众心目中开始确立，而原来的政治冷漠已经不复存在。

总之，陕甘宁边区具有广泛代表性的政权组织形式和普通民众参政意识的增强，都标志着一种全新的政治发展气象开始形成。正如谢觉哉所说："陕甘宁边区的民主政治，已经为和平民主团结统一富强的新中国打下了基础，为全国人民所向往。"[1] 刘少奇也曾指出："如果在根据地内很好地推行各阶层联合的民主政治，推行'三三制'等，具有全国性的政治意义，具有新中国雏形的政治意义，足以影响与推动全国……"[2]

三、延安时期民主政治建设的当代启示

延安时期，中国共产党坚持新民主主义的政治发展道路，在探索民主政治建设的道路上，始终把党的领导放在首位，向着人民当家作主迈开了前进步伐，形成了成功实践。重温延安时期民主政治建设的历史，给我们新时代以许多启迪。

[1] 《陕甘宁边区政权建设》编辑组编:《陕甘宁边区参议会(资料选辑)》，中共中央党校科研办公室，1985年版，第555页。

[2] 《刘少奇选集》上卷，人民出版社1981年版，第225页。

（一）必须加强人民当家作主的制度保障

中共中央进驻延安后，1937年9月，正式成立了陕甘宁边区政府。但是相关的制度建构在1937年上半年就已经开始了。1937年5月，在延安召开的党代会上，已经提出了"使特区成为抗日的模范""彻底实施民主共和制度"的主张。这一制度的特点是：实现真正的民主选举制度及议会政治。特区及县设立议会，区及乡设立乡政代表会议；各级议会议员的产生，均按照普遍、平等、直接、无记名投票方法选举；议员应对各该选举区的选民负责；议会议员的选举，不仅按区域、按生产单位选举，且应由各该级政府所属抗日武装部队直接选出议员代表；各级行政长官由议会及代表会议选举，对议会要负完全责任。[1] 根据上述原则，陕甘宁边区在1937年5月颁布了《陕甘宁边区议会及行政组织纲要》，提出陕甘宁边区在全国范围内，"首先实行最适合于抗战的彻底的民主制度"。1938年3月，国民党在汉口召开临时代表大会，制定《抗日建国纲领》，并决定设立国民参政会。9月26日，国民政府颁布《省参议会组织条例》，明令各省召开临时参议会。陕甘宁边区作为隶属于国民政府的省级建制，本着"精诚团结，坚持抗战之主旨，争取最后胜利，完成抗战建国大业，遵循中央既定方针，领导全边区人民，紧张一切工作，为建立民族独立、民权自由、民生幸福之三民主义共和国"的方针，于1938年11月发表通电："遵照国民政府本年九月二十六

---

[1] 《林伯渠文集》，华艺出版社1996年版，第46页。

日命令及同时颁布之省参议会临时组织条例,决改陕甘宁边区议会为陕甘宁边区参议会。"[1]

应该说将议会改为参议会,一方面是陕甘宁边区作为国民政府的一个特区,为了与其地方议会制度保持一致;另一方面则是为了更好地发动边区人民的有生力量,以便积极投入反对日本帝国主义的滚滚洪流中。对于当时的中国共产党而言,"发动全民族中一切生动力量,这是唯一无二的方针"[2]。陕甘宁边区的参议会制度则是新民主主义的政治制度,也就是说无论是政权机关还是民众团体,都要首先实行选举制度。而且选举的过程本身又是一种"热烈的民众运动","是把管理政治的权利交给人民,经过宪法来确定人民成为真正的主人"[3]。同时,就其性质而言,它属于最高权力机关,而不仅仅是一个民意咨询机构,这一点与国民参政会有着本质的不同。

陕甘宁边区政府继1937年5月颁布《陕甘宁边区议会及行政组织纲要》之后,于1939年1月又颁布了《陕甘宁边区选举条例》,开启了边区参议会制度的进一步实施和运行阶段。1941年11月,在陕甘宁边区第二届参议会上,边区政府又修正通过了《陕甘宁边区各级参议会组织条例》和《陕甘宁边区各级参议会选举条例》。随后在1944年12月陕甘宁边区第二届二次参议会上,又修正通过了《陕甘宁边区各级参议会选举条例》。修正后的参议会制度主要在于强化参议会在现实生活中的作用,以推动和促进参议

[1] 陕西省档案馆、陕西省社会科学院编:《陕甘宁边区政府文件选编》第1辑,档案出版社1986年版,第100页。

[2] 《毛泽东选集》第2卷,人民出版社1991年版,第523页。

[3] 林伯渠:《我们需要的宪政》,《新中华报》1940年1月6日。

会制度的健全和发展,主要体现为:将参议会的性质,由1939年2月确定的"民意机关"改变为"人民代表机关"。将抗日民主政权的产生方式,由单纯的选举一种,扩大为选举和聘请两种方式共用。改进了抗日民主政权的管理体制。将选民资格的法定年龄由16周岁改为18周岁,并取消了阶级、党派和职业的限制。缩小选举单位,便于选民对候选人的了解。确定参议员在参议会上的言论受到保护,对外不负责任。各级参议员,除现行犯外,不经参议会或其常驻会许可,不受逮捕和罢免。完善参议会与政府的关系,建立民主监督制度等。[1]

显而易见,延安时期的参议会制度的形成过程,也历经了几次变化,在实践过程中不断完善和细化,越来越贴近边区民主政治需要,保证人民当家作主落实到了政治生活和社会生活之中。在该制度下,对于各级参议会参议员,皆由选民直接选举。各级行政长官——乡长、区长、县长、边区主席,由各级参议员选举;边区法院院长,由边区参议会选举;边区政府各厅长的任命,须得边区参议会的同意。关于各级参议会的职权主要是:选举行政长官,批准预算,创制或批准各项建设计划,决定征收各项地方性的捐税及发行地方公债,议决边区内的单行法律,召回所选出之行政长官等。[2] 规定各级参议会不仅有创制权和复决权,而且有选举和罢免同级行政长官的权力,各级政府必须执行民意机关的决定,并定期向其报告工作。

---

[1] 袁瑞良:《人民代表大会制度形成发展史》,人民出版社1994年版,第177—179页。

[2] 《陕甘宁边区议会及行政组织纲要》,《新中华报》1937年5月23日。

这也就意味着各级参议会除了作为代表人民的民意机关，还必须同时拥有立法权和作为国家最高权力机关的政权形态存在。[1]

今天看来，陕甘宁边区参议会制度就是人民代表大会制度的历史雏形和重要源头。延安时期，在中国共产党的领导下，参议会制度切实保障了人民群众的参政议政能力。它既是边区实行民主政治的主要组织形式，也是边区人民的民意机关和权力机关。当时，参议会制度在把边区建设成为模范的抗日民主根据地的过程中起到了重要作用，由于制度的优越性，人民群众成为有效参与政治的主人，焕发出极大的建设和战斗热情，在延安展现出中国共产党局部执政的崭新政治形象，为党领导中国革命不断走向胜利起到了重要作用。

虽然时代发生了巨变，但坚持中国特色社会主义政治发展道路，坚持和完善人民代表大会制度不能变。延安时期虽然在参议会制度方面还存在许多不足，但作为一种有益探索，且取得成功，原因就在于始终在党的领导下，参议会制度与时俱进，结合实际不断适应了时代的需要。同时，虽经几次变化，但把其作为一项制度一直固定了下来，这都是难能可贵的。

新时代，我们要不断发展社会主义民主政治，就必须高度重视制度的保证和支撑。正如党的二十大报告强调的："我国是工人阶级领导的、以工农联盟为基础的人民民主专政的社会主义国家，国家一切权力

[1] 杨东：《乡村的民意：陕甘宁边区的基层参议员研究》，山西人民出版社2013年版，第90页。

属于人民。人民民主是社会主义的生命,是全面建设社会主义现代化国家的应有之义。"人民代表大会制度是坚持党的领导、人民当家作主、依法治国有机统一的根本政治制度安排,必须长期坚持、不断完善。要支持和保证人民通过人民代表大会行使国家权力。发挥人大及其常委会在立法工作中的主导作用,健全人大组织制度和工作制度,支持和保证人大依法行使立法权、监督权、决定权、任免权,更好发挥人大代表作用,使各级人大及其常委会成为全面担负起宪法法律赋予的各项职责的工作机关,成为同人民群众保持密切联系的代表机关。完善人大专门委员会设置,优化人大常委会和专门委员会组成人员结构。人民代表大会制度是实现我国全过程人民民主的重要制度载体。要在党的领导下,不断扩大人民有序政治参与,加强人权法治保障,保证人民依法享有广泛权利和自由。要保证人民依法行使选举权利,民主选举产生人大代表,保证人民的知情权、参与权、表达权、监督权落实到人大工作各方面各环节全过程,确保党和国家在决策、执行、监督、落实各个环节都能听到来自人民的声音。要完善人大的民主民意表达平台和载体,健全吸纳民意、汇集民智的工作机制,推进人大协商、立法协商,把各方面社情民意统一于最广大人民根本利益之中。

(二)必须发挥社会主义协商民主重要作用

延安时期的"三三制"政权形式,是协商民主的最初体现。以延安为中心的陕甘宁边区,是各抗日根据地的政治指导中心、抗战大本营和战略总后方。中国共产党为团结全国各种抗日力量,创造性地提出了抗日根据地实行"三三制"政权建设的政策。这一政策是边区政权建设的一项重要原则。在党中央的直接领导下,陕甘宁边区建设成了全国最进步的地方。"这里是民主的抗日根据地。这里一没有贪官污吏，二没有土豪劣绅，三没有赌博，四没有娼妓，五没有小老婆，六没有叫化子，七没有结党营私之徒，八没有萎靡不振之气，九没有人吃磨擦饭，十没有人发国难财。"[1]毛泽东指出，"边区的作用，就在做出一个榜样给全国人民看"[2]。陕甘宁边区之所以成为全国最进步的地方，是党中央正确领导的结果，是实行"三三制"的结果。[3]

1939年1月17日至2月4日，陕甘宁边区第一届参议会在延安召开。会议通过了林伯渠所作的边区政府工作报告，制定了《陕甘宁边区抗战时期施政纲领》以及边区政府组织条例、选举条例、参议会组织条例等。经过民主选举，选出边区参议会议长、副议长，林伯渠为边区政府主席，高自立为副主席，雷经天为边区高等法院院长。[4]1940年3月，毛泽东根据陕甘宁边区第一届参议会和边区政府负责人全部是中共党员的状况，在为中共中央起草《抗日根据地的政权问题》中正式提出"三三制"原则，并要求在陕甘宁边区部分区县首先试行。由于"三三制"的选举在当时是一种创新，相当一部分党员和干部对"三三制"的认识是不统一的。

1941年5月1日，中共陕甘宁边区中央局发布了经中共中央政治局批准的《陕甘宁边区施政纲领》，对"三三制"原则等21条施政纲领作了明确规定，在政权建设方面，把"三三制"原则第一次以"法"的形式确定下来。边区的参议会制，实际上是后来的

[1] 《毛泽东选集》第2卷，人民出版社1991年版，第718页。

[2] 《毛泽东文集》第2卷，人民出版社1993年版，第131页。

[3] 黄超：《历史不能忘记系列·抗战中的延安》，中国民主法制出版社2015年版，第51页。

[4] 黄超：《历史不能忘记系列·抗战中的延安》，中国民主法制出版社2015年版，第52页。

人民代表大会制度的雏形,保证了边区各抗日阶级、阶层人民实现自己的民主权利。陕甘宁边区的民主选举在党中央的指导下,于1939年、1941年和1946年举行过三次。凡居住在边区年满18岁,赞成抗日又赞成民主的中国人,不分阶级、民族、男女、信仰、党派和文化程度等,均有选举权和被选举权。[1] 在投票中,群众创造了许多符合实际的办法,行使自己的民主权利,培养"咱们大家来当家"的民主意识。"三三制"原则确定后,党内仍有不少干部想不通,有抵触情绪,并担心流血牺牲闹革命、打土豪分田地建立起来的政权,我党只占三分之一的人数,会失去政权。毛泽东为此做了大量的说服工作。毛泽东说:"国事是国家的公事,不是一党一派的私事。因此,共产党员只有对党外人士实行民主合作的义务,而无排斥别人、垄断一切的权利。"[2]

1941年11月,陕甘宁边区第二届参议会召开第一次会议,根据"三三制"原则,以无记名投票的方式进行选举,高岗当选为参议会议长,绥德县的开明绅士安文钦当选为副议长,林伯渠当选为边区政府主席,米脂县的开明绅士李鼎铭当选为副主席。

从1941年和1942年的乡选经验中,可以获得关于乡政权人员分配的规律:(一)乡、市参议会和乡、市政府委员会中,共产党员和进步分子占三分之二以上,中间阶层的开明分子占一部分;(二)乡长中共产党员占大多数,其次为非党进步分子,中间分子中

---

[1] 郭林等主编:《林伯渠与陕甘宁边区》,陕西人民出版社1996年版,第70页。

[2] 《毛泽东选集》第3卷,人民出版社1991年版,第809页。

真正公正并愿意接受党领导的人，也可以充任乡长。这规律，形式上与"三三制"有出入，但其基本精神则是"三三制"的。[1]朱德评价说："在全国由参议会选举政府，决定施政方针，边区是第一个。"[2]"三三制"的实行，使边区新民主主义的政权建设发展到一个新的阶段，使边区成为民主、进步、模范的抗日根据地。

可见，延安时期，在中国共产党的领导下，通过"三三制"的原则和政权体制，充分调动了各阶级各阶层人民群众参与抗日救亡事业以及政权建设的积极性，一大批党外人士积极主动建言献策，成为中国共产党的好参谋、好帮手、好同事，促进了科学决策、民主决策、依法决策，推进了新民主主义理论的不断实践和发展，共同为新民主主义革命的胜利增添了前进的力量。

纵观延安时期"三三制"政权体制的历史，可视其为人民政协的酝酿和预演。它体现了有事好商量、众人的事情由众人商量这一人民民主的真谛。当时，围绕抗战救国和陕甘宁边区的政治经济文化社会建设乃至党的建设，各界人士对中国共产党大公无私、团结抗战、一致抵御外辱的行动表示敬佩。他们同中国共产党通力合作，为新民主主义的美好蓝图不懈奋斗。在党的领导下，延安时期的协商民主通过"三三制"的运行，敞开了新渠道，实现了新民主主义民主政治的特有形式和创新实践，保证了人民在日常政治生活中有广泛持续深入参与的权利。

[1] 中央档案馆等编著：《陕甘宁边区抗日民主根据地·文献卷》下，中共党史资料出版社1990年版，第140页。

[2] 《朱德在陕甘宁边区第三届第一次参议会上的演说》，《解放日报》1946年4月3日。

党的二十大报告指出："协商民主是实践全过程人民民主的重要形式。完善协商民主体系，统筹推进政党协商、人大协商、政府协商、政协协商、人民团体协商、基层协商以及社会组织协商，健全各种制度化协商平台，推进协商民主广泛多层制度化发展。"协商民主是中国共产党民主实践探索的创造性成果。要坚持和完善中国共产党领导的多党合作和政治协商制度，坚持党的领导、统一战线、协商民主有机结合，坚持发扬民主和增进团结相互贯通、建言资政和凝聚共识双向发力。要充分认识到人民政协是具有中国特色的政治制度安排，是社会主义协商民主的重要渠道和专门协商机构，人民政协工作要聚焦党和国家中心任务，围绕团结和民主两大主题，把协商民主贯穿政治协商、民主监督、参政议政全过程，完善协商议政内容和形式，着力增进共识、促进团结。正如党的十九大报告所指出的："推进社会主义民主政治制度化、规范化、程序化，保证人民依法通过各种途径和形式管理国家事务，管理经济文化事业，管理社会事务，巩固和发展生动活泼、安定团结的政治局面。"

（三）必须高度重视统一战线这一重要环节

"人心是最大的政治，统一战线是凝聚人心、汇聚力量的强大法宝。"毛泽东曾经说："统一战线是一门专门科学，我们党内有很多人还没有学会，很多人不善于同党外人士合作，我们要学会这一门科学。"[1]统一战线同社会主义民主政治建设有着密切的联系，

---

[1]《毛泽东文集》第3卷，人民出版社1996年版，第415页。

二者互为条件，相互促进，相辅相成。简单地说，在民主革命时期，无产阶级单凭自己的力量是难以取得革命胜利的，中国革命的历史告诉我们，无论是土地革命时期、抗日战争时期，还是解放战争时期，统一战线在无产阶级和广大人民群众夺取政权、争得人民民主的斗争中是一个必不可少的重要条件，被毛泽东总结为中国革命的三大法宝之一。延安时期，在抗日民主政权建设过程中，中国共产党对统战工作高度重视并常抓不懈。

"三三制"原则可以有效地保证和巩固工农联盟。它规定政权中有三分之一的左派分子，对争取发动广大农民与小资产阶级有很大影响。再加上三分之一的共产党员，就使政权中的大多数为革命的基本动力所掌握，从而保证了政权的巩固。同时，"三三制"原则，可以有效地争取中间势力和孤立顽固势力。规定政权中有三分之一的中间派分子，可以有效地争取中等资产阶级和开明绅士，使他们相信党的政策，以便于团结他们。而对这些阶层的争取，就可以更有效地孤立和打击大地主资产阶级顽固派势力。

新时代，统一战线又有了新发展。在扩大民主、进行社会主义民主政治建设中，仍然需要依靠统一战线。随着社会的发展，民主要扩大到社会生活的各个领域，统一战线更是必不可少。坚持党的领导、人民当家作主、依法治国有机统一是社会主义政治发展的必然要求。必须坚持中国特色社会主义政治发展道路，坚持和完善人民代表大会制度、中国共产党领导的多党合作和政治协商制度、民族区域自治制度、基层群众自治制度，巩固和发展最广泛的爱国统一战线，发展社会主义协商民主，健全民主制度，丰富民主形式，拓宽民主渠道，保证人民当家作主落实到国家政治生活和社会生活之中。

党的十八大以来，中国特色社会主义进入新时代。我们深化对民主政治发展规律的认识，提出全过程人民民主的重大理念。我国全过程人民民主不仅有完整的制度程序，而且有完整的参与实践。我国全过程人民民主实现了过程民主和成果民主、程序民主和实质民主、直接民主和间接民主、人民民主和国家意志相统一，是全链条、全方位、全覆盖的民主，是最广泛、最真实、最管用的社会主义民主。我们要继续推进全过程人民民主建设，把人民当家作主具体地、现实地体现到党治国理政的政策措施上来，具体地、现实地体现到党和国家机关各个方面各个层级的工作上来，具体地、现实地体现到实现人民对美好生活向往的工作上来。正如《中共中央关于党的百年奋斗重大成就和历史经验的决议》中所讲："团结就是力量。建立最广泛的统一战线，是党克敌制胜的重要法宝，也是党执政兴国的重要法宝。党始终坚持大团结大联合，团结一切可以团结的力量，调动一切可以调动的积极因素，促进政党关系、民族关系、宗教关系、阶层关系、海内外同胞关系和谐，最大限度凝聚起共同奋斗的力量。只要我们不断巩固和发展各民族大团结、全国人民大团结、全体中华儿女大团结，铸牢中华民族共同体意识，形成海内外全体中华儿女心往一处想、劲往一处使的生动局面，就一定能够汇聚起实现中华民族伟大复兴的磅礴伟力。"

第七章 坚持批评和自我批评的优良作风,不断增强自我净化、自我完善、自我革新、自我提高的能力

批评和自我批评,不仅是一个实践问题,而且是一个理论问题。百余年党史表明,我们党就是在批评和自我批评中发展壮大的。什么时候批评和自我批评作风弘扬得好,党内就风清气正,党的事业就蓬勃发展;什么时候丢掉或者忽视了批评和自我批评,党的事业就会受损失、就会走弯路。无论党处于怎样的历史方位,面对什么样的时代课题,批评和自我批评都是自我净化、自我完善、自我革新、自我提高的有力武器。延安时期,中国共产党人形成了批评和自我批评等优良作风。党的十八大以来,习近平总书记多次强调要用好批评和自我批评这个有力武器。党的十八届六中全会通过的《关于新形势下党内政治生活的若干准则》,对开展批评和自我批评提出明确要求、作出具体规定。党的百余年历史经验表明,批评和自我批评是解决党内矛盾、增强党组织战斗力、维护党内团结的锐利武器,是加强和规范党内政治生活的重要手段,也是党保持先进性和纯洁性的重要法宝。

一、开展积极的批评和自我批评是有效解决党内矛盾的锐利武器

认真开展批评和自我批评,是中国共产党的优良传统和宝贵经验,是中国共产党和其他政党互相区别的显著标志之一。革命时期,毛泽东从理论上阐明了为什么要开展批评和自我批评、怎样开展批评和自我批评,形成了一个完整的批评和自我批评理论。早在20世纪20年代,毛泽东就明确指出:"党内批评是坚强党的组织、增加党的战斗力的武器","批评的目的是增加党的战斗力以达到阶级斗争的胜利,不应当利用批评去做攻击个人的工具"。[1] 延安时期,整风运动是运用批评和自我批评武器的成功典范,通过严肃的批评和自我批评,消除了主观主义、宗派主义、党八股等不良作风的影响。1945年,毛泽东在党的七大所作《论联合政府》的政治报告中,把党在长期工作中形成的作风概括为三大作风,即"理论和实践相结合的作风,和人民群众紧密地联系在一起的作风以及自我批评的作风"[2]。党的七大把批评和自我批评写进新通过的《中国共产党党章》,在总纲部分明确指出,"中国共产党应该用批评和自我批评的方法,经常检讨自己工作中的错误与缺点,来教育自己的党员和干部,并及时纠正自己的错误。中国共产党反对

---

[1] 《毛泽东选集》第1卷,人民出版社1991年版,第90页。

[2] 《毛泽东选集》第3卷,人民出版社1991年版,第1094页。

那种自高自大、害怕承认自己错误、害怕批评与自我批评的情绪";在条文部分,又赋予党员"在党的会议上批评党的任何工作人员"的权利。[1] 据胡乔木回忆:党章起草工作的主要负责人刘少奇对此专门作了解释。"他说对于这一条,他动摇了几回。'任何'两字写了又圈掉,圈了又写上。但仍倾向于给党员这个权利,这样虽会出一些乱子,但没有这一条,乱子会更多。"在讨论时,对"任何"二字是否要写有不同意见。周恩来以亲身经历表示,过去就是吃了没有下级批评的亏,如果路线错误早有人说,至少要好点。毛泽东也表示,应该信任群众,绝大多数的群众是为党好的。最后决定"任何"两字还是保留。党章议案付诸表决时,"全体一致通过"。[2] 党的七大在中共党史上第一次将"批评和自我批评"写入党的根本大法。此后,批评和自我批评作为党的优良传统和宝贵经验,成为全党必须遵守的准则之一,一直延续至今。1950年4月19日,新中国成立刚刚200天之际,中共中央印发《关于在报纸刊物上展开批评和自我批评问题的参考文件》,专门阐述了批评和自我批评的问题。

(一)正确的批评和自我批评是解决党内矛盾、保持党的生机与活力的有效方法

马克思主义认识论强调:人对事物的认识有一个过程。因为客观事物总是不断发展变化的,人们对客观事物的把握,在特定条件下只能是相对的、

[1] 中共中央文献研究室、中央档案馆编:《建党以来重要文献选编(1921—1949)》第22册,中央文献出版社2011年版,第535、536页。

[2] 胡乔木:《胡乔木回忆毛泽东》,人民出版社1994年版,第372页。

不可能掌握所有客观事物的运动规律，也不可能一劳永逸地掌握同一事物在所有发展时期的变化规律。认识必须符合客观事物发展变化的实际并随客观事物的变化而变化，否则，就会犯错误。人们在认识世界和改造世界的过程中犯这样或那样的错误在所难免。共产党人并不是生活在真空中，而是生活在复杂的社会环境中，必然会受到各种政治灰尘和政治微生物的侵蚀，党内也始终存在着正确思想和错误思想的斗争。正如毛泽东在《矛盾论》中所讲："党内不同思想的对立和斗争是经常发生的，这是社会的阶级矛盾和新旧事物的矛盾在党内的反映。党内如果没有矛盾和解决矛盾的思想斗争，党的生命也就停止了。"[1]那么，如何有效解决党内矛盾，正确地开展党内斗争，保持党的生机与活力呢？中国共产党人以马克思主义建党理论为指导，借鉴中华优秀传统文化中关于自省、修身等的理论，找到了批评和自我批评这个有力武器。对于批评和自我批评的关系，毛泽东提出："批评和自我批评是一个整体，缺一不可，但作为领导者，对自己的批评是主要的。"[2]在党的七大的政治报告中，他进一步指出："有无认真的自我批评，也是我们和其他政党互相区别的显著的标志之一。我们曾经说过，房子是应该经常打扫的，不打扫就会积满了灰尘；脸是应该经常洗的，不洗也就会灰尘满面。我们同志的思想，我们党的工作，也会沾染灰尘的，也应该打扫和洗涤。'流

---

[1] 《毛泽东选集》第1卷，人民出版社1991年版，第306页。

[2] 《毛泽东文集》第2卷，人民出版社1993年版，第418页。

水不腐,户枢不蠹',是说它们在不停的运动中抵抗了微生物或其他生物的侵蚀。对于我们,经常地检讨工作,在检讨中推广民主作风,不惧怕批评和自我批评,……正是抵抗各种政治灰尘和政治微生物侵蚀我们同志的思想和我们党的肌体的唯一有效的方法。"[1] 同时,共产党人强调开展批评和自我批评要把握好"度"。开展批评和自我批评,是为了加强党的组织与团结,提高党的威信,推进党的工作,这就要求对工作、对党组织、对党内同志的批评要抓住中心、要适当、要有分寸。对此,刘少奇提出:"布尔什维克的自我批评,就有布尔什维克的尺度。一切过分的批评,夸大人家的错误,滥给别人戴大帽子,都是不对的。"[2] 他强调党内斗争所应该采取的方法,是"适当的批评,适当的态度和适当的方式,反对'过'与'不及'"[3]。中国共产党 100 多年的历史一再证明,凡是批评和自我批评这个武器运用较好的时候,党内政治生活就比较正常,党的事业就会发展顺利;相反,则会影响甚至阻碍党的事业的顺利进展。

全党同志要敢于认真开展批评和自我批评。毛泽东总结整风运动之所以成效很大,关键在于"我们在这个运动中展开了正确的而不是歪曲的、认真的而不是敷衍的批评和自我批评"[4]。土地革命时期,毛泽东明确指出,"要教育党员懂得党的组织的重要性,对党委或同志有所批评应当在党的会议上提

[1] 《毛泽东选集》第 3 卷,人民出版社 1991 年版,第 1096 页。

[2] 《刘少奇论党的建设》,中央文献出版社 1991 年版,第 263 页。

[3] 《刘少奇论党的建设》,中央文献出版社 1991 年版,第 264 页。

[4] 《毛泽东选集》第 3 卷,人民出版社 1991 年版,第 1096 页。

出","批评的主要任务,是指出政治上的错误和组织上的错误。至于个人缺点,如果不是与政治的和组织的错误有联系,则不必多所指摘,使同志们无所措手足"。[1]在全面从严治党新的时代条件下,习近平总书记反复强调要用好批评和自我批评这个锐利武器。2013年,在参加河北省委常委班子民主生活会时,他强调:"批评和自我批评是解决党内矛盾的有力武器。"[2]这里强调的"批评和自我批评",是一要坚持客观、实事求是。批评应该是严正的、尖锐的,但又应该是诚恳的、坦白的、与人为善的。因而,针对党内一定程度存在的不敢批评、不愿批评等好人主义和庸俗之风,习近平总书记特别强调批评和自我批评,"都要实事求是、出于公心、与人为善,不搞'鸵鸟'政策,不马虎敷衍,不文过饰非,不发泄私愤"。二要敢于批评。开展批评和自我批评存在的普遍性问题是自我批评难,相互批评更难。究其原因在于为人情所困、利益所惑,怕结怨树敌、引火烧身,究其原因是私心杂念作怪、是缺乏党性和担当。习近平总书记指出:"批评和自我批评是一剂良药,是对同志、对自己的真正爱护。开展批评和自我批评需要勇气和党性,不能把我们防身治病的武器给丢掉了。忠言逆耳,良药苦口。作为共产党人,有话要放到桌面上来讲。批评要出以公心、态度诚恳、讲究方法,要实事求是、分清是非、辨别真假,切忌从个人恩怨、得失、利害

[1] 《毛泽东文集》第1卷,人民出版社1991年版,第83、84页。

[2] 《习近平在指导河北省委常委班子专题民主生活会时强调 坚持用好批评和自我批评的武器 提高领导班子解决自身问题能力》,《人民日报》2013年9月26日。

第七章　坚持批评和自我批评的优良作风，不断增强自我净化、自我完善、自我革新、自我提高的能力

亲疏出发看事待人。"他倡导"党内同志要做净友、挚友"，"领导干部在一个班子共事，要心往一处想、劲往一处使，大事讲原则、小事讲风格"。[1] 批评和自我批评的根本目的在于"惩前毖后，治病救人"，这就要求全党本着对党、对同志负责的态度积极开展批评和自我批评，使其成为"保证党的创造力、凝聚力、战斗力，保持党的团结统一很重要的法宝"。三要经常性开展批评和自我批评。1955年3月，在党的全国代表会议上，毛泽东作结论时指出："定期召开会议，进行批评和自我批评，这是一种同志间互相监督，促使党和国家事业迅速进步的好办法。"[2] 习近平把包括"批评和自我批评"在内的优良作风赞誉为"中国共产党人流血牺牲凝聚而成的精神财富"。[3] 党的十八大以来，党中央反复强调严肃党内政治生活。2012年11月20日，习近平发表的担任总书记后的第一篇署名文章《认真学习党章，严格遵守党章》，强调"要开展批评和自我批评，带头弘扬正气、抵制歪风邪气"。[4] 随着全面从严治党不断向纵深发展，"从各级领导班子看，民主生活会把批评和自我批评开展起来了，质量提高了"。[5] 全党同志要继续经常性开展批评和自我批评，"要让批评和自我批评成为党内生活

[1]《习近平在指导河北省委常委班子专题民主生活会时强调　坚持用好批评和自我批评的武器　提高领导班子解决自身问题能力》，《人民日报》2013年9月26日。

[2] 中共中央文献研究室编：《毛泽东年谱（1949—1976）》第2卷，中央文献出版社2013年版，第361页。

[3]《习近平在建党以来重要文献选编出版座谈会上强调，认真学习党的重要文献充分发挥资政育人作用》，《人民日报》2011年6月17日。

[4] 习近平：《认真学习党章，严格遵守党章》，《人民日报》2012年11月20日。

[5] 习近平：《开展"两学一做"学习教育，推动党内教育从"关键少数"向广大党员拓展》，中共中央党史和文献研究院编：《十八大以来重要文献选编》下，中央文献出版社2018年版，第179页。

的常态，成为每个党员、干部的必修课"[1]。每一名党员干部都要对自己的缺点、错误勇于自我批评、敢于正视、主动改正。对别人的缺点、错误，要敢于指出、帮助改进。对同志的提醒批评，要闻过则喜、虚心接受。自我批评要一日三省，相互批评要随时随地，不要等小毛病发展成大问题！

（二）批评和自我批评是坚持真理、修正错误的重要保证

坚持真理、修正错误是党的优良传统。在100多年的奋斗历程中，面对一个个生死攸关的历史转折，党之所以能不断化解难题、平稳度过，很大程度上有赖于坚持真理、修正错误这一优良传统。当前，世界面临百年未有之大变局，世情、国情、党情发生了深刻变化。美国独大、中国崛起，备受世界瞩目，同时中美贸易摩擦不断；中国正处于向建设现代化强国进军的关键阶段，迎来事业发展的黄金期，也遭遇社会矛盾凸显期；"四大考验""四大危险"客观存在，需要党始终保持居安思危的忧患，切实把全面从严治党的要求落到实处。1945年，在德国法西斯面临彻底覆灭和中国抗日战争接近最后胜利的前夜，毛泽东向全党提出："共产党人必须随时准备坚持真理，因为任何真理都是符合于人民利益的；共产党人必须随时准备修正错误，因为任何错误都是不符合于人民利益的。"[2]加一"随时准备"的状语，意义重大而深远。在党的十九大报告中，

---

[1] 《习近平在十八届中央纪委六次全会上发表重要讲话强调，坚持全面从严治党依规治党 创新体制机制强化党内监督》，《人民日报》2016年1月13日。

[2] 《毛泽东选集》第3卷，人民出版社1991年版，第1095页。

第七章　坚持批评和自我批评的优良作风，不断增强自我净化、自我完善、自我革新、自我提高的能力

习近平总书记要求，全党同志要勇于坚持真理、修正错误。而党的二十大报告则进一步强调"完善党的自我革命制度规范体系"，指出："坚持制度治党、依规治党，以党章为根本，以民主集中制为核心，完善党内法规制度体系，增强党内法规权威性和执行力，形成坚持真理、修正错误，发现问题、纠正偏差的机制。"历史表明，正是我们党勇于坚持真理、修正错误，发现问题、纠正偏差，才使党保持了蓬勃生机和活力。

批评和自我批评是真正坚持真理、修正错误的有效武器。只有拿起批评和自我批评这一有效武器，才能真正做到坚持真理、修正错误。也只有拿起批评和自我批评这一武器，才能使党更加团结与巩固，在坚持真理、修正错误中更好地前进。一个人或一个党不可能不犯错误，问题的关键则在于对待错误采取什么样的态度。事实上，中国共产党就是在不断地总结经验教训、不断地纠正党内存在的各种错误的过程中，逐渐认识和把握中国革命客观规律而走向成熟的。毛泽东在党的七大预备会议上曾讲："至于犯过错误，那也不是一两个人，大家都犯过错误，我也有过错误。错误人人皆有，各人大小不同。决议案上把好事都挂在我的账上，所以我对此要发表点意见。写成代表，那还可以，如果只有我一个人，那就不成其为党了。要知道，一个队伍经常是不大整齐的，所以就要常常喊看齐，向左看齐，向右看齐，向中看齐。"[1]"共产

[1] 《毛泽东文集》第3卷，人民出版社1996年版，第297—298页。

党办事，不明白的时候是会犯错误的，明白了以后错误就要改正，这样做才是正确的。"[1] "我们的武器就是批评和自我批评，干部间、官兵间、军民间，将问题摆出来，开展批评和自我批评，就可以把错误的东西清除掉，就能真正地团结了。"[2] 正是通过这样的批评和自我批评，才使党辨明了是非，统一了思想，达到了坚持真理、修正错误的目的，使党的七大开成了一次以"团结的大会、胜利的大会"载入史册的大会。党的七大会场的标语就是"坚持真理、修正错误"。党内的主观主义、官僚主义、形式主义、自由主义、命令主义、尾巴主义等问题会经常发生，消除它们不可能毕其功于一役，旧的问题解决了，新的问题又会出现，因此，开展批评和自我批评必须一以贯之、常抓不懈。对于共产党人，应该"经常地总结和吸取革命实践的经验，检讨自己的思想是否完全适合于马克思列宁主义，是否完全适合于无产阶级解放斗争的利益。在这样的学习、反省和自我检讨中，去肃清自己一切不正确的思想残余以至某些不适合于共产主义利益的最微弱的萌芽"[3]。这就是说要善于开展自我批评。但同时，一个共产党员，还应该襟怀坦白、忠实、积极，以革命利益为第一生命，以个人利益服从革命利益；无论何时何地，坚持正确的原则，同一切不正确的思想和行为作不疲倦的斗争，用以巩固党的集体生活，巩固党和群众的联系；关心党和群众比关心个人为重，关心他人比关心自己为重。要善于在自我批评的基础

---

[1] 《毛泽东文集》第3卷，人民出版社1996年版，第156页。

[2] 《毛泽东文集》第3卷，人民出版社1996年版，第69页。

[3] 《刘少奇选集》上卷，人民出版社1981年版，第121页。

第七章　坚持批评和自我批评的优良作风，不断增强自我净化、自我完善、自我革新、自我提高的能力

上开展批评，这是党的事业发展的需要，也是对一个共产党员的起码要求。

新时代，全党同志都要持续不断用好批评和自我批评这个有力武器，勇于坚持真理、修正错误，始终坚持对马克思主义的信仰。在党的百余年历史中，许多老一辈革命家坚持真理、修正错误，不断坚持批评和自我批评，邓小平就是其中的典范。他一生"三起三落"都是因为敢于坚持真理、修正错误，每次被错误批判打倒都豁达乐观、沉着坚韧，对未来充满希望；每次复出重新回到工作岗位都无私无畏，以顽强的意志排除各种干扰，坚定不移推动正确路线、方针、政策的形成和实践。2015年，习近平总书记在主持十八届中央政治局第二十六次集体学习时强调："领导干部改造提高自己，必须随时准备坚持真理、随时准备修正错误。'三严三实'要求归纳起来就是：凡是有利于党和人民事业的，就坚决干、加油干、一刻不停歇地干；凡是不利于党和人民事业的，就坚决改、彻底改、一刻不耽误地改。"[1] 在党史学习教育动员会上，习近平总书记总结了党中央重视党史学习的九个原因，其中之一就是"要坚持用唯物史观来认识历史，坚持实事求是的思想路线，分清主流和支流，坚持真理，修正错误，发扬经验，吸取教训"[2]。这是党对自身历史的一贯立场和态度，体现了对学习运用党的历史的重要性和必要性的深刻认识。

[1] 习近平：《党员、干部都要按照"三严三实"要求鞭策自己》，中共中央文献研究室编：《十八大以来重要文献选编》中，中央文献出版社2016年版，第678页。

[2] 习近平：《在党史学习教育动员大会上的讲话》，《人民日报》2021年2月21日。

（三）批评和自我批评是践行宗旨、促进团结的有力武器

批评和自我批评是践行党的根本宗旨的需要。党的根本宗旨是全心全意为人民服务，党始终代表最广大人民根本利益，与人民休戚与共、生死相依，没有任何自己特殊的利益，从来不代表任何利益集团、任何权势团体、任何特权阶层的利益。这就决定了党必须为人民利益坚持好的、改正错的。为了谁的问题，是每一个政党必须面对的根本问题。1942年，在延安文艺座谈会上，毛泽东明确提出"为什么人的问题，是一个根本的问题，原则的问题"[1]，并明确了为最广大的人民服务的目标。究竟怎样为人民服务，毛泽东也进行了深入的探索。1944年，在《为人民服务》一文中，毛泽东指出："因为我们是为人民服务的，所以，我们如果有缺点，就不怕别人批评指出。不管是什么人，谁向我们指出都行。只要你说得对，我们就改正。你说的办法对人民有好处，我们就照你的办。'精兵简政'这一条意见，就是党外人士李鼎铭先生提出来的；他提得好，对人民有好处，我们就采用了。只要我们为人民的利益坚持好的，为人民的利益改正错的，我们这个队伍就一定会兴旺起来。"[2] 在党的七大政治报告中，他进一步强调："以中国最广大人民的最大利益为出发点的中国共产党人，相信自己的事业是完全合乎正义的，不惜牺牲自己个人的一切，随时准备拿出自己的生命去殉我们的事业，难道还有

[1] 《毛泽东选集》第3卷，人民出版社1991年版，第857页。

[2] 《毛泽东选集》第3卷，人民出版社1991年版，第1004—1005页。

第七章　坚持批评和自我批评的优良作风，不断增强自我净化、自我完善、自我革新、自我提高的能力

什么不适合人民需要的思想、观点、意见、办法，舍不得丢掉的吗？难道我们还欢迎任何政治的灰尘、政治的微生物来玷污我们的清洁的面貌和侵蚀我们的健全的肌体吗？无数革命先烈为了人民的利益牺牲了他们的生命，使我们每个活着的人想起他们就心里难过，难道我们还有什么个人利益不能牺牲，还有什么错误不能抛弃吗？"[1]历史是人民创造的，把是否符合最广大人民利益作为评判正确与错误的标准，并勇于开展批评和自我批评，是中国共产党唯物主义历史观的生动体现，也是中国共产党人严于律己、人民至上崇高品德和伟大情怀的充分展示。批评和自我批评还是发扬民主、增强党的创造力和凝聚力的需要。毛泽东指出："共产党的唯一任务，就在团结全体人民，奋不顾身地向前战斗，推翻民族敌人，为民族和人民谋利益，绝无任何私利可言。而共产党员自始至终都只是人民中的极少数，没有绝大多数人民了解我党主张，真心实意地愿意与我党合作，我党主张便无从实现。"[2]因此，必须广开言路，打开窗户，高度重视发扬党内民主和人民民主，善于调动全党上下积极性，善于同党外人士合作，接受人民监督和党外人士批评。"愈是不怕人家批评，愈是敢让人家讲话，给人家讲话的机会，人家的批评可能会愈少。"[3]如果一个党故步自封，僵化保守，在党内压制不同意见，不能拿起批评和自我批评武器，在党外不能接受人民群众的监督与批评，从而使人民群众敬而远之，没有纠错机制，

[1]《毛泽东选集》第3卷，人民出版社1991年版，第1096—1097页。

[2]《毛泽东文集》第2卷，人民出版社1993年版，第395页。

[3]《毛泽东文集》第3卷，人民出版社1996年版，第399页。

没有批评和自我批评的胸怀与气量，那就会导致生机和活力的丧失与生存基础的动摇，以致最终停止自己的生命。

二、领导干部带头是开展批评和自我批评的关键

延安时期，中国共产党人在马克思主义理论指导下，以党中央规定的文件精神为基准，领导干部率先对照检查，开展富有成效的批评和自我批评，澄清了党内存在的主观主义、宗派主义和党八股的严重危害，分清了是非。延安整风期间，毛泽东指出："批评和自我批评是一个整体，缺一不可，但作为领导者，对自己的批评是主要的。"[1] 当时，领导干部能主动带头，是开展批评和自我批评取得成效的关键。

（一）毛泽东等中央领导人率先开展自我批评

延安时期，毛泽东是党内政治生活中开展自我批评的典范。20世纪40年代，延安面临的斗争环境严峻复杂，为了打击敌特的阴谋破坏活动，纯洁党的干部队伍，党中央决定在整风运动过程中审查干部。在当时情况下，这是完全必要的。1942年11月，党的主要领导人、中央领导整风的总学习委员会主任毛泽东在边区高干会上宣布，整风不仅要弄清"无产"与"非无产"（半条心），并且要弄清革命与

---

[1]《毛泽东文集》第2卷，人民出版社1993年版，第418页。

反革命（两条心），要注意反特务斗争。12月，整风运动转入审干阶段，实际上就是清查内奸、开展反特斗争。开始只是在内部由少数机关对少数人进行的。当时，中央总学习委员会副主任、中央审干委员会主任、中央社会部部长康生在西北公学搞试点，采用逼供信、车轮战等办法，强迫该校学员张克勤承认是"特务"，进而制造了甘肃地下党是"红旗党"（所谓外红内白）的假案。随即又展开大规模的追查，将来自甘肃、河南、湖北等省地下党的一些"可疑分子"拘押审讯。1943年4月初，胡宗南的高参胡公冕因公来延，为防止边区内部特务与胡来往，康生指令保安部门当晚即秘密逮捕了200多名"特嫌分子"。4月3日，中共中央作出《关于继续开展整风运动的决定》（即新"四三"决定），在总结一年来整风运动成绩后指出："整风的主要斗争目标，是纠正干部中的非无产阶级思想（封建阶级思想、资产阶级思想、小资产阶级思想）与肃清党内暗藏的反革命分子。""一年的经验证明：整风不但是纠正干部错误思想的最好方法，而且是发现内奸与肃清内奸的最好方法。"在继续进行整风审干中，从4月中旬起，康生组织了一些假典型到各处现身说法，开展所谓群众性的坦白、自新运动。审干由内部转为公开，由少数机关发展到各机关、各学校，并采用了多种形式。三个月内，有450人"坦白"了各种政治问题。7月15日，康生在中直机关干部大会上作《抢救失足者》的煽动性报告，并把"坦白"好的"典型"带到大会上示范，以诱发别人交代问题。从此，"抢救运动"在整个延安昼夜不停地加紧进行。许多来自国统区的地下党员、革命青年、进步人士、革命知识分子被迫受到追查和逼供，有的单位80%以上的人成为"抢救"对象。不少同志无端受到怀疑、伤害或关押审讯，"在延安，仅半个月就挖出所谓特嫌分子一千四百多人,许多干部惶惶不可终日"[1]。8月15日,中共中央发现审干运动中存在严重逼供信现象后,作出《关于审查干部的决定》,重申审干必须坚持"首长负责"等九条方针。九条方针是正确的,但这个决定过分地估计了形势,一开头就说"特务之多,原不足怪",又说"特务是一个世界性群众性的问题",并提出在整风中由审查干部到"进一步审查一切人员"的方针。这样,就是运动愈加扩大发展,成为全边区工农兵学商普遍群众性的防奸运动。从1943年12月起,根据中共中央和毛泽东一系列指示,整风运动开始进行甄别、平反。对于"抢救运动"中因打击面过宽伤害了的同志,毛泽东在1944年5月22日延安大学开学典礼上,当场行脱帽鞠躬礼,赢得经久不息的掌声。1945年2月,他在中央党校讲话时又一次作自我批评说:在审干中"延安犯了许多错误,谁负责,我负责,因为发号施令的是我。别的地方搞错了谁负责,也是我,发号施令的也是我"[2]。在党的七大上,他又一次说:"审干搞错了许多人,这很不好,使得有些同志心里很难过,我们也很难过。所谓'一人向隅,满座为之不欢'。我们是与天下共欢乐的。对搞错的同志,应该向他们赔不是,首先我在这个大会上向他们赔不是。在哪个地方搞错了,就在哪个地方赔不是。"[3]毛泽东这样诚恳地承担责任的态度非常感人,许多受冤屈的同志消了气,心情舒畅了,同志间的团结增强了。党的七

---

[1] 胡乔木:《胡乔木回忆毛泽东》,人民出版社1994年版,第278页。

[2] 中共中央文献研究室编:《毛泽东年谱(1893—1949)》,中央文献出版社2004年版,第679页。

[3] 《毛泽东文集》第3卷,人民出版社1996年版,第407页。

第七章　坚持批评和自我批评的优良作风，不断增强自我净化、自我完善、自我革新、自我提高的能力

大就是一次以团结精神、民主精神、批评和自我批评精神著称的大会，会上有8位同志作了自我批评。正是在中央领导带动下，批评和自我批评得以广泛深入的开展起来。通过批评和自我批评，全党澄清了路线是非，搞清了主观主义、宗派主义、党八股的表现形式及其严重危害。

延安整风期间，一大批党的领导人以坚强的党性观念，反思自己的历史和过失，表现出勇于批评和自我批评的高风亮节。在南方局整风学习期间，周恩来曾多次主持会议讨论如何"自我反省，各人检讨自己的缺点"。他认为，领导干部应在自我批评方面起示范作用，"一个人或一个政党，如果不愿做反省功夫而自满自傲，不承认自己有任何错误和缺点，或者不善于看出自己力量之所在而害怕批评和自我批评，不敢正视错误和改正错误，那末，这个人和这个政党就一定不免于失败"。[1]周恩来勇于进行思想意识改造和自我批评的精神在延安整风运动中表现得格外突出。1943年7月，周恩来回到延安参加整风运动。他在学习文件、参加中央会议的同时，阅读了大量历史资料，写了4篇共5万多字的学习笔记。这4篇笔记分别是《关于共产国际指示及反立三路线的研究》《关于四中全会决议和1931年8月共产国际主席团关于中国问题的决议的研究》《关于新立三路线的研究》《阅读1941年9月政治局会议记录后的笔记》。其中前两篇学习笔记，着重分析了共产国际对中国的指导；

[1] 中共中央文献研究室编：《周恩来年谱（1898—1949）》（修订本），中央文献出版社1998年版，第552页。

第三篇分析了王明路线产生的社会根源和思想根源；第四篇是阅读1941年9月中央政治局会议记录后写的，着重说明在第三次"左"倾错误中教条主义之所以能在中央取得统治地位，与犯有经验主义错误的同志受其披着"马列主义理论"外衣的迷惑有关。从11月15日起，周恩来在整风学习会上接连作了5天报告。他回顾了参加革命20多年来的斗争历程，着重谈了六届三中全会以后到这次整风运动前的情况。他在发言中说："经过大革命和白色恐怖的锻炼，坚定了我对革命的信心和决心。我做工作没有灰心过，在敌人公开压迫下没有胆怯过。""同时，我的本质还忠厚，诚实，耐心和热情。"对自己的失误和不足之处，他也作了认真的检查，甚至说了一些过分谴责自己的话。在报告的结束语中，周恩来表示，在今后"必须从专而精入手。宁可做一件事，不要包揽许多。宁可做完一件事，再做其他，不要浅尝即止。宁有所舍，才能有所取。宁务其大，不务其小。这样，做出一点成绩，才能从头到尾，懂得实际，取得经验"。[1]周恩来的发言反映了他理论与实际结合、学习与思想改造结合的学风和不怕揭露错误、敢于自我批评的高风亮节。周恩来反复强调世界观改造的艰巨性和反复性。"我的确常说我也要改造这句话，现在还在改造中。我愿意带头。我希望大家承认思想改造的重要性。要承认各种关系各种事物都会影响个人的思想。要经常反省，与同志们交换意见，经常'洗澡'。""自我改造是

[1] 中共中央文献研究室编：《周恩来传（1898—1976）》上，中央文献出版社2008年版，第622、624页。

为了进步，是光荣的事情。"党员"要把思想改造看成象空气一样，非有不可"。"旧社会的习惯势力不是一下子就会消除的，改造是长期的，哪能一次改造就成功呢？旧社会的习惯势力存在于各个角落里，各种机关团体都有。""你改造了它，它又影响了你，互相改造，这是个长期的反复的斗争。而且，你在这个地方过好了社会关，换一个环境，那个地方的旧势力、旧习惯又影响你。""所以过社会关要有精神准备，要有长期奋斗的决心。"[1]

张闻天是党的历史上具有重要地位和作出重大贡献的领导人，也是自我批评的典范。1931年初，他留苏回国后不久就进入中央核心领导层。遵义会议后，1935年2月5日，中共中央政治局常委在云南省威信县水田寨村开会讨论分工，他被推举为党内负总责的人，他同毛泽东合作领导红军实现了战略转移的伟大胜利，实现了由国内战争向抗日民族解放战争的战略转变，为中国革命作出了不可磨灭的贡献。但是，在以王明为代表的"左"倾错误统治全党时期，张闻天也曾犯了严重的"左"的错误，是教条主义的代表人物之一。1941年9月10日至10月22日，中央政治局召开扩大会议（史称"九月政治局会议"），检讨党的历史上特别是党在十年内战后期的领导路线问题。会上，张闻天先后两次发言，第一个就过去的错误诚恳地作检讨。1941年9月10日，他发言说："过去我们对苏维埃后期的错误没有清算，这是欠的老账，

[1]《周恩来选集》下卷，人民出版社1984年版，第423—424、368、425、426页。

现在必须偿还"。"反对主观主义,要作彻底的清算,不要掩盖,不要怕揭发自己的错误,不要怕自己的癞痢头给人家看"。"过去国际把我们一批没有做过实际工作的干部提到中央机关来,是一个很大的损失。过去没有做实际工作,缺乏实际经验,现在要补课"。[1]9月29日,张闻天第二次发言说:"这次会议精神极好,对自己极有帮助。必须把自己个人问题弄清楚,才更好讨论。我个人的主观主义、教条主义极严重,理论与实际脱离,过去没有深刻了解到"。"对中央苏区工作,同意毛主席的估计,当时路线是错误的。政治方面是'左'倾机会主义,策略是盲动的。军事方面是冒险主义(打大的中心城市、单纯防御等)。组织上是宗派主义,不相信老干部,否定过去一切经验,推翻旧的领导,以意气相投者结合,这必然发展到乱打击干部,思想上是主观主义与教条主义,不研究历史与具体现实情况"。"这些错误在五次反'围剿'中发展到最高峰,使党受到很严重的损失。我是主要的负责人之一,应当承认错误。特别在宣传错误政策上我应负更多的责任"。[2]1945年4月20日,在扩大的六届七中全会上,在讨论《关于若干历史问题的决议》时,张闻天发言表示:"第三次'左'倾错误,我是主要负责人之一,特别是在宣传教育方面、若干苏维埃政策方面、党内思想斗争方面,应负完全责任。""过去错误打击了许多好同志,我是主要负责者之一,应该向他们道歉。"[3]1945年党的七大召

---

[1] 中共中央党史研究室张闻天选集传记组编:《张闻天年谱》上卷,中共党史出版社2000年版,第454页。

[2] 中共中央党史研究室张闻天选集传记组编:《张闻天年谱》上卷,中共党史出版社2000年版,第454—455页。

[3] 中共中央党史研究室张闻天选集传记组编:《张闻天年谱》下卷,中共党史出版社2000年版,第496页。

开期间，张闻天于5月2日作《听政治报告后的反省发言》，检讨过去内战时期所犯的路线错误，着重从思想作风上进行检查。他不诿过于人，勇于承担责任。对于过去所犯错误，他当场向所有一切被错误打击的同志赔不是。同时，他深刻反省犯错误的原因，对于错误所造成的损失，他说："我是主要负责者之一，我是应该完全负责的，特别在发挥教条主义，反机会主义的思想斗争及后期苏维埃工作方面。"发言还坦诚地说明自己丢弃个人得失的痛苦的思想斗争过程。他说："为了真理，我曾经必须从我自己的身上撕去一切用虚假的'面子'与'威信'所织成的外衣"，"必须打倒把我高悬在半空中的用空洞的'地位'与'头衔'的支柱所搭成的空架子，使我自己从天上直摔到地下"。[1] 5月23日，参加七大主席团和各代表团主任讨论七大议事日程和会议选举问题联席会议时，张闻天表示自己过去犯过错误，诚恳请求主席团在候选人提名名单中去掉自己的名字，并说不当中委也一样同中央保持团结一致，也是一样拥护毛主席的。[2] 正是在中央领导人以及各级领导干部的带领下，延安时期中国共产党人用好用活了批评和自我批评这个锐利武器，教育了全党同志，统一了全党思想。至此，批评和自我批评成为党的优良传统，成为党的自觉行动。

（二）领导干部开展批评和自我批评的原则

对于领导干部怎样才能开展好批评和自我批评，延安时期的中国共产党人进行了深入探索。

[1] 中共中央党史研究室、中央档案馆编：《中国共产党第七次全国代表大会档案文献选编》，中共党史出版社2015年版，第351—352页。

[2] 中共中央党史研究室张闻天选集传记组编：《张闻天年谱》下卷，中共党史出版社2000年版，第497页。

首先，领导干部一定要有正确态度和民主精神。毛泽东曾经指出："批评有两种，一种是正确的批评，结果是使党团结；一种是不正确的批评，如四中全会、五中全会的那种批评，结果是使党分裂。我们要发扬正确的批评，反对不正确的批评。"[1]开展好批评和自我批评，领导干部就一定要有正确态度和民主精神。党中央长征到达陕北后，开始系统总结党的历史经验。就党内民主生活而言，刘少奇曾提出："由于中国是一个没有民主生活的国家，我党在过去大部分是处在极端秘密环境中，同时还由于某些同志有不正确的思想和对于党内民主的不正确了解，所以在党内民主生活上还没有养成一种习惯，以至在客观条件可能时，亦不能很好的很正确的实现民主生活。"[2]为此，毛泽东、刘少奇等党的领导人在多个重要场合着重强调探索实现党内民主生活的精神和原则。刘少奇在《关于白区的党和群众工作》一文中指出：领导机关和负责人员"应服从多数，服从纪律，接受下面的批评，倾听同志的报告，详细地向同志解释，用平等的兄弟的态度对待同志，把自己看作是一个普通的同志，大公无私地处理问题。这是民主的精神，我们每一个干部都应当具备这种精神。应当用这种精神来改造自己并教育同志。这正是党内需要的民主"[3]。

其次，领导干部一定要有听取不同意见的气度和胸襟。对于中国共产党人而言，批评不是目的，是途径、手段，在党内生活中秉持"批评—团结—批

---

[1]《毛泽东文集》第3卷，人民出版社1996年版，第75页。

[2]《刘少奇论党的建设》，中央文献出版社1991年版，第198页。

[3]《刘少奇选集》上卷，人民出版社1981年版，第66页。

评"的方针，对于批评意见，党员干部要有闻过则喜、从善如流的态度，有容人容言容事的胸怀，听取各种声音包括不同意见，坦然接受批评意见。毛泽东指出："封建专制时代还有那么几个开明的皇帝能广开言路，何况我们共产党呢？我们更要广开言路，打开窗户，不要怕打开窗户可能吹进沙子来。进来一点尘土，坏处有一点，但并不大，而开窗户透空气的利益却很大，我们要从这种利害关系上看这个问题。我们是干革命的，还怕民主？还怕人家发表意见？你说对了就可以说出一个正确的道理来，说错了也不要紧，说错了还可以让人知道一条错误的道理，所以要实行高度的民主。"[1] 对共产党人而言，听取各种意见包括不同意见甚至是刺耳的意见，本身是领导者的责任。领导干部要自觉把批评当作关心，把提醒当作爱护，真心诚意欢迎大家帮助自己找问题；要把批评作为一面镜子，时刻检视自己的言行；要把批评作为一把尺子，随时校正人生的方位。主动从他人批评中吸取营养，做到有则改之，无则加勉，才能改正错误，不断进步。刘少奇在总结历史经验时曾经指出："凡是那个地方的负责人在党员和人民群众中认真地进行了诚恳的与必要的自我批评，那里党员和人民的批评与自我批评也就会开展，积极性也就会提高，内部团结也就会达到，工作也就会改进，缺点也就会克服，而且负责人的威信不独没有损失，反而会提高。这在我们党内及人民中已有无数事实证

[1]《毛泽东文集》第3卷，人民出版社1996年版，第399页。

明了的。相反，凡是那个地方的负责人没有自我批评精神，不肯或惧怕批评自己的缺点与揭露自己的错误，企图掩盖与隐藏自己的缺点和错误，或在别人批评后不表示感谢别人，不是'人告之以有过则喜'，而是面红耳赤，反口相讥，或寻隙报复，那末，那里的党员和人民中的民主与自我批评，就不会开展，积极性就不会提高，内部团结就不能达到，缺点不能克服，工作不能进步，负责人的威信也就会丧失。"[1]

再次，领导干部要勇于自我批评。能否勇于开展批评和自我批评，乃是对干部党性的一种考验。开展好批评和自我批评，首先要勇于自我批评。1943年11月，邓小平就已提出至今依然存在的"组织上入了党，思想上还没有完全入党，一只脚跨进了党门，还有一只脚是站在门外"[2]的问题。对于批评问题，毛泽东指出："我们不怕人家批评，我们是批不倒的，就是犯过路线错误的也不怕批评，也是批不倒的，只要有改正错误这一条就行。"[3]因为，开展批评和自我批评是为了更好地坚持真理、修正错误，只有勇于接受批评并善于改正错误，才能少犯错误或不犯错误。在延安时期，特别是在延安整风中，从中央领导人到普通党员，都以正确的批评和自我批评求得了党内的团结，这种精神成为整风中最令人感动的一道景观，也成为延安整风能够取得成功的根本原因所在。1939年12月，陈云在中

[1]《刘少奇选集》上卷，人民出版社1981年版，第364页。

[2]《邓小平文选》第1卷，人民出版社1994年版，第90页。

[3]《毛泽东文集》第3卷，人民出版社1996年版，第399页。

共陕甘宁边区第二次代表大会上的讲话中指出:"开展批评和自我批评,首先应从领导做起,检查自己有什么缺点,有什么错误。先检查自己,批评自己,不能只说下面不好。如果工作出了毛病,作为领导者,自己应首先承担责任,不能上推下卸,诿过于人。一般说来,看别人的毛病比较容易,看自己的毛病比较难。领导者本身有责任,但不批评自己,光批评别人,这种批评便没有效力,别人是不会接受的。在批评下级的时候,领导者说话要慎重。领导者一句话说得不妥当,在下面就可能产生不好的影响。有的话在上级会议上可以讲,如果在别处随便讲,便会引起不好的后果,使下级不满。开展批评和自我批评,要从维护党的利益出发,要坚持原则,要实事求是。"[1] 那种对自己的错误和缺点藏着掖着、躲躲闪闪,惧怕亮短揭丑,怕丢面子,对别人的批评横加指责、压制报复的行为,只能扼杀批评和自我批评,使错误难以纠正,使党的生机和活力丧失,使党的事业和形象受损。领导干部要勇于自我批评,通过反省自己的不足,主动向下属、同事、上级坦言自己的不足、承认错误。

(三)新时代开展批评和自我批评要抓住"关键少数"

2015年2月2日,在省部级主要领导干部学习贯彻党的十八届四中全会精神,全面推进依法治国专题研讨班开班式上,习近平总书记提出"全面依法治国

---

[1] 《陈云论党的建设》,中央文献出版社1995年版,第100页。

必须抓住领导干部这个'关键少数'",第一次正式提出"关键少数"这个关键词。此后,在深入推进全面从严治党过程中,习近平总书记反复强调要紧紧抓住领导干部这个"关键少数"不放松,各级领导班子一把手是"关键少数"中的"关键少数"。在批评和自我批评方面,对领导干部也"高看一眼",提出了更高的标准与要求。新形势下,党面临的任务及情况发生了变化,但坚持批评和自我批评的要求却丝毫未变。对照1980年制定的《关于党内政治生活的若干准则》,党的十八届六中全会通过的《关于新形势下党内政治生活的若干准则》,在继承的基础上又有所突破,把"批评和自我批评"单列一章,其中6次提到"批评和自我批评"、13次提到"批评"。同时,该准则中规定了一些新提法、新要求。比如,要求"决不能把自我批评变成自我表扬、把相互批评变成相互吹捧","党的领导机关和领导干部对各种不同意见都必须听取,鼓励下级反映真实情况",这就让少做少说、明哲保身,事不关己、高高挂起的所谓官场哲学毫无立足之地。要求"领导干部特别是高级干部必须带头从谏如流、敢于直言",可以起到以上率下、树立榜样的"领头雁""排头兵"作用,"以批评和自我批评的示范行动引导党员、干部打消自我批评怕丢面子、批评上级怕穿小鞋、批评同级怕伤和气、批评下级怕丢选票等思想顾虑"。在《中国共产党党内监督条例》中,有4处提到"批评和自我批评"、4处提到"批评",这是进行党内监督的强有力抓手。其中还多次提及领导干部在批评和自我批评中的"特殊地位"。要求"党的领导干部应当经常开展批评和自我批评,敢于正视、深刻剖析、主动改正自己的缺点错误;对同志的缺点错误应当敢于指出,帮助改进";"民主生活会重在解决突出问题，领导干部应当在会上把群众反映、巡视反馈、组织约谈函询的问题说清楚、谈透彻，开展批评和自我批评，提出整改措施，接受组织监督"。新时代，深入推进全面从严治党，严肃党内政治生活，各级党员领导干部要带头开展好批评和自我批评。

三、注重探索方式方法是开展批评和自我批评的重要环节

建党以来，党探索通过多种方式开展批评和自我批评。从组织角度看，党开展批评和自我批评的武器，有"党内刊物、党报、信件、纪律检查委员会、政府的人民监察委员会"[1]。从个体角度看，思想改造的基本方法是批评和自我批评。有效地开展批评和自我批评既要练好内功，还要善于借助外力。所谓练好内功，就是要搞好自我批评，敢于揭丑亮短，找准自己存在的问题，在灵魂深处予以反思，并有决心改正自己的错误与不足。由于个人对事物的认识总是受到各种条件的限制，要做到客观、全面、准确并不容易，自己对自己的认识与剖析更不容易，加之一些人在对待自己的缺点和错误时，总是羞羞答答，不想让人看见自己的"癞疮疤"，存在"犹抱琵琶半遮面"现象。因此，在开展自我批评的同时，还需要借助外力，搞好批评，只有内外夹攻，才能真正解决问题。究竟用什么样的方针和办法解决党

[1] 《陆定一文集》下卷，人民出版社1992年版，第472页。

内问题？对此，随着党对中国革命规律和党的建设规律的深刻把握，到了延安时期，党在理论和实践上成功解决了这个问题，延安整风运动的成功就充分证明了这一点。正是坚持了"惩前毖后，治病救人"的方针，保证了批评和自我批评沿着正确的轨道进行，延安整风使全党在思想上政治上组织上达到空前的团结和统一。为了开展好批评和自我批评，延安时期非常重视方法创新，探索出灵活多样的方式方法。以中央党校为例，既有思想自传、历史自传、反省笔记、读书笔记，又有小组会、支部会、小漫谈会、大漫谈会、个别谈话与所在单位全体人员参加的大会，还有墙报、学习报与学习通讯等。[1] 通过上述形式和方法，整风运动中批评和自我批评能够卓有成效的开展，把批评和自我批评真正落到了实处。当时，广大党员干部能不能严格解剖自己、欢迎来自各方面的批评，成为延安整风收获大小的公认尺度。

（一）通过小组会开展批评和自我批评

延安时期，大家在党内生活中尤其小组会上，谈心得、谈体会，互相启发，热烈讨论，敞开思想，各抒己见，有了不同意见，就展开争论。为了弄清思想，明辨是非，一次又一次地争论。如果认识统一不起来，就召开支部大会进行讨论。其中开好民主生活会，是开展批评和自我批评的最有效方式之一。中央党校二部就曾开过一个多月的全部民主大

---

[1] 延安中央党校整风运动编写组编:《延安中央党校的整风学习》第1集，中共中央党校出版社1988年版，第37页。

会，大家自由报名发言，愿讲什么就讲什么，发言内容十分广泛，有关于个人思想、工作、历史方面的情况和问题，有关于各个地区、各个部门工作方面的问题与情况，也有关于党的历史方面的情况和看法。许多负责干部，包括中央一些领导同志和党校负责同志，都受到了指名批评。真是把多年没有讲的心里话都讲了出来。话讲出来以后，再发动和依靠大家以坚持真理、修正错误的精神，面对面地摆事实、讲道理，用和风细雨、耐心细致、与人为善、治病救人的态度进行批评和自我批评，实事求是地分清是非，解决问题。《解放日报》发表的通讯《光华盐业公司讨论经济工作人员奖惩条例》，对其在小会大会中互相指出优缺点，开展批评和自我批评进行了详细介绍。这个通讯从一个侧面展示了延安时期开展批评和自我批评的生动场面。通讯说：光华盐业公司讨论"经济工作人员奖惩条例"。起初分小组讨论，按照八条奖惩标准，评定分数，又举行考委会议评定，后又举行大会评定。在这次讨论中，充分地发扬了民主精神，认真开展自我批评，对每个同志工作优缺点，进行全面检查。如对业务科巫科长的讨论，第一次评为92分，第二次重新评为75分，以后又重新评为80分：就因为在讨论中，愈益深入，发掘的材料愈具体，上下级和同志们对他工作的认识，就更趋一致。如对于会计科某同志的检讨，能从思想上进行分析，并公正地指出其缺点和优点，帮助他认识自己。对渎职、生活腐化、浪费公家财产的运输队的刘开才、马司昌和艾惠三同志，由大会提材料，表决受惩，应受撤职处分，但领导上却又慎重处置该三同志的错误，仔细地进行审查材料。另外，还有在工作中有成绩但也犯错误的同志，评为局部受奖和局部受惩。在当年3月14日举行的大会上,大家又互相提出对每人评定分数的意见,有的认为某人某项应减分,有的认为某人某项应加分,讨论热烈。[1]

(二)采取大会形式开展批评和自我批评

西北局高干会议的成功召开,是运用批评和自我批评方式方法,澄清历史是非、达到统一思想目的的成功范例。这次会议于1942年10月19日至1943年1月14日召开,历时88天。陕甘宁边区地方县级和部队团级以上的党员干部300多人参加会议,中央高级学习组全体同志,中央党校一、二部的学员到会旁听。会议的主要任务是:整党、整政、整军、整民(人民团体的领导机关)、整关(党、政、军、民之间的关系)、整财、整学。这次会议是在中共中央和毛泽东直接领导下召开的,毛泽东出席了开幕式和闭幕式,并在会议期间两次作报告,即《关于党的布尔塞维克化的十二条》的讲演和《经济问题与财政问题》的报告。任弼时自始至终参加并指导会议。朱德、刘少奇、陈云等中央领导也在大会上作了重要讲话。由此可见会议规格之高和重要。这次会议解决了西北党的历史上的一些问题,特别是对1935年的陕北"肃反"问题作出结论,成为整风运动转入高级干部总结党的历史经验的先声。

在会议进行期间,西北局常委兼组织部部长陈正人于10月21、22日作整党问题的报告。报告提

---

[1]《解放日报》1945年3月20日。

出认真总结西北党的历史经验,从思想上和组织上整顿边区党,以达到思想上的统一。在分组讨论中,大家纷纷提出西北党的历史上的一些问题,特别是1935年的陕北"肃反"中的问题,要求用整党整风的精神来研究和解决这些问题,以明辨是非、总结经验。经党中央研究批准,大会领导小组接受了大家的意见,这样从11月2日起,会议关于整党问题由分组讨论转为结合西北党的历史进行整风的大会讨论。在十多天的大会讨论中,贾拓夫、习仲勋、刘景范、马文瑞、张秀山、张邦英、王世泰、霍维德、贺晋年等46人先后在大会上发言。大家用自己的亲身经历,讲述和批评"左"倾错误给西北革命和根据地造成的严重危害,尤其是发生在1935年9月、10月的错误"肃反"造成的严重后果和影响,震惊了与会全体同志。大家认为一些人之所以犯"左"的错误,其原因主要是:思想方法上的主观主义和教条主义,不能从陕北的实际情况出发,而是从上级的指示出发,从脑子里的想象出发;组织上的宗派主义,对同志采取打击政策,偏听偏信,看不起和不信任本地干部;党性上的个人主义,只顾个人建功立业,不调查不研究,急于求成。会议经过充分讨论,肯定了刘志丹为代表的正确路线,清算了西北党的历史上的"左"倾错误,最后,由高岗作了《边区党的历史问题检讨》的结论。根据会议的检讨和结论,中共中央于1942年12月12日正式颁布了《关于一九三五年陕北"肃反"问题重新审查的决定》。《决定》正确地总结了西北党的历史经验,对西北党的历史上长期遗留的一些问题作了结论。毛泽东对会议充分肯定,在会议总结中说:"我们虽然是从历史中走过来的,但要从观念形态上恰当的反映历史是不容易的。

经过这么多的磨难,这样多年,这次高干会才把历史搞清楚。"[1]同时,在这次会上,对陕甘宁边区党的工作中存在的问题也进行了深入讨论,从县团级干部到边区许多高级干部,都作了深刻的自我批评。会议所表现出来的批评和自我批评精神,在与会者脑海里留下深刻记忆。参加会议的独一旅旅长高士一说:"参加这次大会是最彻底的整风,不但脱了裤子,还洗了澡,擦了背,一切大的毛病小的毛病都暴露了,都医治了,使我得到了最宝贵的教育。"[2]林伯渠在会议闭幕词中讲道:共产党不怕自我批评,也虚心地接受各方面人士和人民群众的批评。他说:"为什么我们要这样呢?因为我们共产党,我们的每一个共产党员,都不应该是掩饰自己错误的小人,而应是胸襟宽大的君子,有坚定的立场,为劳苦群众的解放,为中华民族的解放,为人类的解放,素来都是抱着光明磊落的态度。我们欢迎一切批评,目的就是使我们各方面的工作搞得更好一些。我们这次三个来月的会议,正是贯彻了这一精神才取得这许多的胜利。现在每个同志心里都感到很快乐,每个同志的心里都燃烧着胜利的火。"[3]1943年3月4日,《解放日报》发表题为《高干会与整风运动》的社论,对高干会的经验进行了系统总结。社论认为,高干会的经验以及对整风运动开展的意义主要体现在以下几个方面:一是要贯彻整风运动,首先就必须把它与实际结合,整风一

[1] 中共中央文献研究室编:《毛泽东传(1893—1949)》,中央文献出版社2004年版,第672页。

[2] 延安整风运动编写组编:《延安整风运动纪事》,求是出版社1982年版,第299页。

[3] 中共中央文献研究室、中央档案馆编:《建党以来重要文献选编(1921—1949)》第20册,中央文献出版社2011年版,第60页。

第七章　坚持批评和自我批评的优良作风，不断增强自我净化、自我完善、自我革新、自我提高的能力

旦脱离实际，就成为无的放矢，就不会得到任何的收获。二是要贯彻整风运动，对于党内党外所发生的一切问题，都必须着重于思想检讨。三是要贯彻整风运动，必须正确地运用党内民主，充分使用自我批评的武器。四是要贯彻整风运动，必须倡导布尔塞维克所特有的那种学习精神。最后，社论号召全边区党员都能够继承高干会的作风，使整风与实际完全结合，更多注意思想上的检讨，发扬党内民主与自我批评精神，虚心地向群众学习和学习历史，真正在整风学习中完成高干会一切决议。在此基础上，社论强调"只有实践才是我们检查整风学习与检查高干会决议执行的唯一标准"[1]。

（三）撰写个人自传或反省笔记开展批评和自我批评

撰写个人自传或反省笔记开展批评和自我批评是延安时期的一项创造。毛泽东曾经在《关于整顿三风》一文中指出："不管文化人也好，'武化人'也好，男人也好，女人也好，新干部也好，老干部也好，学校也好，机关也好，都要写笔记。首先首长要写，班长、小组长都要写，一定要写，还要检查笔记。"[2] 著名作家刘白羽就曾回忆他在延安参加整风运动时的心路历程。他说：在参加整风运动最初引起思想震动的是"组织上入党，思想上没入党"这一极其深刻而庄严的问题。他认为：党领导的延安整风运动，实实在在给这种自我觉醒铺平了道路，创造了条件。他说：在

[1]《解放日报》1943年3月4日。

[2]《毛泽东文集》第2卷，人民出版社1993年版，第416页。

整个整风过程中，经历了很大的痛苦，产生过种种幻灭之感，惶惑不安，彻夜难眠，但在党的热切关怀、强大威力推动之下，我这只小船终于漂向真理的彼岸。要知道从剥削阶级立场转变到被剥削阶级立场，对于一个知识分子来说不是一件轻而易举的事情。刘白羽的剖析材料写了三遍稿、达数十万字之多，中央党校三部副主任的张如心才点头认可。他感慨道：我虽然有了共产党员称号，其实只不过是一个爱国主义者，顶多是一个民主主义者，这样才在反复学习过程中把自己的立足点移到共产主义的立场上来，这实在是人生的一大解放，人生的一大转折点。我像越过一道阴阳分界线，懂得了一个伟大真理，过去自以为是在砸烂一个旧世界，实际上这个旧世界首先得从自己身上开始清除。于是我像穿过黑夜走向黎明，吹着拂面的清风，看到鲜红的晨光，这时，我的眼界豁亮多了，我的胸怀坦荡多了。我开始觉得掩饰自己的错误是可耻的，相反，把那些见不得人的东西暴露于光天化日之下，才是尽了自己的道义责任。在重新认识自己的基础上，刘白羽对《陆康的歌声》《胡铃》两篇小说写了自我批判的文章，并在《解放日报》公开发表。[1]

四、建立健全体制机制是开展批评和自我批评的根本保障

在党内生活中推进批评和自我批评，既要加强对

---

[1] 延安中央党校整风运动编写组编：《延安中央党校的整风学习》第1集，中共中央党校出版社1988年版，第132—139页。

党员和领导干部的思想教育,又要加强党内批评的制度建设,注重构建正常开展批评和自我批评的制度保障。2004年9月19日,党的十六届四中全会通过的《中共中央关于加强党的执政能力建设的决定》指出:"加强党内生活的原则性,认真开展批评与自我批评并形成制度,提高解决自身问题的能力。"贯彻这一要求,对于提高党的执政能力、加强党的全面建设、巩固党的执政地位,具有十分重要的意义。党的十八大以来,批评和自我批评逐步成为党内生活的常态,成为党员干部的必修课。

(一)推进批评和自我批评常态化、制度化、规范化

中国共产党作为百年大党,在党的建设的长期实践中,不断推进批评和自我批评常态化、制度化、规范化,逐步形成多项相关制度。

一方面,逐步形成民主生活会制度。民主生活会是党内政治生活的重要内容,是党的组织生活基本制度,是发扬党内民主、加强党内监督、依靠领导班子自身力量解决矛盾和问题的重要方式。坚持和完善民主生活会制度,是保证党的团结统一、保持党的先进性和纯洁性的一大法宝。民主生活会萌芽于新民主主义革命时期,1929年召开的古田会议是民主生活会的初步实践。延安时期,随着党内民主理论的不断深化,党内民主实践也在不断创新,党倡导并践行"批评和自我批评"的党内民主生活方式。1938年10月,毛泽东在扩大的六届六中全会上指出:"必须在党内施行有关民主生活的教育,使党懂得什么是民主生活,什么是民主制和集中制的关系,并如何实行民主集中制。这样才能做到:一方面,确实扩大党内的民主生活;又一方面,不至于走到极端民主化,走到破坏纪律的自由放任主义。"1941年,中央政治局通过《关于增强党性的决定》,强调加强组织纪律性,开展批评和自我批评,领导干部

必须参加党的组织生活,听取党员群众的批评,增强党性。1942年开始的延安整风运动,是积极倡导并践行"批评和自我批评"的党内民主生活方式的典范。当时,党员干部以对党和人民负责的态度,开展认真的批评和自我批评,丢下面子,袒露胸怀,通过激烈的思想交锋,触及灵魂深处,给许多人留下了难以忘怀的记忆。由于大家"事无不可对党言",勇于揭露自己的缺点和错误,深挖社会根源、历史根源,以党和人民的事业为重,用马克思主义世界观改造自己的思想意识,所以不但组织上入党了,思想上也入党了。正是由于这样,大家相知更深,同志之间的关系也更加亲密无间。时任中央党校秘书长的黄火青后来评价,党内民主生活在延安时期是很好的,大家有啥说啥,敢说真话,从不拐弯抹角。他曾举例说,有个名叫窦商初的老团长,打仗的时候身上负过7次伤,从解放区来到延安,对有些事情看不惯,什么也不怕,什么话都敢讲。开小组会他讲,开大会他还上去讲,一讲就是半天。他讲完了,大家讨论他讲的话,哪些对、哪些不对,慢慢地跟他讲道理。他有气的时候,你说啥他也听不进去;他缓过来了,你再给他提意见,他知道自己讲错了,就虚心接受了。延安整风运动加强了党的思想建设和组织建设。党的七大在整风运动的基础上,对如何开展党内民主生活作了系统阐述,提出"必须放手地扩大我们党内的民主生活,必须实行高度的党内民主"[1]。

---

[1] 《刘少奇论党的建设》,中央文献出版社1991年版,第460页。

新中国成立后，民主生活会制度逐步成熟，并走上规范化道路。1962年，七千人大会正式提出关于民主生活会的主张。党的十一届三中全会以后，恢复了正确的思想路线和组织路线，党的组织生活和民主生活逐步走向正常。1980年2月，党的十一届五中全会通过《关于党内政治生活的若干准则》，其中第11条明确提出定期召开民主生活会的要求："每个党员不论职务高低，都必须编入党的一个组织，参加组织生活。各级党委或常委都应定期召开民主生活会，交流思想，开展批评和自我批评。"按照《准则》要求，到1981年上半年，绝大部分省、市、自治区党委、常委，中央国家机关部、委，以及人民团体党组召开了民主生活会。这次召开生活会，对提高贯彻执行党的路线、方针、政策的自觉性，发扬党内民主，加强集体领导，增强领导核心的团结，严格党的组织纪律，纠正不正之风，都起到了较好作用。针对少数单位召开民主生活会不及时、走过场等问题，1981年8月，中组部下发《关于进一步健全县以上领导干部生活会的通知》，规定："县级以上党委常委除了必须编入一个组织参加组织生活外，同时要坚持每半年开一次党委常委（党组）生活会，并要及时地向上级党委或组织部门报告生活会情况，开一次报一次"，明确民主生活会"要以认真检查贯彻执行党的路线、方针、政策、决议和《准则》的情况为主要内容……认真开展批评和自我批评"。这是我们党第一次以党内文件的形式将民主生活会的时间、范围、内容、意义、目标等制度纳入领导干部的政治生活和组织生活，从此，民主生活会开始真正走向制度化。1990年，中央印发《关于县以上党和国家机关党员领导干部民主生活会的若干规定》，要求"党员领导干部都要参加双重组织生活会，既参加所在支部、小组的组织生活会，又参加定期召开的党员领导干部的民主生活会"。1992年，党的十四大修改通过的党章第8条明确规定："党员领导干部还必须参加党委、党组的民主生活会。"民主生活会制度作为党内民主制度的重要内容被载入党章，成为党员领导干部政治生活和组织生活中不可替代的重要组成部分。为进一步坚持和完善民主生活会制度，解决走过场、轻质量的问题，1997年，针对党员领导干部民主生活会存在的问题，中央纪委、中组部印发《关于提高县以上党和国家机关党员领导干部民主生活会质量的意见》，规定上级党组织领导干部参加下级党组织领导干部民主生活会制度，党的各级纪律检查机关、组织部门干部列席党员领导干部民主生活会。2000年，中央纪委、中组部印发《关于改进县以上党和国家机关党员领导干部民主生活会的若干意见》，将县以上党和国家机关党员领导干部民主生活会，由原来的年召开两次改为年召开一次。

另一方面，在党内生活中用好民主生活会这个有力武器。党的十八大以来，党中央坚持党要管党、全面从严治党，进一步规范和严肃党内政治生活，使广大党员在党内政治生活的"大熔炉"里接受锤炼、提升党性，推动全面从严治党向纵深发展。中央政治局结合落实中央八项规定、深入改进作风和开展"三严三实"专题教育、"两学一做"学习教育、"不忘初心、牢记使命"主题教育等，分别召开专题民主生活会，开展批评和自我批评，为全党作出示范。党的十八大以来，中央政治局每年召开民主生活会，进行自我检查、党性分析，开展批评和自我批评已成为惯例。正是由于中央政治局坚持以上率下，形成了"头雁效应"，全党自觉看齐、对标，一级做给一级看、一级带着一级干，在全面从严治党历史进程中写下了浓墨重彩的一笔。各级领导班子和党员领导干部积极向党中央看齐，严格执行民主生活会制度，每年按照规定召开民主生活会，积极开展批评和自我批评，听取不同意见，不断增强发现和解决自身问题的能力。对于怎样开好民主生活会，习近平总书记也作出明确指示："各级党组织要教育党员干部坚持'团结—批评—团结'的公式，打消自我批评怕丢面子、批评上级怕穿小鞋、批评同级怕伤和气、批评下级怕丢选票等顾虑，既深刻剖析和检查自己，又开展诚恳的相互批评，触及思想和灵魂，既红红脸、出出汗，又明确整改方向。无论批评还是自我批评，都要实事求是、出于公心、与人为善，不搞'鸵鸟'政策，不马虎敷衍，不文过饰非，不发泄私愤。忠言逆耳，良药苦口。对批评意见，要本着有则改之、无则加勉的态度，决不能用'批评'抵制批评，搞无原则的纷争。"[1] 上级党组织应当通过派出督导组、派人列席等方式，对下级单位召开的民主生活会进行督促检查和指导。习近平总书记全程参加河北省委常委班子专题民主生活会、出席指导河南省兰考县委常委班子专题民主生活会，并发表重要讲话。他认为：兰考县委常委班子专题民主生活会做到了"三个统一"。一是干部群众提问题、班子成员相互点问题、班子成员个人找问题是统一的，说明对照检查是深入的。二是班子集体查摆的问题与班子成员个人查摆的问题是统一的，个人的问题概括到班子集体对照检查中，班子集体的问题体现到个人对照检查中，说明大家在承担责任上有担当。三是班子成员

[1] 习近平：《在党的群众路线教育实践活动工作会议上的讲话》，《人民日报》2013年6月19日。

心里想提的意见、会前谈心沟通时提的意见、会上相互批评时提的意见是统一的,说明大家评价他人和表达意见是坦诚的。这次专题民主生活会使批评和自我批评真刀真枪、见筋见骨,点准穴位、抓住要害。有的同志说,自己对照检查材料写了17稿,每一次修改都是一次对标、一次洗礼、一次提升。有的同志说,参加教育实践活动以来特别是自我对照检查以来,虽然有时因为冥思苦想、深挖细查吃得不香、睡得不好,体重降了好几斤,但回过头一想非常值得。有的同志说,自己把私客公请、公车私用、变相"走读"、碍于情面等过去不以为意的事上升到党性高度来认识,不是外力作用,而是自己有了深刻醒悟。有的同志说,在一个班子里相处,低头不见抬头见,像这次脱去隐身衣、既"刺刀见红"又肝胆相照的民主生活会还是第一次,很有好处。这些举措,有力地推动了民主生活会在全国范围内广泛深入开展。

同时,党中央着力加强民主生活会制度建设。1990年中央印发的《关于县以上党和国家机关党员领导干部民主生活会的若干规定》,对推进民主生活会制度化发挥了重要作用。党的十八大以来,习近平总书记和党中央高度重视全面从严治党、制度治党、依规治党,着力推进民主生活会的制度化规范化建设,对规范民主生活会工作、健全民主生活会制度提出许多新要求。2016年12月23日,中央印发修订后的《县以上党和国家机关党员领导干部民主生活会若干规定》。该规定对新形势下开好党员领导干部民主生活会作出全面规定,提出明确要求;对坚持和完善民主生活会制度,加强和规范党内政治生活,引导党员领导干部牢固树立政治意识、大局意识、核心意识、看齐意识,严肃认真开展批评和自我批评,做到忠诚干净担当,具有十分重要的意义。

（二）逐步形成谈心谈话制度

谈心谈话制度是党的组织生活的重要形式。《关于新形势下党内政治生活的若干准则》明确提出："党组织领导班子成员之间、班子成员和党员之间、党员和党员之间要开展经常性的谈心谈话。"党自成立之日起，就注重探索运用这一形式开展党的思想政治工作和群众工作，在革命、建设和改革的各个历史时期，逐渐积累和形成了一整套好经验好做法，为加强党的建设，保持和发扬党的政治优势发挥了不可替代的作用。经常性的谈心活动，是开展批评和自我批评的一种有效形式，贵在经常、贵在真诚。毛泽东曾明确要求，交心通气会议的主旨应该是"检查工作，总结经验，交换意见"。他作为党的领导人，经常通过写信的方式与其他同志谈心谈话。他与萧军谈心时指出："我劝你同时注意自己方面的某些毛病，不要绝对地看问题，要有耐心，要注意调理人我关系，要故意地强制地省察自己的弱点，方有出路，方能'安心立命'。"[1]在与陈毅沟通时提议："凡事忍耐，多想自己缺点，增益其所不能；照顾大局，只要不妨大的原则，多多原谅人家。"[2]"你的思想一通百通，无挂无碍，从此到处是坦途了。随时准备坚持真理，又随时准备修正错误，没有什么行不通的。每一个根据地及他处只要有几十个领导骨干打通了这个关节，一切问题就可迎刃而解。"[3]邓小平在谈到党委交心通气会时指出："在党委会里面，应该有么一段时间交交心，真正造成

[1]《毛泽东文集》第2卷，人民出版社1993年版，第364页。

[2]《毛泽东文集》第3卷，人民出版社1996年版，第127页。

[3]《毛泽东文集》第3卷，人民出版社1996年版，第229页。

一个好的批评和自我批评的氛围。"[1]班子成员内部、上级下级之间开展谈心活动,要坚持经常、注重实效。党委负责人与班子成员谈心、上级领导与下级谈心,应该规定时间,提出具体要求,并认真落实。每次谈心都应认真开展批评,互相指出问题,一起分析原因、提出改进办法。遇到职务变动、分工调整,涉及班子和个人重大问题,都应开展谈心。开展批评以后也要及时进行谈心,以巩固和深化批评的效果,消除因批评有出入可能带来的误解。党的十七届四中全会通过的《中共中央关于加强和改进新形势下党的建设若干重大问题的决定》,强调要"深入了解干部情况,完善谈心谈话制度,对干部存在的苗头性问题早发现、早提醒、早纠正。加大治懒治庸力度"[2]。在党内生活中,完善谈心谈话制度,要增强谈话的针对性,在干部思想波动、接到群众反映、班子出现不团结等问题时,及时提醒打招呼。把谈心谈话作为党员干部管理的重要手段,及时了解掌握思想动态和工作生活情况,帮助党员干部剖析思想、解决问题,对存在的苗头性问题早发现、早提醒、早纠正。

（三）建立健全双重组织生活制度

领导干部过双重组织生活是党的优良传统。我们党历来重视组织生活制度建设,建党初期就规定每名党员都必须编入各小组参加活动,并通过党纲和党章把党的组织生活统一规范下来。此后,党的组织生活制度不断丰富和完善,在党的革命和建设实践中起了

---

[1]《邓小平文选》第1卷,人民出版社1994年版,第310页。

[2]《中共中央关于加强和改进新形势下党的建设若干重大问题的决定》,人民出版社2009年版,第24页。

至关重要的作用。像党小组生活会，从一般党员到党的领袖都参加，开展批评和自我批评，指名道姓讲问题、提意见、论危害。从党的十二大开始，党章规定："每个党员，不论职务高低，都必须编入党的一个支部、小组或其他特定组织，参加党的组织生活，接受党内外群众监督。不允许有任何不参加党的组织生活、不接受党内外群众监督的特殊党员。"党员领导干部还必须参加党委（党组）的民主生活会。双重组织生活制度是党在实践探索中总结出来的宝贵经验，是党内民主的重要体现，是党的制度建设的重要内容之一，是党要管党、从严治党的重要制度保证。党员领导干部既要参加所在单位的党支部的组织生活会，又要参加党员领导干部单独召开的民主生活会。红军长征时，周恩来身兼数职极度繁忙。尽管如此，他仍严格要求自己参加组织生活。一次，周恩来问为什么很久不开党小组会议。他所在党小组的组长魏国禄回答说，小组会开过了，看首长忙，就没通知。没想到，周恩来用平时少见的严肃态度批评道："那怎么能行？在我们党内，每个人都是普通党员，谁都要过组织生活，这是个党性问题。"红军到达陕北时，周恩来问："小组长，这个月党费我还没交吧？"魏国禄说，已经代他交过了，首长集中精力忙大事，我们代交还不是一样的。周恩来再次严肃地说："党费怎么可以让别人代交呢？国家大事重要，交党费也重要，因为这是每个党员的义务。"类似党内"小官管大官"的故事不胜枚举。比如，在战火纷飞的年代，朱德主动请党小组组长分配任务，邓小平主动向党小组组长开展自我批评。在落实双重组织生活制度方面，老一辈革命家为全党作出了很好的榜样。在党内生活中，党员领导干部要带头过好双重组织生活，真正做到学习讨论在支部、讲党课在支部、组织生活在支部、示范作用发挥在支部、工作检查指导在支部,避免挂空挡。

总之,全面建设社会主义现代化国家、全面推进中华民族伟大复兴,关键在党。党的二十大报告指出:"我们党作为世界上最大的马克思主义执政党,要始终赢得人民拥护、巩固长期执政地位,必须时刻保持解决大党独有难题的清醒和坚定。"我们一定要牢记:"全面从严治党永远在路上,党的自我革命永远在路上,绝不能有松劲歇脚、疲劳厌战的情绪,必须持之以恒推进全面从严治党,深入推进新时代党的建设新的伟大工程,以党的自我革命引领社会革命。"正如习近平总书记所指出的:"党的二十大制定了当前和今后一个时期党和国家的大政方针,描绘了以中国式现代化全面推进中华民族伟大复兴的宏伟蓝图。让我们踏上新征程,向着新的奋斗目标,出发!"[1]

---

[1] 《踏上新征程,向着新的奋斗目标,出发!》,《人民日报》2022年11月7日。

后记

《延安精神的新时代价值》是陕西省社会科学基金项目（立项号：2018B01，结项鉴定等级为"优秀"）、陕西省延安精神研究会专题研究项目的最终成果。课题研究坚持以习近平新时代中国特色社会主义思想为指导，把贯彻落实习近平总书记关于延安精神的一系列重要论述作为基本遵循，围绕新时代如何弘扬延安精神、赓续红色血脉开展研究，旨在为延安精神放射出新的时代光芒作出积极的探索和贡献。

本课题由中国延安干部学院副院长、一级巡视员赵耀宏教授主持。第一章由宋炜、王今诚承担；第二章由赵耀宏、高旻承担；第三章由冯建玫、周芷帆承担；第四章由王东仓、薛景春承担；第五章由薛琳、叶梦娇承担；第六章由康小怀、刘迎承担；第七章由王亚妮、郭娜承担。

本课题在陕西省延安精神研究会策划、组织和领导下开展研究。梁凤民会长部署和领导课题研究，梁宏贤会长高度重视，郑志飚、姚文琦、梁星亮副会长和其他领导也对本课题研究给予大力支持和具体指导，副秘书长兼办公室主任郭娜直接负责并组织协调和参与课题研究，副秘书长兼办公室副主任李季，《源流》责任编辑、办公室干部吴静静参与课题研究及资料的收集整理。

  延安精神作为中国共产党人精神谱系中的精彩华章，内涵丰富，博大精深，是在党领导民族独立、人民解放的生动实践中砥砺而来的，也是党在推进马克思主义中国化时代化的伟大进程中培育出来的，是取之不竭、用之不尽的精神宝库，对延安精神的研究还需要不断深化。我们坚信，面对百年未有之大变局，只要我们深刻领悟"两个确立"的决定性意义，增强"四个意识"、坚定"四个自信"、做到"两个维护"，不断从延安精神中汲取营养，就一定能够在奋进新征程、建功新时代中，走好新的赶考之路，凝聚起以中国式现代化推进中华民族伟大复兴的磅礴力量！

2023 年 9 月